마음의 탄생

마음의 탄생

동양의 정신과 심론

정세근 지음

글항아리

머리말

늘 정신이 궁금했다. '철학의 정신' '동양의 정신' '서양의 정신'뿐만 아니라 '도학의 정신' '유학의 정신' '인류의 정신'이 무엇인지 묻고 싶었다. 하다못해 어렸을 때부터 들었던 '정신 줄'이 무엇인지도 알고 싶었다. '호랑이에게 잡혀가도 정신만 차리면 된다'는 그 정신은 과연 무엇인가?

서양에서는 브루노 스넬이 『정신의 발견^{Die Entdeckung des Geistes}』이라는 저작으로 영혼, 이성, 이념 등의 그리스적 기원을 탐구했다. 여기서 정신은 헤겔이 말한 '정신^{Geist}'이지만 그것의 시원적인 모습을 그리스에서 찾을 수 있다는 것이고, '발견^{Entdeckung}'은 그리스 철학자들이 그러한 정신을 이야기하기 시작했다는 의미다. 정신을 통한 (신이 아닌) 인간의 발견이다.

나는 고등학교 교과서(『삶의 철학과 토론』)를 쓰면서 '뜻'(뜻 있는 삶, 큰 뜻)을 강조하려고 '넋'과 '얼'을 구분한 적이 있는데, 아주 쉬웠다. 대체로 넋은 개인적이고, 얼은 집단적이었다. 나는 넋 나간 놈이고, 우리는 겨레의 얼을 되찾아야 했다. 얼이 빠졌다는 것은 개별적이기도 하지만 '사람이라면 갖고 있어야 할 그것'이 없다는 것이므로 보편적이었다.

마음도 궁금했다. 마음은 좋은 것일까, 나쁜 것일까? 나쁜 마음도 먹을 수 있는데, 사람들은 '마음공부' 하란다. '마음씨'를 놓고는 '곱다'고 한다. '마음 씀씀이'가 '넓다'고도 한다. 또는 '너는 왜 내 마음을 몰라주냐'고 투정을 한다. 마음이 무엇이기에 이렇게 우리의 말 속에서 신출귀몰하는가?

'인심이 좋다'고도 하고 '인심이 흉흉하다'고도 한다. 인심人心과 도심道心은 늘 마주해서, 도심이 인심을 꽉 잡아줘야 한다고도 말한다. 나는 '도둑놈 심心보'를 버리지 못하니 말이다. 그래도 언젠가는 '마음자리'를 잡을 일이다. 그러면 이심전심以心傳心 불심佛心이 흐드러진다.

재미있는 것이 있다. 한국인이 가리키는 '마음'은 '가슴' 쪽에 달라붙어 있다는 것이다. 무슨 이야기인가? 서양인들에게 '마인드 mind'가 어디 있냐고 물으면 거의 모두 '머리'를 가리킨다. 그런데 우리는 마인드를 마음으로 오역하는 큰 실수를 범한다. 마음은 도대체 감정적 영역을 가리키는가, 지적 이해력을 다루는 지성인가? (그래서 요즘은 서양에서조차 심을 아예 'mind / heart'로 번역한다.)

이 글은 용례를 따라가는 작업이다. 한 자 한 자 좇아가는 일로 축자逐字적 연구에 불과하다. 그러나 이런 정리도 되어 있지 않은 상황이라 후학의 밑받침이 되길 바랄 뿐이다.

연구 결과는 이렇다. '정신'은 집단적인 유가보다는 개인적인 도가에서 탄생했다는 것을 확인할 수 있었다. 그리고 '심'은 고전에서 긍정적인 용법보다는 부정적인 용법이 많았다는 것을 증명할 수 있었다. 제도와 사회적 질서를 앞세우는 유가보다는 개성과 자유로운 삶을 내세우는 도가에게서 우리가 말하는 정신이라는 말은 탄생한다! 불교가 들어오기 전에 '심'은『노자』에서조차 '민심民心'이나 '인심人心'의 용법에서 볼 수 있듯 오히려 부정적이었다!

함부로 쓸 일이 아니다. 오늘의 기준으로 옛날을 멋대로 추측할 일이 아니다. 그래서『장자』에 나오는 '성심成心'이 부정적인데도 역사 속에서 많은 학자가 좋은 뜻으로 해석하는 오류를 범하고 말았다.

역사적으로 심이 지닌 부정적 내용 때문에 결국 나온 개념들이 '성性'과 '정情' 같은 대체물이었음을 잊지 말자. 우리말에서 '심기心氣가 불편하다' '심성心性이 착해' '성정性情이 못됐어' '성품性品이 훌륭해'와 같이 유사한 어휘가 그만큼 많아진 까닭이 여기에 있다.

말은 철학을 담는다. 좀 더 현실적으로 풀자면, 개념은 하나의 이데올로기다. 성선설이 옳다는 판단, 심성론이 나아가야 하는 방향, 인간성에 대한 신념이 바로 그것이다. 이를테면 '함양涵養'이라는 말은 '물만 주면 잘 큰다'는 인성에 대한 믿음을 바탕으로 한 낱말이다. 따라서 인성은 계발啓發(열어주기)만 하면 되지 개발開發(없는 것을 파내기)할 것이 아니다.

동양의 정신은 집체적 사고와는 별개로 철두철미한 개성의 발견을 통해 심에 대한 무궁무진한 믿음으로 발전해왔다. 설령 개인이 아무리 외롭더라도, 설령 마음이 때때로 흔들릴지라도 '믿어보자'는 것이다. 내가 너를 믿듯 너도 나를 믿고, 앞으로 가보자는 것이다. 그것이 사람의 길이라는 것이다.

누군가는 물을 것이다. 믿지 못할 놈은 어떡하냐고. 나는 이렇게 답할 것이다. "태극은 음양을 모두 담는다. 그러나 태극 자체는 지선至善의 운동이다. 나아가 태극은 무극으로 돌아간다"고. 사회학자 웨버가 서양 정신의 영향 아래 '일반인의 어쩔 수 없는 결함'을 강조한다면, 나는 동양 정신의 기초 위에서 '사람의 어쩔 수 없는 착함'을 말하고 싶다. **나는 사람을 믿는다.**

그래서 정신과 마음의 탄생이 의미와 가치가 있는 것이다. 집단이 아닌 개체로 돌아와서 정신을 확립하고, 그 개체의 작동 원리로 심을 설정하는 것은 참으로 중요한 일이다. 나아가 그 마음의 큼, 넉넉함, 주고받을 수 있음이 바로 우리 윤리의 근거가 된다. 그것이 내가 말하는 '공감의 윤리학'이다.

처음에는 '순자의 정신'과 '맹자의 심'이 빠져 있었다. 그런데 대학원생의 강력한 요청으로 보완했다. 순자의 정신을 다루지 않고는 선진 시대 정신론의 전체가 드러나지 않으며, 이후 엄청난 영향력을 지닌 맹자의 심을 말하지 않고는 유가와 도가가 비교되지 않는다는 것이었다. 특히 맹자의 심에 관한 글은 맹자를 따르는 양명학 전문지에서 심사자 3인이 모두 통과시켜주어 한시름 놓았다. 제대로 평가받고 싶은 알량한 마음이었다.

반反주자학의 입장에 선 대진戴震(1724~1777)은 『맹자자의소증 孟子字義疏證』이라는 글을 통해 맹자의 주요 개념인 '이理'는 '추상적 인 이理가 아니라 단순한 도리에 지나지 않는다'는 주장으로 사상 계를 흔들었다. 세월이 흘러 언젠가 후학이 이 책이 그려낸 어휘 의 분석을 통해 우리가 지녀야 할 그 마음을 밝혀주길 바란다.

2023년 9월의 푸른 하늘을 열며
한은문閑誾門지기 아룀

차례

제3부 심론

제1부 도가의 정신

1장 노자의 정신론

1장 노자의 정신론

『노자老子』에 '정신精神'이라는 말이 나오는가? 그렇지 않다. 다만 '정'과 '신'이 따로따로 등장할 뿐이다. 그렇다면 고대 사유에서 '정신' 개념의 탄생은 어떻게 봐야 할까? 도가의 정신론을 알기 위해서는 먼저 노자의 '정'과 '신'의 용법을 상세하게 정리해야 한다.

'정'은 현대어로 번역하기 매우 힘든 말로 물질의 가장 순정한 상태를 가리킨다. 그런 점에서 정은 '순수 물질'이라고 정의해도 좋겠다. 『노자』에서 정은 이와 같은 용법에 충실하여 오늘날의 용법으로는 '정기精氣'나 '정력精力'에 해당한다.

신은 크게 네 가지 용법으로 나뉜다. 첫째, 골짜기의 정신이다. 이때 신은 여성성의 위대함이며 불멸성을 가리키며, 순수한 물질로서의 정과 구별되는 순수한 정신으로서의 신을 보여준다. 그런 점에서 오늘날 정신의 의미에 가장 근접한다.

둘째, 신비한 그릇이다. 이때 '신'은 천하가 신비함을 가리킨다. 일반적인 예측과는 다르게, 여기서 신비한 것은 천지나 자연이 아니라 천하 곧 사회다. 노자는 사회를 다스리려는 자세를 비판하면서 무위無爲의 이념에 걸맞게 사회철학적 주장을 하고 있다.

셋째, 신령의 신이다. 여기서는 '하나一'에 대한 숭배 의식과 더불어 신이 일자一者를 얻음으로써 드디어 영활靈活해질 수 있음을 주장한다. 후대 『여씨춘추呂氏春秋』와 『회남자淮南子』에 나오는 '태일太一' 사상의 시원이 『노자』에 있음을 보여준다. 『태일생수太一生水』의 발굴은 이 점을 더욱 명백히 해준다.

넷째, 귀신의 '신'이다. 귀가 신을 얻지 못하면 귀 노릇을 못함을 보여준다. 이는 『노자』 당시 귀는 신에 의해 조정되고 통제됨을 나타낸다. 신은 귀의 작동 원리이고, 귀는 신의 작동 대상이다.

후대에 일반적으로 통용되는 '정기신精氣神'의 원리에서처럼 기가 정과 신을 매개한다든가, 신이 정을 제어한다는 관념은 『노자』에서 찾아보기 어렵다. 정과 신은 분리되어 있었을 뿐만 아니라 심지어 이질적이었다. 정과 신의 만남은 『장자』를 거쳐 『회남자』로 나아가면서 이루어진다.

1. 정이란 무엇인가?

'정精'처럼 현대어로 번역하기 어려운 낱말도 드물다. 옥편에서 정의 훈은 '쓿은 쌀'이다. '쓿은 쌀 정', 과연 무엇을 말하고 있는가?

'쓿다'는 말의 사전적 정의는 '곡식의 껍질을 벗기어 깨끗이 함'을 가리킨다.[1] 요즘에는 거의 쓰지 않아 죽은 말이 된 듯하다. 오히려 '찧다'와 '빻다'가 그 용법을 대신하는 경우가 많다. 그러나 말이 다르듯 그 함의도 분명히 다르다.

'찧다'의 사전적 의미는 '곡식 등을 쓿거나 빻기 위하여 절구에 담고 공이로 내리치다'[2]이고, '빻다'의 사전적 의미는 '찧어서 가루가 되게 만들다'[3]이다. 순서대로 말하면, 찧은 다음 쓿고 쓿은 다음

---

1 『표준 우리말 사전』, 이상사, 1984, 694쪽.

2 『표준 우리말 사전』, 1149쪽.

빻는 것이다. 쌀의 겨를 벗겨내기 위해서 찧고, 찧은 다음에 먹기 좋게 만들기 위해 쓿고, 쓿은 다음에 떡을 만들려면 빻는다.

오늘날의 방앗간에서는 이 세 가지를 다 해주지만, 방아질의 기본 목적은 찧기다. 사실 빻는 것은 맷돌의 역할이었다. 쓿는 것을 표현한 현대 한자는 도정搗精이다. 찧기만 하고 거의 쓿지 않으면 현미玄米이고, 찧은 다음 많이 쓿을수록 백미白米가 된다. 5분도, 7분도, 9분도는 쓿은 정도를 가리킨다. 일본 술에서 '순미純米ずんまい'를 따지는 것도 쌀의 도정 정도에 기준한다. 순미주酒일수록 비싼 이유는 그만큼 많이 깎아내서 술을 담그는 데 필요한 절대량이 줄어들었기 때문이다.

찧는 것과 쓿는 것의 영어식 표현은 '벗겨 알맹이를 만들어 다듬다'는 의미인 '쓿다polish'로, 빵으로 만들어 먹으려고 빻아 '가루를 내다grind'는 뜻으로 이해된다. 밀의 특성상 가루를 내어 빵이나 면을 만들어 먹을 수밖에 없기 때문에, 떡을 만들기 위한 쌀가루처럼, 도정의 정도가 이미 정해져 있어서 쓿는 것이 그다지 정교하게 나뉘지는 않았던 것 같다. 쌀은 빻지 않고 밥을 해 먹지만, 밀은 빻지 않고는 빵이나 국수로 먹을 수 없어서 벌어진 일이겠다.

결국 '정'은 쌀米과 관련된 정제精製 과정임을 알 수 있다. 그것은 어떤 사물을 정교精巧하고 정치精緻하게 만드는 것으로, 고대인들은 이런 행위를 모두 쓿는 작업에 비유했다. 이런 정확精確함에 반

---

3 『표준 우리말 사전』, 431쪽.

1장 노자의 정신론

대되는 것이 조악粗惡함으로, '정조精粗'는 고운 것과 거친 것을 대변한다. 정조는 물건뿐 아니라, 사태나 사고에도 적용된다. 현대어 정신精神 안에 쌀 쓿는 작업이 은유로 들어 있는 것은 바로 이와 같은 순화 과정에서 비롯한다.

'정'은 요즘 말로 에센스요, 시쳇말로는 진액이다. 물질의 가장 순정한 상태를 가리킨다. 물질은 물질이지만, 온갖 쭉정이를 모두 벗겨내고 남은 알맹이다. 물질은 물질이지만, 거의 물질성을 벗어난 이 '정'을 무엇이라 불러야 할까?

아리스토텔레스 식으로는 순수 형상의 반대편에 있는 순수 질료에 가깝다. 다행히 그리스에서는 물질이 살아 있다는 '물활론物活論, hylozoism'이 저변에 깔려 있었기 때문에 질료가 반드시 정신성이나 생명성을 버릴 필요는 없었다.[4] 물활론은 만물 유생有生의 사고방식이다. 물질은 살아 있고, 생명의 근원이다. 또한 물질은 원소를 구성하면서도 스스로 자신을 생성할 수 있기도 하다. 이른바 원질arché론이 물, 불, 흙, 공기처럼 생명이 없는 것으로 비치기도 하지만, 사랑이나 미움처럼 생명이 있는 것만이 가질 수 있는 것으로 그려지기도 한다. 여기에 대두된 것이 생명 있는 물질론인 스페르마타 곧 정자론精子論이다.

왜 스페르마타spermata, 영어로 spermatozoon 곧 '스펌sperm'을 '정' 자로 번역했을까? 남자의 생명력을 왜 곡식과 관련된 쓿을

---

4 W. K. C. Guthrie, *The Greek Philosophers*, Harper & Row, p.33.

'정' 자로 표현했을까? 그것은 정이 곧 생명의 원천으로 비쳤기 때문이다. 껍데기를 벗어버린 생명의 알맹이를 정으로 본 것이다. 오늘날의 관점으로는 쌀눈이 깎였기 때문에 새싹이 움틀 수 없다고 할 수 있고, 고대인들도 그것을 모를 리 없었겠지만, 정은 이미 가장 순수한 형질을 뜻한다. 정은 이미 쌀과는 거리를 두고 순수성으로 나아가기 시작한 것이다.

그러나 잊지 말아야 할 것이 있다. 이 정은 반드시 물질성을 지녀야 한다는 사실이다. 정은 물질의 가장 순수한 형태이지 정신만의 형태가 아니다.[5] 뒤에서 말하겠지만, 물질을 담보하지 않는 정은 정이 아니라 오히려 신神이다. 데카르트 이후 현대어에서 정신과 물질의 이원성이 강조되면서 정신을 물질성이 배제된 것으로 이해했지만, 번역어인 '정신'의 '정'은 물질성을 지녀야 하는 것임을 잊어서는 안 된다. 그래서 정자이고 그것이 생명을 잉태시킨다. 정자는 안에 인간의 유전정보를 간직하고 있는 분명한 물질이다. 그것은 형상만 있는 추상적 존재가 결코 아니다. 남녀 접촉 없는 잉태는 전통 사유에서는 불가능하다. 신만으로는 잉태될 수 없다. 정이 있어야 잉태한다.

---

5 환정還精 관념은 정액이 물질적으로 이해되었음을 단적으로 보여주는 예다.

1장 노자의 정신론

2. 정기

'산천정기山川精氣'라는 말을 생각해보자. 정기는 물질 속에서 그것을 이루는 가장 중심의 핵이다. 우리나라 대부분의 교가校歌는 우리가 근교 산의 정기를 받아 이루어졌음을 강조한다. 이를테면 나는 "우암산 정기 받아 모여든 우리" 가운데 하나다. 어떤 산도 좋고 어떤 물줄기도 좋다. 인간 생명의 생물학적 근원을 정자라고 보듯이, 환경적 근원을 정기로 보는 것이다. 게다가 문화적 근원도 산천에 의해 나뉘고 특징지어진다. 국가의 정치적 근원조차 태백산맥 그리고 한강이나 금강, 영산강, 낙동강 같은 큰 물줄기를 낳은 여타의 산맥으로 그려진다. 백두산에서 시작하여 태백산맥을 중심으로 물줄기를 나누는 이른바 백두대간론白頭大幹論이다.

일제가 우리의 정기를 끊기 위해 대간에 못을 박고 물줄기가 끊어진 산맥과 지역을 행정구역으로 도입했다는 이야기는 그만큼 우리 의식 속에 정기론이 얼마나 뿌리 깊은가를 보여준다. 산을 다니는 사람들은 백두대간이라는 정기의 흐름에 따라 산을 누리고 물을 즐긴다.

우리가 산하에 대해 정기 이외의 말을 쓸 수 있는가? 그렇지 않다. '산천 신기神氣' '산천 영혼' '산천 귀신' 등 모두 어색하다. 그것은 산천이라는 물질의 중핵은 정기로밖에 표현될 수 없기 때문이다. 정기는 물질이기에 끊어질 수 있다. 그러나 영혼, 귀신 등을 끊을 수는 없다. 게다가 영혼과 귀신은 주로 사람과 관련된 것이기에 자연물에 적용하기에는 무리가 있다.

여기에서 고대인의 세계관을 정리해볼 필요가 있다. 먼저 오늘날의 용어로 정신계와 물질계를 나누어보고, 거기에 해당하는 단어를 적용해보자. 물질의 것을 '먼저' 세계, 정신의 것을 '다음' 세계로 말해보자. 현대의 서구 사고와는 거꾸로, 전통적 용법에서는 대체로 물질이 정신 앞에 놓이기 때문이다.

- 개념 : 정신精神, 귀신鬼神, 혼백魂魄, 형신形神

* 먼저 세계 : 정, 귀, 백, 형
* 나중 세계 : 신, 신, 혼, 신

이 가운데 혼백을 빼놓고는 모두 먼저 세계가 앞에 놓인다. 형신에서 볼 수 있듯이, 물질과 정신의 논의에서도 물질을 처음에 놓았다. 전통 용법에서는 '정신과 물질이 하나'라는 주장을 '형신동일론形神同一論'이라고 하지 '신형동일론'이라고 하지 않는다. 혼백에서 혼이 백보다 앞선 것은, 죽은 사람의 경우, 육체를 정신보다 앞세울 수 없는 매우 사실적인 배려로 보인다. 남의 혼백은 귀신이지만, 조상의 혼백은 귀신이 아니다. 조상은 나를 도와주는 '신'으로, 형태를 가진다면 '혼'을 지닌 '백'이지 '귀'가 될 수 없다. 조상의 공식적인 형상을 우리가 '신위神位'라고 부르는 까닭이 여기에 있다. 이때 신은 순수한 정신성이 강조된다.

1장 노자의 정신론

여기에서 '형기신形氣神' 또는 '정기신精氣神'론이 대두된다. 형과 신, 정과 신을 어떻게 이을 것인가? 기가 바로 그 역할을 한다. 인간을 바라보는 이 논리의 구조상 완전하고도 명확한 설명은 참으로 오랫동안 동양 사유의 근간을 이루어왔다. 양분되어 연결고리가 늘 문제가 되는 서구의 정신과 물질의 근대적 이분법을 동양인들은 애초에 멀리했다. 기론氣論 또는 기화론氣化論이 철학사의 근간을 이룰 수 있었던 것이 바로 이러한 통일적인 이론 구조의 자체 완결성에서 나온다. 하다못해『노자』에서조차 '기'라는 표현이 세 번이나 나오는 것은 그만큼 기론이 고대의 사유에서부터 폭넓게 적용되었음을 보여준다.

－개념 : 형기신, 정기신

＊먼저 세계 : 형(물질), 정(물질, 그 가운데 순수한)

＊가운데 세계 : 기(매체)

＊다음 세계 : 신(정신, 그 자체로 순수한)

사실 '정'을 말하면서 물질을 말하는 것에 반감이 클 수 있다. 왜냐하면 그것이 물질은 물질인데 너무 정치精緻하며 순수純粹하기 때문이다. 그러나 바로 그 점이 정의 특수성이고 나중에 신과 결합할 수 있는 조건이 된다. 그런데도 현대어의 한계이겠지만 순수성과 물질성이 충돌해 순수 물질이라는 말이 쉽게 받아들여지지 못하는 것은 여전히 문제다. 참고로, 오늘날의 원자론적 사고에서 전통적인 '정조精粗'의 구분은 무의미하므로, 혼성 물질에서 순수 물질로 전이할 수 없다.

3. 알맹이

'정精'을 '알맹이'로 번역하는 데는 나름의 이유가 있다. '정'과 '알맹이' 사이에는 적지 않은 간극이 있지만 우리말로 알맹이라고 표현해야 쉽게 개념을 설명할 수 있기 때문이다. 알맹이는 물질인가, 아닌가? 이를테면 서양어의 '실체實體, substance'라는 것도 철학자마다 다르게 설명한다. 내 앞의 개별물을 가리킬 수도 있고, 눈에는 보이지 않는 본질을 가리킬 수도 있다. 알맹이는 우리말에서 물질적인 구체성이 전제되는 경우가 많아 노자의 '정'을 묘사하기에 적절하다. 『노자』에는 '정'이라는 개념이 세 번 나오는데, 한 장에서 연이어 두 번 쓰였으므로 크게 두 번으로 보면 된다.

큰 덕의 깊이는 오로지 도만이 헤아린다.
도라는 것은 어릿거리고 아찔하다.
아찔하고 어릿거리는데 그 속에 어떤 꼴象이 있고,
어릿거리고 아찔한데 그 속에 어떤 것物이 있도다.
아득하고 어두운데 그 속에 알맹이精가 있고,

그 알맹이는 정말 참되니 그 속에 미더움信이 있도다.[6]

도라는 이론이 덕이라는 실천보다 개념적으로는 상위이지만 『도덕경道德經』이 본디 도와 덕이 뒤바뀐 『덕도경』의 형태를 지니고 있었음을 상기한다면 이 문장에서 '큰 덕'이 우선 나오는 까닭을 쉽게 이해할 수 있다. 첫 구절은 큰 덕의 용량은 오로지 도만이 좇아갈 수 있다는 말로, 덕의 실현을 헤아릴 수 있는 것은 오직 도라는 말이다. 달리 말해, 흔히 말하듯 도가 덕을 실현시킨다기보다는 덕의 실현이 곧 도라는 의미를 담고 있다. 도는 현실에서 아무 이름도 갖지 않고虛名 아무 자리도 갖지 않기虛位 때문에 무엇인가 덕이 작용하거나 완성하면 그곳에 도가 하나의 원리로 성립된다. 성리학적인 용어로 말하면, 이른바 '기가 발하면 리가 탄다氣發理乘'는 명제처럼, 도가 덕에 타는 것이다. 마치 기수가 말에 올라타듯 말이다. 그렇다면 도는 어떻게 생겼는가?

노자는 도를 한 번도 제대로 된 언사로 규정한 적이 없다. 주로 '말할 수 없다不/可道'[7]거나 '억지로强'[8] 뭐라고 할 수 있다거나 정도에 그친다. 그러고는 '크다'[9] 정도에서 멈춘다. 나머지는 거의 '도

---

6 『老子』21장: 孔德之容, 唯道是從. 道之爲物, 惟恍惟惚. 惚兮恍兮, 其中有象; 恍兮惚兮, 其中有物. 窈兮冥兮, 其中有精; 其精甚眞, 其中有信.

7 『老子』1장: 道可道非常名.

8 『老子』25장: 强爲之名.

9 『老子』25장: 强爲之名曰大. 또는 188·34·53장: 大道.

는 무엇 무엇이 아니다'라고 그려낸다. 여기서는 소극적이지만 그래도 고유의 성질을 표현한다. 위에서 '어릿거리고 아찔하다'고 번역한 것은 바로 '황홀恍惚'을 가리킨다. 어릿거리는 것이나 아찔한 것이나 차이는 없다. 황홀이 종종 '홀황'으로 나오는 것과 마찬가지다. 중요한 것은 이렇듯 도가 분명한 형체를 지니고 있지 않음이다. 그래도 아찔하고 어릿거리는 가운데 가장 모호한 '형상象'을 그려내고, 마찬가지로 어릿거리고 아찔한 가운데 애매한 '사물物'을 그려낸다. 그런데 형상이나 사물은 모두 엉성한 것으로 진정한 '정수精' 곧 '알맹이'가 아니다. 알맹이는 아득하고 어두운 데 있다.

여기서 형상과 사물 그리고 정수精髓 곧 알맹이의 관계가 설정되어 있다. 형상은 보이는 듯 아닌 듯 분명하지 않은 대상對象이었다. 마치 멀리서 본 듯 둘레만 보이는 것이었다. 사물도 마찬가지로 물선의 형태를 띠고 있다. 그렇다고 해서 그것이 진짜는 아니다. 진짜는 '아득하고 어두운 데' 즉 요명窈冥에 있다. 오늘날의 표현으로는 유명幽冥에 가깝다. 어둠의 세계로 노자의 중심 어휘인 '현玄'과도 직결된다. 그 유명은 유명幽明, 즉 '어둠과 밝음을 달리한다'고 할 때 앞에 나오는 '유'의 그윽한 세계를 가리킨다.

그 알맹이가 정말 진짜라고 노자는 말한다. 그렇기 때문에 '미더움信'이 있다고 한다. 무슨 뜻인가? 여기서 '신'은 신표信標 또는 신부信符를 가리키는 것으로 믿음의 징표나 증거를 말한다. 남녀 사이에 다시 만날 것을 기약하면서 둘로 나누어 가진 나무나 돌이다. 자신은 못 만날지라도 자식에게라도 전해 아버지를 찾게 하겠

1장 노자의 정신론

다는 정표이자 약속이다. 여기서 왜 갑자기 신표가 나오는가? 그것은 알맹이가 존재의 근원이기 때문이다. 알맹이는 현상세계에서 자신을 드러내고자 하는 믿음직스러운 표출의 의지이다. 씨앗에서 생명이 나오게 하겠다는 것이다. 여기서 미더움은 씨앗으로, 유가적인 단어로는 '살구씨杏仁'의 용례와 같이, '과일 속의 씨' 또는 '품은 사랑仁'에 가깝다. 어질지 않은 것不仁은 생명을 잉태하지 않는다. 마침내 사랑을 품은 씨앗에서 생명이 탄생하기 때문에 신험神驗하지 않을 수 없다.

정리해보자. 아래 여러 단계는 우리 눈앞에 벌어지는 삼라만상의 근원으로 찾아 들어가는 과정을 보여준다. 전개가 아니라 복귀復歸[10]이자 색원索源이다.

(1) 만물이 많이 있다 ─ 덕의 세계

(2) 만물을 만들어낸 무엇이 있다 ─ 도의 원리

(3) 도는 사물이긴 한데 잘 보이지 않는다 ─ 황홀한 도

(4) 어슴푸레한 가운데 형체가 있다 ─ 아직 덜 구체적인 형상形象

(5) 어슴푸레한 가운데 사물이 있다 ─ 좀 더 구체적인 사물事物

(6) 그윽한 가운데 알맹이가 있다 ─ 형상과 사물의 정수精髓

(7) 참다운 정수 ─ 신험信驗으로 드러난다. 곧 덕의 세계

10 『老子』 14·16·28·52장, 특히 28장.

이 7단계를 하나로 표현하면, '덕-도-(황홀)-형상-사물-정수-덕'이라는 순환 구조가 된다. 우리말로는 '어떤 꼴-어떤 것-알맹이-미더움'의 고리로, '알맹이'까지는 근원 존재로의 환원을 보여주지만 '미더움'부터는 현실에서의 효용적 발로를 보여준다. 한마디로, 덕은 도에 빚지고 도는 정에 빚지지만 정은 결국 덕을 낳는다.

다음에 곧이어 나오는 구절은 알맹이가 생명의 근원임을 상징적으로 잘 드러낸다.

예로부터 오늘까지 그 이름은 없어지지 않으니 뭇 사나이를 거느린다.

나는 어떻게 뭇 사나이의 모습을 아는가? 이로써다.[11]

'그 이름'은 도나 덕을 가리킬 수도 있고, 알맹이를 가리킬 수도 있다. 중요한 것은 덕에서 도, 도에서 덕으로 순환하는 과정에서 알맹이가 중요한 역할을 한다는 데 있다. 게다가 더욱 주의해야 할 것은 알맹이를 남성성과 연결시키고 있다는 점이다.

『노자』에서 남성성을 드러내는 일은 극히 드물다. 아무리 단순한 비유나 표현이라고 해도 노자는 여성성에 모든 초점을 맞추고

---

11 『老子』 21장: 自古及今, 其名不去, 以閱衆甫. 吾何以知衆甫之狀哉? 以此. 河上公에 따르면, 여기의 '甫'와 42장의 '父'가 모두 '始'의 뜻으로 '甫'는 '父'와 통한다.

있다.[12] 그것은 남성적인 문화에 대한 반대 명제로, 노자가 자신의 철학을 정립하고 있음을 알 수 있다. 노자에게는 거센 것보다 부드러운 것, 나서는 것보다 뒤로 물러서는 것, 드러나는 것보다 감추는 것이 먼저다. 남자처럼 '하자'를 그만하고, 여자처럼 '하지 말자'無爲를 하자는 것이다. 하지만 남성성이 나오는 예외가 한 번 더 있다.

남들이 가르치는 바를 나도 가르치련다.
거센 사람은 제 죽음을 얻지 못하니,
나는 이를 가르침의 아버지로 삼겠다.[13]

여기서는 '가르침의 아버지敎父'라는 말을 썼다. 가르침도 가르치지 않는 것에 비해 적극적인 것이기에 어머니보다는 아버지가 나아 보인다. 무턱대고 껴안기보다는 남들처럼 가르쳐보겠다는 점에서 모성보다는 부성의 자세를 가진다. 게다가 '거센 사람은 제 죽음을 얻지 못한다'는 부정적인 내용을 담고 있어서 그냥 가르침이 아니라 반면교사反面敎師라는 점에서 남성성을 등장시키고 있다.

위의 예로 돌아가면 '뭇 사나이衆甫'를 거느린다고 했으니 주체는 여전히 남성이 아닌 다른 것일 수 있다. 그렇지만 '뭇 사나이의

---

12 정세근, 「여성주의와 노자철학」, 대동철학회 발표문, 2004. 11. 6. 참조.
13 『老子』 42장: 人之所教, 我亦教之; 強梁者不得其死, 吾將以爲教父.

모습'을 강조한다는 점에서 뭔가 그것을 알아야만 할 것처럼 설명한다. 그것은 바로 '알맹이'의 역할과 관련된다. 이때 알맹이는 생명의 근원이기 때문에, 다시 말해 남성의 원천이기 때문에 사내들을 거느릴 수 있는 것이다.

『노자』에서 '정'은 이렇듯 만물의 본질인 '정수'에서 시작하여 '정력精力'에까지 확대되고 있다. 정은 천지만물만이 아니라 사람의 가장 근원적인 중핵으로 취급되고 있는 것이다. 이렇듯 노자는 만물과 인간의 원질原質로 '정'이라는 알맹이를 설정하고 있다.

다음의 경우는 정이 곧 생물의 근원이라는 점을 더욱 명확하게 보여주는 단적인 예다. 아기의 경우 교합을 몰라도 발기할 줄 안다는 점을 들어 생명력의 모범이라고 주장한다. 장차 미래 생명의 창조자로서의 능력이 이미 배태되었다는 것이다. 그 아기는 곧바로 태어난 '핏덩이赤子'에서 최고의 잠재력을 보인다.

덕을 머금은 도타움은 핏덩이와 견주어진다.

독충도 물지 않고, 맹수도 할퀴지 않고, 사나운 새도 덤비지 못한다.

뼈는 약하고 살은 부드럽지만, 아귀힘은 단단하다.

암수가 섞이는 것을 모르지만 제대로 일어나니, 정기가 지극하다.

종일토록 울어도 목이 쉬지 않으니, 온화함이 지극하다.[14]

14 『老子』55장: 含德之厚, 比於赤子. 毒蟲不螫, 猛獸不據, 攫鳥不搏. 骨弱筋柔, 而握固. 未知牝牡之合而全作, 精之至也. 終日號而不嗄, 和之至也.

1장 노자의 정신론

노자가 말하는 핏덩이란 사회적 관계를 맺기 전 인간 본연의 모습을 상징한다. 덕이 충만하여 외물이 그를 건들지 못하며, 부드러워 보이지만 오히려 힘은 대단하다. 게다가 암수를 모를 어린 아기지만 생명력이 대단해서 정력의 최고치를 보여준다. 여인을 보고 흥분하는 것이 아니라 그 자체로 생명의 힘을 보여준다. 마치 아무리 울어도 목이 쉬지 않는 것처럼 핏덩이는 외부 대상과 관계 없이 홀로 서 있다.

4. 골짜기의 정신

『노자』에서 '신神' 자는 여덟 번 나오지만 한 장에서 두 번, 다른 한 장에서 네 번 나오는 경우도 있기 때문에, 장을 기준으로 본다면 전체적으로 네 차례라고 말할 수 있다. 그 가운데에서도 가장 유명한 것이 바로 "골짜기의 정신은 죽지 않는다谷神不死"는 구절이 나오는 장이다. 여기서도 번역 문제가 발생하는데, 원문은 '곡신谷神'으로 단순한 표현인데 그 신이 과연 무엇을 가리키는가를 물어야 하기 때문이다.

골짜기의 정신은 죽지 않으므로,
이를 일러 검은 암컷玄牝이라 한다.
검은 암컷의 문을 일러 하늘과 땅의 뿌리天地根라 한다.

길고 길어 (끊임없이) 있는 듯하니,

이를 (아무리) 써도 다하지 않는다.

노자가 말하는 골짜기는 다른 곳에서도 쉽게 볼 수 있듯이 여성성을 상징한다. 유가들이 산꼭대기에서 말하고 있다면, 도가는 산골짜기에 숨어 조용히 있다. 남자가 '나는 이런 사람이요'라고 뽐낼 때, 여자들은 '그러세요'라며 점잖게 받아들인다. 유가가 의관을 정제하고 자신의 신분을 알아달라고 할 때, 도가는 오히려 "빛을 죽이고 먼지를 뒤집어쓴다."[15] 남성은 강직하여 부러지지만 여성은 부드러워 생명력이 넘친다. 그 부드러운 여성이 생명을 낳고 기르니 여성이야말로 생명력의 화신이다. 노자는 그 여성성을 '검은 암컷玄牝'이라고 불렀다.

여기서 곡신은 정말 신비스럽고 신험하다. 죽음이라는 한계성을 뛰어넘는 우주의 진리이다. 남성적 정치, 문화, 역사는 모두 죽을 수 있지만 그 속의 여성성은 죽지 않고 영원하다. 보통의 경우, 사람들은 골짜기를 보기보다는 산마루를 바라보기 쉽다. 그러나 노자는 그러지 않는다. 산꼭대기는 언젠가는 깎일 것을 안다. 그러나 골짜기는 그것을 받아들인다. 그렇기 때문에 죽지 않고 영원

---

15 『老子』 56장: 和其光, 同其塵. 여기서 '和'는 빛을 내는 것이 아니라 반대로 온화溫和하게 하는 것이다. '부드럽게 하는 것'이지만, 강조를 위해 '죽인다'라고 번역했다.

하다. 계곡은 산의 모든 것을 받아들인다. 돌도 물도 심지어 나무조차도 받아들인다. 모든 것이 모이는 곳이 계곡이며 그렇기 때문에 죽지 않는다. 정상은 가뭄으로 말라비틀어졌더라도 계곡에는 생명의 물이 흐른다.

노자는 그런 여성성을 '검은 암컷玄牝'이라고 부른다. 현묘玄妙한 여성의 지위와 역할을 가리킨다. 여성은 신령스러우며 영험할 뿐만 아니라, 영원하다. 무엇 때문에 그러한가? 여성은 문을 갖고 있기 때문이다. 이 '검은 암컷의 문玄牝之門'은 생명의 원천源泉이요, 시원始原이며, 탄생처다. 한마디로 자궁子宮이다. 노자는 이를 '하늘과 땅의 뿌리天地根'라 부른다. 유가적 사고에서는 남성을 남근男根이라 부르기 쉽지만, 노자는 여성을 오히려 여근女根으로 부르고 있는 것이다. 남근은 쉽게 지치지만 여근은 나긋나긋 끊임이 없다.

여성의 문은 생명의 문이다. 생명을 지키는 자는 영원하다. 남성의 투쟁은 파괴의 길이지만, 여성의 포용은 창조의 길이다. 포용은 투쟁에 비해 눈에 띄지도 않지만, 끊임없는 베풂으로 사랑을 실천하는 모성과 같다. 모성애는 아무리 써도 닳지 않는다. 따라서 계곡의 정신은 죽지 않는다.

여기서 곡신은 상당히 상징화되어 있기는 하지만, 그것을 통해 노자가 말하고자 하는 것은 바로 여성성의 위대함이며 불멸성이기 때문에 용법상 오늘날의 '정신精神, spirit'에 가장 근접하는 '신'의 의미를 갖는다. 다시 말해, 순수한 물질로서의 '정'과는 구분되는, 순수한 정신으로서의 '신'을 보여주고 있다. 곡신은 현대어에서 일종의 '정령精靈, anima'으로 표현될 수도 있지만, 고대어와 현대어에서 등장하는 동일 문자의 개념적 연관성을 위해서라도 '신'이 들어가 있는 '정신'이 나아 보인다.

5. 신비한 그릇

노자에게 천하天下는 어떤 것인가? 천하는 오늘날의 의미로는 '사회society'에 가깝다. 천지天地가 오늘날의 '세계world'로, 만물萬物이 오늘날의 '대상object'으로 이어지는 것과 같다. 같은 맥락에서 '물아일체物我一體'라고 할 때, '아'는 '주체subject'가 된다. 노자는 천지와 천하를 명확하게 구별해서 쓴다.

노자가 보기에 천지는 '사랑을 베풀지 않는다不仁'.[16] 천지는 자연 운행의 법칙에 따라 작동할 뿐이다. 여기에 인간의 역할을 끼워 넣을 수는 없다. 아무리 성인이라 해도 백성을 한 번 쓰고 버리는 '짚으로 만든 개芻狗'처럼 여길 수밖에 없을 때가 있다. 지나친 사랑을 배제하는 것이다. 그런데 천하는 다르다. 그것은 신비하기 그지없다. 노자는 사람들끼리의 삶은 정말 신비한 것이니 함부로 하지 말라고 한다.

16 『老子』5장: 天地不仁以萬物爲芻狗.

1장 노자의 정신론

천하를 얻어 무엇인가 하려 하지만, 나는 그 어쩔 수 없음을 본다.

천하는 신비로운 것이니 (어찌) 해서는 안 된다.

하는 사람은 지고, 잡는 사람은 놓친다.[17]

인간사회는 신비하다. 감히 누가 어쩔 수 있는 것이 아니다. 내가 이러라고 해서 이리로 가고, 저러라고 해서 저리로 가는 것이 아니다. 천하는 그 자체로 '부득이不得己'한 것 곧 '어쩔 수 없음'이다. 어쩔 수 없는 것을 어쩌자고 하니 말썽이고 탈이다.

노자는 그 부득이함, 곧 어쩔 수 없음을 보았다. 사회는 하나의 생명처럼 태어나고 자라나고 죽는다. 생명은 그 자체가 신비롭고 경이롭다. 내가 좌지우지할 수 있는 것이 아니다. 그런데도 무엇인가 하고자 한다면 탈이 날 것이다. 무엇인가 고의적으로 하고자 하거나 잡으려고 한다면 실패할 수밖에 없다.

전통적으로 이 장의 제목은 바로 '무위無爲'라고 불렸다. 다시 말해, 무위는 인간사회에서 벌어지고 있는 폭력과 강압에 대한 적극적인 거부의 표현이었던 것이다. 노자는 사회란 신성한 것이라서 어떤 개인이나 집단 나아가 정부에 의해 작위될 수 없다고 주장한다.

'천하는 신비로운 그릇'이라고 표현했지만 본래의 뜻은 곧 '신비

---

17 『老子』29장: 將欲取天下而爲之, 吾見其不得已. 天下神器, 不可爲也. 爲者敗之, 執者失之.

한 어떤 것神器'을 가리킨다. 이때 '그릇器'은 수단이나 도구를 포함하는 물리적 환경을 가리킨다. 그 반대의 형이상학적 원리는 '길道'이라고 불린다. 재미있게도 여기에서 노자는 '신비한 것'을 자연이나 사물로 보지 않고 사람 사는 세상으로 보고 있음을 기억하자.

세상을 다스려야 할 것으로 보는 일반적인 시각이 팽배했던 시대에 인간세상은 그 자체로 완벽할 뿐만 아니라 신비롭다고 외치는 노자의 안목은 참으로 인간에 대한 확고한 믿음에서 비롯한다. 건들지 마라, 잡으려 마라. 그것은 너희가 어쩌지 못하는 것일지니.

6. 신령

노자에게 '하나一'는 단순한 관념론을 넘어 종교와도 같다. 이와 같은 '하나'에 대한 숭배 의식은 『노자』뿐 아니라 진秦나라 여불위(呂不韋, ?~기원전 235)가 쓴 『여씨춘추呂氏春秋』나 전한前漢의 회남왕淮南王 유안(劉安, 기원전 179?~기원전 122)이 쓴 『회남자淮南子』 같은 문헌에 '대일太一' 또는 '일一' 사상으로 고스란히 남아 있다. 사실상 여기서 태일은 북극성을 가리키는 것으로, 근자에 중국 곽점郭店에서 『노자』와 함께 발굴된 『태일생수太一生水』와 같은 새로운 자료 속에서 그 원형을 어렵지 않게 찾아볼 수 있다. 이는 철학과 종교가 구별되지 않던 고대 사유를 여실히 보여준다.[18]

노자는 하나를 얻어야 이 세상이 제자리를 잡는다고 주장한다. 하나를 얻지 않으면 아무 일도 이루어질 수 없다. 하나는 자연의 원리이자 인생의 기준이다. 개별자들로부터 추상해낸 보편적 일자一者의 발견이 바로 『노자』에서 대표적으로 이루어진 것이다. 노자에 대한 의리론적 해석으로도 일자는 이理의 발견과 연결되어 당말송초의 유학자들에게 환영받았으며, 양생론적 해석으로도 일자는 사람과 자연의 합일과 관련되어 종교적 숭배의 대상처럼 취급되었다. 아래의 구절이 대표적인 예이다.

옛날에 하나를 얻은 적이 있다.
하늘은 하나를 얻어 맑아지고,
땅은 하나를 얻어 편안해지고,
신령은 하나를 얻어 영활해지고,
골짜기는 하나를 얻어 채워지고,
온갖 것은 하나를 얻어 태어나고,
임금은 하나를 얻어 천하의 곧음이 된다.
그것이 이렇게 이루었다.[19]

18 정세근, 「곽점 초간본 『노자』와 『태일생수』의 철학과 그 분파」, 『철학연구』 58, 철학연구회, 2002.
19 『老子』 39장: 昔之得一者; 天得一以淸; 地得一以寧; 神得一以靈; 谷得一以盈; 萬物得一以生; 侯王得一以爲天下貞; 其致之.

하나는 자연과 인간의 본래 진면목이었다. 모든 것이 하나였다. 천지도 그렇고 천하도 그렇다. 하늘의 맑음이나 땅의 편안함이 모두 하나로부터 멀어지지 않았기 때문이다. 그러고 나서 노자는 천지를 가득 채우고 있는 신령神靈, 정확히는 '신神'을 언급한다. 신도 하나를 얻어야 천지 속에서 영활靈活해진다는 것이다. 맑고 안정된 천지가 나름의 역할을 하기 위해서는 신령이 활약해야 하는데, 그것도 하나와 함께해야 제대로 된다는 말이다. 신령 다음에는, 위에서 말했듯이 이곳에서도 역시 '골짜기의 정신'을 강조한다. 골짜기도 하나를 얻어야 가득 찰 수 있다. 그러고 나면 만물도 하나를 얻어 생명을 얻고, 통치자侯王도 하나를 얻어 생명을 얻은 만물을 비롯하여 천하를 바르게 만든다. 하나는 이 세계의 궁극적이고 원초적인 그 무엇이다. 간단히 그려보자.

옛날 ─ 하늘 ─ 땅 ─ 신령 ─ 골짜기 ─ 만물 ─ 통치자

오늘날의 개념으로는 이렇게 그려질 수 있겠다. 물론 이 모두 하나를 얻을 때만 그 의미를 다한다.

태초성 ─ 시원성 ─ 근본성 ─ 동작성 ─ 포용성 ─ 다양성 ─ 조화성

개념상의 설명을 넘어 그 이상의 의미를 부여한다면 다음과 같다.

(1) 태초성 : 처음은 완벽했다. 모든 것이 하나였기에.

(2) 시원성 : 하늘은 맑았다. 그 하나를 망가뜨리지 않았다.

(3) 근본성 : 땅은 바탕이 되었다. 하나로 버텨주고 있었다.

(4) 동작성 : 하늘과 땅에 불가사의한 신령이 끼어든다. 하나를 생각하며.

(5) 포용성 : 골짜기는 가득 찬다. 하나로 채운다.

(6) 다양성 : 온갖 것이 태어난다. 하나에 의지하여.

(7) 조화성 : 임금과 제후는 천하를 올곧게 다스린다. 하나인 잣대로.

이렇게 노자는 추상적인 사유를 하고 있다. 『노자』에는 '무극無極'이라는 추상적인 사유는 나오지만, '태극太極'이라는 말은 나오지 않는다.[20] 다시 말하면 노자는 바로 '하나一'로 태극적인 사고를 하고 있는 것이다. 나아가 『노자』에는 '태일' 개념이 나오지는 않지만 이미 당시의 일원론 또는 시원론적 사유와 그 관념을 공유하고 있음이 분명하다.[21] 노자는 이어 말한다.

---

20 『老子』28장: 復歸於無極.
21 노자의 일 사상은 일원론이라 부르기 어색하다. 왜냐하면 세계가 하나의 원질로 이루어져 있다는 사고라기보다는 세계가 하나를 바탕으로 하지 않으면 안된다는 근원론적인 사고이기 때문이다. 이때 하나는 오히려 유일신唯一神적인 사고에 가깝다. 적어도 물리적 환원주의와는 거리가 멀다.

하늘이 맑지 않으면 갈라질까 두렵고,

땅이 편안하지 않으면 부서질까 두렵고,

신령이 영활하지 않으면 흩어져버릴까 두렵고,

골짜기가 채워지지 않으면 말라버릴까 두렵고,

만물이 태어나지 않으면 사라질까 두렵고,

임금이 곧지 않으면 넘어질까 두렵다.[22]

여기에서 노자는 하나를 얻지 못한다면, 하늘은 갈라지고 땅은 부서질 것을 걱정한다. 마찬가지 이유에서 하나가 없으면 신령조차 아예 사라져버리고 말 것을 염려한다.

7. 귀신

노자에서 귀신鬼神이 신령과 딱히 구별되는 것은 아니다. 원문에서는 모두 '신'으로 되어 있을 뿐이며, 모두 귀신으로도 번역할 수 있다. 그런데 노자는 이곳에서 오히려 '귀'와 '신'을 구분해 씀으로써 그 의미를 명확히 하고 있다.

---

22 『老子』39장: 天無以淸, 將恐裂; 地無以寧, 將恐廢; 神無以靈, 將恐歇; 谷無以盈, 將恐竭; 萬物無以生, 將恐滅; 侯王無以貞, 將恐蹶.

1장 노자의 정신론

혼히 귀는 '돌아갈 귀歸'로, 신은 '펼친 신伸'으로 해석한다.[23] 귀는 땅으로 돌아가고 신은 하늘로 펼쳐진다는 것이다. 귀는 그런 점에서 물질성을 어느 정도 함유하고, 신은 전적으로 물질성을 배제한다. 땅에서 일어나는 귀신은 고전적 의미에서 귀이고, 하늘로부터 방문하는 조상님은 귀가 아닌 신이다. 따라서 앞에서도 말했듯이, 조상의 위패를 '신위神位'라고 부르며, 조상신은 귀신이라고 부르지 않는다. 선조의 넋을 형태를 지닌, 그것도 추악한 꼴을 하고 있는 귀로 설정할 수는 없는 것이다. 우리말에서 '넋'이나 '얼'이 바로 신인 것이다. 현대어로 하면 넋은 '영혼soul'에 가깝고, 얼은 '정신spirit'에 가깝다. 육신을 떠나야 하는 것이다.

그런데 노자는 귀조차 신이 없으면 귀신 노릇을 못한다고 말한다. 우리말에서 귀신은 '신'의 의미가 탈락하고 '귀'의 의미만 남아 있음을 주의하면서 노자의 말을 들어보자.

큰 나라를 다스릴 때에는 작은 물고기를 익히듯 한다.

도로써 천하에 나아가니 귀신도 신령스럽지 못하다.

귀신이 신령스럽지 않으니 신령에 사람이 다치지 않는다.

신령이 사람을 다치게 하지 못하니 성인에도 사람이 다치지 않는다.

둘이 서로 다치지 아니하니, 덕이 주고받으며 돌아간다.[24]

---

23 『爾雅』: 鬼, 歸也; 神, 伸也.

"큰 나라를 작은 물고기 익히듯 다스리라"는 구절로 유명한 이 장은 세상을 함부로 대하다가는 엉망이 되어 서로 못쓰게 될 것임을 경고하고 있는데, 그 대안으로 내세우는 것이 바로 도道로 천하를 다루라는 것이다. 도가 바로 서면, 귀신도 신령스럽지 못하게 된다. 귀의 육체성을 제어하는 신을 얻지 못하기 때문이다. 도 앞에서는 악귀라 해도 신비스러운 능력을 발휘하지 못한다. 따라서 악귀는 사람을 상하게 하지 못한다. 악귀뿐만 아니다. 성인聖人조차도 사람을 상하게 하지 않는다. 그러므로 서로 상하게 하지 않아 결국은 덕을 제대로 주고받게 된다. 한마디로 말해, 도가 서면 덕이 자리를 잡는다는 말이다.

『노자』에서 이런 표현이 나온다는 것은 당시에도 이미 악귀의 관념이 있었으며, 귀신이라고 할지라도 형태적인 귀보다는 정신적인 신이 더욱 중요하다고 판단했고, 귀를 귀 되게 하는 것이 바로 신이라고 규정하고 있음을 잘 보여준다. 따라서 여기에서 신은 귀신, 정확하게는 우리들의 일반적 관념에서 떠올리는 악귀를 가리킨다. 위에서 말한 '신령의 신'과는 의미상 차이가 있는 '귀신의 신'이다. 이때 신은 귀의 주인이며 실질적인 운전자이다.

---

24 『老子』60장: 治大國, 若烹小鮮. 以道莅天下, 其鬼不神. 非其鬼不神, 其神不傷人. 非其神不傷人, 聖人亦不傷人. 夫兩不相傷, 故德交歸焉.

1장 노자의 정신론

8. 정과 신

『노자』에서 정과 신은 이처럼 의외로 단순한 의미를 지닌다. 특히 고대 용법에 충실하다. 정은 물질이긴 한데 가장 순수한 것으로, 만물의 본질이자 생명의 원천이다. 현대어로 말하자면, 노자의 정은 정기 또는 정력에 해당한다. 그러나 정은 반드시 물질성을 띠고 있음을 잊어서는 안 된다.

신은 정신精神, 신비神秘, 신령神靈, 귀신鬼神의 뜻으로 정리된다. 모두 눈에 보이지는 않지만 존재하는 그 어떤 것을 가리킨다. 그것은 우주의 동력이나 원천이며, 존재의 배후에 숨어 있는 실상이다. 나아가 오늘날에 말하는 귀신의 용례와도 통하지만, 귀를 조정하거나 통제하는 신으로 설명된다. 귀신의 작동 원리가 신이고 작동되는 형체는 귀라는 주장이다.

앞에서 설명한 대로 말하면, 노자에게 신은 철저하게 '나중 세계'로, '먼저 세계'인 귀와 분리된다. 다만 귀와 신을 연결하는 특정한 고리에 대한 설명은 없다. 정기신精氣神이나 형기신形氣身의 이론에서처럼 '기'의 중간자적 역할에 대해 아쉽게도 노자는 언급하고 있지 않다.

이런 상황은 『노자』에서 정과 신이 단독적으로 독자적인 개념 영역을 지니고 있었음을 보여준다. 위에서 골짜기를 설명하면서 제시한 '정신精神'이라는 현대적 개념은 노자에게는 매우 생경했다. 당시 정과 신은 나뉘어 있으며, 개념의 연결이 어려울 정도로 이질적인 것이었다. 후대에 일반적으로 공유하는 정기신의 원리 아래, 신이 정을 다스리는 것이라는 생각조차 『노자』에서는 찾아보기 힘들다. 오직 신은 귀를 제어할 수 있을 뿐이다. 다시 말해, 『노자』에서는 정과 신이 아닌, 귀와 신이 제 짝을 이루고 있는 것이다. 그리고 신은 오히려 영靈과 더불어 기능의 발휘 여부를 평가받는다. 신이 영할 때 최고의 신이 될 수 있다. 이때 신이 영활하기 위한 조건 또는 매체로, 당시 공통으로 퍼져 있는 시원론적 사고 속에서 '하나一'가 제시되고 있다.

특이한 것은 노자의 신이 사회적 자발성 내지 완벽성과 결부되어 쓰이고 있다는 점이다. 사회 곧 천하는 신비한 그릇이다天下神器. 흔히 노자가 신비스럽게 여기는 것이 천지 또는 자연이라고 추측하기 쉽지만, 분명히 사람 사는 세상을 신비스럽다고 하고 있다. 이는 세상이 함부로 다스려지는 것이 아님을 만천하에 공표하는 것이었다. 그런 점에서 노자의 이 구절은 자연주의적인 진술이 아니라, 매우 사회철학적인 천명임을 명확히 해야 한다. 노자에게 사회는 신성하다. 신이 신성불가침한 것이 아니라 사회가 신성불가침하다.

다시 정기론으로 돌아가면 그 상세한 발전은 『여씨춘추』에서 이루어진다. "정은 기가 모인 것으로 어딘가로 반드시 들어간다. 새에게 모이면 날게 되고, 짐승에게 모이면 돌아다니게 된다. 보석에 모이면 빛나고, 나무에 모이면 우거진다. 성인에게 모이면 멀리 바라보게 된다."[25] 정이 모인 곳에 따라 날아다니는 새도 되고, 뛰어다니는 네발짐승도 되고, 낭랑한 주옥珠玉도 되고, 우거진 큰 나무도 된다는 것이다. 특히 위대한 성인에게 정이 모이면 멀리 밝게 바라보게 된다고 한다.『노자』에서는 볼 수 없는 정에 대한 충차적인 설명이 후대에 이렇게 이루어지는 것이다.

아울러『여씨춘추』에 '태일太一' 관념이 나오는 것으로 보아,『노자』에서는 그저 추상적으로 제시되었던 '일一'이『여씨춘추』에서는 일종의 '정精의 인식론'으로 구체적으로 전개되고 있음을 알 수 있다.『노자』는 '정기의 지극함精之至'을 핏덩이 아기에서 상징적으로 찾는 것에서 그치지만,『여씨춘추』는 "도道 그 자체가 '지극한 정기至精'이며 그릴 수도 이름 지을 수도 없기 때문에 억지로 '태일'이라 부른다"[26]고 함으로써, 정기를 인식론적인 최고 충차에까지 격상시키고 있기 때문이다.

철학사적으로 볼 때, 실로 '정신'이라는 관념이 제자리를 잡은 것은『회남자』,「정신훈精神訓」으로 보아야 한다. 그러나 그 이전에『노자』와『회남자』사이에 다리를 놓는 정신론은『장자莊子』에서 발견된다. 이제 장자의 정신론을 물어야 할 차례다.

---

25 『呂氏春秋』,「盡數」: 精氣之集也, 必有入也. 集於羽鳥與爲飛揚, 集於走獸與爲流行, 集於珠玉與爲精朗, 集於樹木與爲茂長, 集於聖人與爲敻明.

26 『呂氏春秋』,「大樂」: 道也者, 至精也, 不可爲形, 不可爲名, 彊爲之謂之太一.

2장 장자의 정신론

2장 장자의 정신론

이 글은 장자의 '정精'과 '신神' 그리고 '정신精神'을 용례별로 정리했다. 『장자』에서도 정과 신이 연용되는 횟수는 그다지 많지 않다. 정은 32차례, 신은 105차례, 정신은 8차례 나온다. 장자의 정은 '천지의 정天地之精' '정조의 정精粗之精' '정성의 정精誠之精' '형정의 정形精之精'으로 나뉜다.

'천지의 정'은 산천의 정, 육기六氣의 정으로 불리며 모든 생명과 자연의 기원을 가리킨다. 오늘날의 '산천정기'와 통한다. '정조의 정'은 대소大小와 관련된다. 이때 정은 매우 작음小之微이다. 매우 작다고 해도 그것은 형태를 갖는 것으로 정은 물질성을 벗어날 수 없다. 이때 정은 정미精微와 통한다. '정성의 정'은 오늘날 정성의 뜻과 비슷하다. '참眞'을 내세우면서 진정한 효성과 충절을 강조하여, 유가의 형식적인 덕목을 나름대로 실제화한다. '형정의 정'은 사람의 형체와 대비되는 정기를 말한다. 형태는 정기로부터 생겨났다. 번거로운 일을 버리면 형체가 힘들지 않고, 어지러운 삶을 버리면 정기가 망가지지 않는다. 노자의 용례와 비슷하다.

장자의 신은 '신령의 신神靈之神' '형신의 신形神之神' '귀신의 신鬼神之神' '신기神奇와 신기神氣' '신명神明'으로 나뉜다.

'신령의 신'은 대체로 형용사적 용법으로 사람 앞에 붙이거나 술어로 쓰인다. '신령스런 거북이'이나 '지인至人은 신령하다'와 같은 용례가 대표적이다. '형신의 신'은 사람의 신체와 대립되는 정신을 말한다. 우리말에서 '몸과 마음'이라고 할 때처럼 마음으로 번역될 수 있다. '귀신의 신'은 오늘날의 귀신을 가리킨다. 귀와 신이 자주 떨어져 사용되지만 신은 귀의 조종자다. 여전히 귀신은 놀람의 대상이다. '신기神奇'는 사람이 좋아하는 것으로 냄새나는 것臭腐과 상반된다. 그러나 냄새나는 것이 신기가 되고, 신기가 냄새나는 것이 된다. 모두 하나의 기一氣다. '신기神氣'는 사람의 신묘한 기운을 가리킨다. '신명'은 지극히 신령하고 지극히 순정한 것으로 정신성과 물질성의 최고 형태다. 오늘날의 '천지신명'과 상통한다.

신도 부정적인 용법이 적지 않다. 신기神氣가 지나친 경우가 있기 때문이다. '신이 왕성하다神王'는 것도 부적절한 것이고, '신성神聖'도 버려야 할 것으로 묘사된다.

장자에서 마침내 정과 신이 만나면서 '정신이 도에서 나온다'는 선언이 등장한다. 정과 신은 그 순수성 때문에 결합하면서 나의 정신뿐 아니라 천지의 정신으로 확산되고, 나아가 신명의 지위를 얻는다. 신으로 연결되는 정신과 신명이다. 정신이 탄생하면서 그것의 자유의 의미가 부각된다.

1. 노자와 장자

나는 앞의 「노자의 정신론」에서 노자의 정精과 신神은 아직 결합하지 않은 채 독립적으로 사용되고 있었음을 밝혔다. 『노자』에서 오늘날 통용되는 '정기신精氣神'의 원리는 발견되지 않으며, 나아가 순수 정신인 신이 순수 물질인 정을 제어한다는 관념도 등장하지 않는다. 노자에게서 정과 신은 독립적일 뿐만 아니라 심지어 이질적이었다.[1] 이런 분리된 정과 신이 『장자』를 거쳐 『회남자』에 이르러 마침내 통합의 길을 가게 된다.

정은 오늘날 사라진 개념이다. 이른바 산천의 정기精氣라고 할 때 정기는 반드시 있는 것이지 없는 것이 아니다. 다시 말해, 물질적으로 존재하지 단순히 정신적으로만 존재하지 않는다. 아무리

---

1 정세근, 「노자의 정신론」, 『동서철학연구』 60, 한국동서철학회, 2011. 6.

그것이 순수하고 정신적이라 해도 형체를 가진다. 그 대표적인 예가 정자精子의 '정'자이다. 그것은 인간의 원형을 담고 있는 씨앗이지만 물질이라 하기에는 너무도 정교精巧하고 정치精緻하다. 정자는 물질이지만 정신에 가까운 순수 물질이라는 말이다.

신은 오늘날에도 많이 쓰이는 용어다. 특정한 종교적 절대자 또는 신앙적 대상을 가리킬 때가 많아졌지만 신의 용법은 여전히 많다. 정신, 신령, 신비, 귀신 등 모두 요즘에도 통용되는 어휘다. 그러나 신은 형체가 없어도 된다. 이런 점은 근대 서구의 이원론과 맞아떨어져 순수 물질과 순수 정신의 복합으로 이루어진 개념인 '정신'조차 현대적으로는 순수 정신으로 이해되고 만다. 다른 신의 용법도 비슷하지만, '귀신'만큼은 신보다는 귀에 초점을 두고 있어 형체를 지닌 것으로 이해된다. 신은 형체가 없고 귀는 형체가 있다. 그러나 오늘날 귀신이라고 할 때는 귀에 더 비중을 두고 사용된다.

그렇다면 『장자』에서는 어떠한가? '정신'으로 연용되어 여덟 차례나 나온다. 비록 장자가 직접 썼다고 여겨지는 내편에는 나오지 않지만 이미 정과 신이 만나고 있다. 이를 근거로 어떤 학자는 『장자』의 성립 과정을 추리하기도 한다.[2] 정과 신이 만나기 전의 것은 빠르고, 정신으로 연용된 것은 그 뒤라는 추론이다. 그렇다면 철학사에서도 당연시되는 『노자』 『장자』 『회남자』의 순서가 손쉽게

2　劉笑敢, 『莊子哲學及其演變』, 新華書店, 1988.

　　　　　　　　　　　　2장 장자의 정신론

매겨진다. 정과 신이 『노자』에서는 만나지 못했고, 『장자』에서는 편마다 출입이 있고, 『회남자』에서는 「정신훈精神訓」이라는 편명이 있으니 그 성립 시기가 정리된다. 개별 문장의 고증이라는 난점이 뒤따르긴 하지만, 편의 성립을 기준으로 볼 때는 그렇게 조망할 수 있을 것이다. 그렇다면 서구학자가 종종 주장하는 장자가 노자보다 앞선다는 단정은 무너져버린다. 적지 않은 서구학자들은 노장을 한대의 시각에서 접근하다 보니[3] 정치철학적 분위기를 풍기는 『노자』가 개인적이고 탈속적인 『장자』보다 후대의 것이라고 여기게 되었는데, 사실상 개인의 깊은 사고를 가리키는 '명상적 contemplative'인 것이 정치적인 의도를 가리키는 '목적적purposive'인 것보다 앞선다는 전제도[4] 속단에 가깝다.

단순한 정신에 대한 논의지만 이처럼 문헌 고증 등 여러 면에서 의의가 있다. 『장자』에서 정과 신의 용법을 중심으로 '정기'와 같이 물질을 가진 정신과 '귀신'과 같이 정신을 가진 물체가 어떻게 만나는지 살펴보자.

---

3 H. G. Creel, *Chinese Thought*, Univ. of Chicago Press, 1953, pp.113~114.
4 H. G. Creel, *What is Taoism?*, Univ. of Chicago Press, 1970, p.5.

2. 정 : 정기

『장자』에서 정의 단독 용법은 총 31차례 나온다. 그러나 3차례나 붙어 쓰이는 '정조精粗'와 같은 관용적 용법인 '정미精微'를 포함하면 32차례, 나아가 우리의 주제인 '정신'을 포함하면 40차례 쓰인다. '정조'는 대립하여 곱고 거칢을 뜻하고, '정미'는 유사하게 곱고 작음을 뜻하고, '정신'은 이질적이지만 순수하다는 점에서 상통한다. 쉽게 말해, 정과 조는 반대말, 정과 미는 비슷한 말, 정과 신은 물질과 정신이라는 이질적 범주에서 출발하여 순수성이라는 동일한 범주로 합쳐지는 말이다.

『장자』의 정은 대체로 네 분야로 나뉜다.

가. 천지天地의 정

이때 천지의 정은 산천이나 육기六氣의 정기를 포함한다. 자연의 가장 핵심이 되는 질료를 가리키는 것으로 고대 그리스적으로 말할 때 원질原質, arché이라는 용어와 비슷하다. 그러나 다른 점은 이때 정은 원질이라는 뜻이면서도 그 자체로 원질을 가리킨다. 정은 '질료라는 말a matter'이면서도 '질료 그 자체the matter'이다. 정은 모든 생명의 기원을 가리키면서도 사람의 씨앗인 정자精子나 곡물의 씨앗인 정미精米[5]를 구체적으로 가리킨다.

장자는 천하대란天下大亂의 이유가 인간의 앎에 있다고 생각한다. 사람들이 모르는 것을 알려고만 하지, 아는 것을 알려고 하지 않는 데天下皆知求其所不知, 而不知求其所已知者 문제가 있다는 것이다.

따라서 위로는 해와 달의 밝음을 어지럽히고, 아래로는 뫼와 내의 정수精髓를 녹이고, 가운데로는 봄·여름·가을·겨울의 베풂을 잃게 한다.

故上悖日月之明, 下爍山川之精, 中墜四時之時.[6]

이때 '산천의 정山川之精'은 일월의 밝음이나 계절의 시간과 동급으로 우주만물의 정수를 가리킨다. 산천의 순핵純核을 가리키는 것으로 그것으로부터 자연이 성장, 발육, 결실됨을 말한다. 산천은 우리가 살기 위해 반드시 있어야 하는 땅과 물의 다른 이름이다.

다른 곳에서는 노자의 입을 빌려 비슷한 말을 한다. 노자를 만나고 온 공자孔子가 사흘이 지나도록 말이 없자 자공子貢이 공자의 소개로 노자를 다시 찾아간다. 자공이 삼황오제三皇五帝의 업적이 모두 같지는 않지만 명성이 하나 같은데, 선생先生만 그들이 성인이 아니라고 한 점을 설명해달라고 한다. 이에 노자는 그들이 모

---

5 정확히 말하자면 발아를 책임지는 '씨눈'에 해당한다.
6 『莊子』, 「胠篋」.

두 인간을 타락으로 이끌었다며 엇비슷한 말로 요, 순, 우를 비난한다. 그들이 나오기 전에는 민심이 하나 같았는데 그들 때문에 분별지가 생겼다는 것이다. 표현상 '녹인다爍' 대신 '등지다' 곧 '엉뚱한 데 쳐다보다睽'를 썼을 뿐이다.

흥미로운 것은 두 경우 모두 앎知이, 그것도 성인의 앎이 우리 삶의 본질性[7]/性情之情[8]을 망가뜨려놓았다는 데 의견을 함께한다는 점이다. 앞의 예는 복희伏戱, 신농神農 등이 문명의 이기를 창조한 것을 주된 예증으로 삼고, 뒤의 예는 구체적으로 요순우와 유묵儒墨을 논거로 삼고 있는 점이 다를 뿐이다. 뒤의 예에서는 『노자』에 나오는 구절이 자주 등장해 흥미를 끌기도 한다.

산천의 정은 자연의 시원처이며 생명력이며 진면목을 가리킨다. 선왕先王의 업적으로 문명이 건설되면서 오히려 우리의 본성이 망가졌다는 것이 장자의 주장이다.

비슷한 표현으로 '천지의 정天地之精'이 있다. 이 구절은 '지극한 도至道'가 무엇인지를 묻고 대답하는 과정에서 등장한다. 황제皇帝가 천자가 된 지 19년 만에 천하가 나라의 훈령을 모두 받아들였다. 황제는 광성자廣成子가 공동산空同山에 있다는 이야기를 듣고 찾아가서 지극한 도를 묻는다.

---

7 『莊子』,「胠篋」.
8 『莊子』,「天運」.

나는 그대가 지극한 도에 다다랐다고 들었소. 지극한 도의 정수가 무엇이오? 나는 천지의 정수를 얻어 오곡을 자라게 하고 인민을 기르고 싶소. 나는 또한 음양을 관장하여 뭇 생명을 살리고 싶소. 어떡하면 좋겠소?

我聞吾子達於至道, 敢問至道之精. 吾欲取天地之精, 以佐五穀, 以養民人. 吾又欲官陰陽, 以遂群生, 爲之奈何?[9]

이 문장에서는 지극한 도에도, 천지에도 나름의 정수가 있다고 연거푸 표현하고 있다. 다시 말해, 지극한 도의 정수의 구체적인 내용으로 '천지의 정'과 '음양'을 제시하면서, 천지의 정수를 얻고 음양을 관장할 수 있으면 지극한 도에 다다를 수 있음을 시사한다.

그러나 광성자의 답변은 부정적이다. 황제가 묻는 것은 '사물의 바탕物之質'인데, 정작 하고 싶은 것은 '사물의 허물物之殘'이기 때문이다. 이러한 구별質/殘은 이후 '고움과 거칢精/粗'이라는 상대적인 표현과도 연결되는 것으로, 알맹이와 껍데기를 나누는 것이다. 말로는 사물의 본질을 묻긴 했지만 실제로는 사물을 어떻게 써먹을까를 생각하고 있기 때문에 황제의 질문은 그 자체로 그릇되었다는 응답이다. 다스리려 할수록 해와 달은 빛을 잃고 풀과 나무는 시들어버린다는 이야기다.

좀 더 추상화된 형태로는 '육기의 정六氣之精'을 들 수 있다. 여기

9 『莊子』, 「在宥」.

서 여섯 기란 기와 음양, 풍우風雨, 회명晦冥을 가리킨다고도 하지만, 일반적으로 여섯은 동서남북상하를 가리키고. 넷은 춘하추동을 가리킨다. 운장雲將이 깡충깡충 뛰어놀고 있는 홍몽鴻蒙에게 묻는다.

하늘의 기운이 온화하지 않고 땅의 기운이 막혀 있고 육기가 조화롭지 않고 사시가 맞지 않습니다. 나는 육기의 정수를 합하여 뭇 생명을 기르고자 하는데, 어찌하면 좋겠습니까?

天氣不和, 地氣鬱結, 六氣不調, 四時不節. 今我願合六氣之精以育群生, 爲之柰何?[10]

구름의 신이 '큰 멍청이'라는 이름의 홍몽에게 이처럼 묻는다. 그러나 홍몽은 "난 몰라, 난 몰라吾非知, 吾非知"라며 딴청을 피운다. 운장은 뭇 생명을 기르고자 육기의 정수를 하나로 모으려 하지만 홍몽은 제발 사물의 본질物之情에 역행하지 말라고 한다. 그러면서 오히려 마음을 기르는 것心養이 먼저이며, 이렇게 무위無爲하면 만물이 자화自化하고 제 뿌리로 돌아가게 된다各復其根[11]고 귀띔한다.

성인이 추구하는 궁극적인 세계도 이 정과 관련된다. 그는 일반인들이 추구하는 이익이나 명예를 좇지 않는다.

---

10 『莊子』,「在宥」.
11 『莊子』,「在宥」.『老子』16장: 萬物芸芸, 各復歸其根을 인용했다.

일반인은 이익을 중시하고, 곧은 사람은 이름을 중시하고, 어진 선비는 뜻을 높이고, 성인은 천지의 정수를 귀하게 여긴다.

衆人重利, 廉士重名, 賢士尚志, 聖人貴精.[12]

이때 정은 천지의 정수 곧 사물의 본질을 가리킨다. 성인은 하고자 하는 의지意志를 갖지 않고 오히려 자연의 정화精華를 존귀하게 여길 뿐이다. 이때는 '지도至道'와 마찬가지로 '지정至精'[13]이라고 해도 된다.

나. 정조精粗의 정

정조는 한마디로 대소大小와 관련된다. 장자는 곳곳에서 정과 조를 구별하고 고움과 거침의 논법을 사용한다. '크고 작거나 곱고 거칢大小精粗'이라는 표현이 종종 나온다.[14] 이렇듯 정조의 정은 매우 작음精, 小之微也[15]이다.

말할 수 있는 것은 사물의 거칢이고, 뜻할 수 있는 것은 사물의

---

12 『莊子』, 「刻意」.
13 『莊子』, 「知北遊」.
14 『莊子』, 「天下」: (古之人)六通四辟, 大小精粗, 其運无乎不在. (宋鈃과 尹文)其大小精粗, 其行適至是而止.
15 『莊子』, 「秋水」.

고움이다.

可以言論者, 物之粗也; 可以意致者, 物之精也.[16]

아무리 곱다고 할지라도 고움과 거침은 형체가 있는 것에 제한되는 용어다. 무형의 것을 곱다거나 거칠다고 할 수 없다.

고움과 거침이란 꼴이 있는 것을 따른다.

夫精粗者, 期於有形者也.[17]

말할 수 있는 것, 뜻할 수 있는 것, 그리고 고움과 거칢을 모두 넘어서는 것이야말로 대인大人의 행동이다. 그런 점에서 이때의 고움은 거침과 대립하는 것으로 상대성에서 벗어나는 게 아니다. 정이 이렇듯 형체를 벗어날 수 없다는 표현은 한편으로 그것이 물질성을 지님을 증명한다. 정이 아무리 미세하고 순수해도, '지극하다'는 형용사가 붙어도 형체를 떠날 수 없다. 하백河伯이 "가장 고운 것은 형체가 없느냐至精無形"고 묻자, 북해약北海若은 그럴 수 없다면서 설명하는 것이 위에서 인용된 두 구절이다. 다른 곳에서 언급하는 '정미精微'[18]노 크게 다르지 않다.

16 『莊子』, 「秋水」.
17 『莊子』, 「秋水」.

다. 정성精誠의 정

정성의 정은 오늘날 정성의 뜻과 비슷하다. 비록 유가 식의 정성에 반대해 말하지만, 참다운 정성이란 이런 것이라고 설득하고 있기 때문이다. 정과 성이 함께 쓰인다는 점에서도 여타 정의 용법과는 자못 다르다. 이때 정은 성의 의미에 많이 귀속된다. 공자가 어부에게 '참眞'이란 무엇인가 묻자 아래와 같이 대답한다.

참이란 정성이 지극함이오. 정성스럽지 않으면 사람을 감동시킬 수 없소. 따라서 억지로 울면 슬픈 듯해도 가슴이 아프지 않고, 억지로 화내면 엄숙해도 권위가 없고, 억지로 친하면 웃지만 어울리지 못하오. 참다운 슬픔은 소리가 없어도 가슴이 저미고, 참다운 화는 화내지 않아도 권위가 있고, 참다운 친함은 웃지 않아도 잘 어울리는 것이오. 참다움이 속에 있을 때 마음神이 밖으로 울리니, 이것이 참을 귀하게 여기는 까닭이오.

眞者精誠之至也. 不精不誠, 不能動人. 故強哭者, 雖悲不哀, 強怒者, 雖嚴不威. 強親者, 雖笑不和. 眞悲無聲而哀, 眞怒未發而威, 眞親未笑而和. 眞在內者, 神動於外, 是所以貴眞也.[19]

---

18 『莊子』,「則陽」: 此名實之可紀, 精微之可志也. 그러나 이때 '志'를 '誌'가 아닌 다른 뜻으로 해석하면 달라질 수 있다.
19 『莊子』,「漁夫」.

여기서 정은 성과 매우 유사하다. 정은 성을 꾸며주고 있으며, 정 또한 참다움의 일부분이다. 정과 성 모두 진眞과 통한다. 진실하여 강제가 없는 감정 상태를 가리킨다. 진정성이고, 성실성이고, 거짓 없음이다. 어부는 이와 같은 정성이라면 부모를 모실 때도 효성스럽고, 임금을 섬길 때도 충절이 넘치고, 술을 먹을 때도 늘 기쁘고, 상을 당했을 때도 정말 슬프다고 말한다. 유가의 덕목을 형식화하지 말고 실제화하자는 것이다. 정성은 정성이지만, 유가적인 겉모습이 아닌 장자적인 참다운 정성을 주장하고 있다.

라. 형정形精의 정

형정의 정은 위의 정조의 정과 매우 가깝다. 그러나 정조의 정은 사물에 넓게 적용되는 반면, 형정의 정은 인간에 국한되어 사용된다. 장자는 사람의 근원을 바로 이 정으로 보고 있다.

번잡한 일을 버리면 힘들지 않고 복잡한 삶을 버리면 정기精氣가 일그러지지 않는다. 무릇 형체가 온전하고 정기가 제자리를 찾으면 자연과 하나가 된다. 천지는 만물의 부모다. 모이면 꼴을 이루고 흩어지면 처음이 된다. 형체와 정기가 일그러지지 않으니 이를 '옮길 수 있음'이라고 말한다. 정기가 차고도 또 차니 돌아가 서로 자연이 된다.

棄事則形不勞, 遺生則精不虧. 夫形全精復, 與天爲一. 天地者

萬物之父母也, 合則成體, 散則成始. 形精不虧, 是謂能移; 精而又精, 反以相天.[20]

형정의 정은 결국 위에서 말한 천지의 정에서 벗어나 인간이 생존할 수 없음을 보여준다. 생명 외적인 모든 것을 비리면 몸뚱이도 피곤하지 않고 정기도 지킬 수 있다. 신체와 정기가 온전해지고 복구되었을 때 우리는 자연과 하나가 된다. 따라서 자연의 변화에 따라 자신도 변화되는 '옮길 수 있음'의 상태에 머물 수 있다. 정기가 가득 찰 때 우리는 자연이 된다.

사람은 하늘ㅈ 곧 자연의 정기를 받아 태어나고 살아가고 죽는다. 자연의 정기가 인간의 정기인 것이다. 장자는 단적으로 선언한다.

형체는 정기에서 생겨났다.

形本生於精.[21]

이 말은 우리의 형체가 정기에서 태어났다는 것이며, 나아가 사람의 정기는 산천의 정기와 하나임을 뜻한다. 천지의 정기는 이렇듯 만물의 부모다. 이때 장자의 용법이 천지의 정과 더불어 노

---

20 『莊子』,「達生」.
21 『莊子』,「知北遊」.

자가 말하는 정과 가장 흡사하다. 노자는 두 곳에서 사물, 정확히는 상象과 물物과 핏덩이 아기赤子의 정을 말한다.[22] 모두 정기로 번역될 수 있으며 만물과 인간의 원천이다.

3. 신 : 신명

신은 대체로 형용사적 용법이 많다. '신령한 누구'라고 할 때처럼 사람이나 대상 앞에 붙이거나, 아니면 술어로 '그는 신령하다'고 말한다. 단순히 사람이나 대상을 꾸며주는 용법을 제외하면 신은 67차례(한 차례는 반복[23]) 단독으로 출현하며, 신기(神奇 3회), 신기(神氣 2회) 신성(神聖 1회)을 포함하면 73차례 나온다. 신명神明이라는 중요한 개념도 일곱 차례나 등장하므로 80차례나 나오는 셈이다. 신농(神農 8회) 또는 신농씨(神農氏 1회) 같은 고유명사를 합치면 89차례에 이르며, 신인(神人 8회)이나 신구(神龜 3회) 등등의 용법을 더하면 총 105차례에 이른다.

『장자』에 나오는 용법은 대략 다섯 가지로 구분된다.

---

22 정세근, 「노자의 정신론」, 『동서철학연구』 60, 한국동서철학회, 2011. 6.
23 노자의 '玄之又玄'와 비슷하게 장자는 '神之又神'을 쓴다(『莊子』 「天地」).

가. 신령神靈의 신

지인至人은 신령하다. 지인만이 아니다. 우임금도 신령하고神禹[24], 무당도 신령하고神巫[25], 언덕도 신령하고神丘[26], 거북이조차 신령하다神龜[27]. 사람 이름이나 직업 또는 장소 앞에 신 자를 붙이면 된다. 마치 서구적 용법에 'saint'를 붙이는 것과 같다.

이가 다 빠진 설결齧缺이 아기라는 이름의 스승 왕예王倪에게 "지인至人은 이해利害를 정말 모르냐"고 묻는다. 요堯의 스승은 허유許由이고, 허유의 스승이 설결이며, 왕예의 스승은 피의被衣이다.[28]

지인은 정말 신령하다. 큰 못이 불타도 뜨겁게 할 수 없으며, 큰 내가 얼어붙어도 춥게 할 수 없으며, 벼락이 산을 깨고 바람이 바다를 떨게 해도 놀라게 할 수 없다.

至人神矣, 大澤焚而不能熱, 河漢沍而不能寒, 疾雷破山風振海而不能驚.[29]

---

24 『莊子』,「齊物論」.
25 『莊子』,「應帝王」.
26 『莊子』,「應帝王」.
27 『莊子』,「秋水」「外物」(2회).
28 『莊子』,「天地」. 그러나 설결이 피의에게 직접 묻는 장면도 있다(「知北遊」).
29 『莊子』,「齊物論」.

이런 지인이 이해득실을 따질 리 없다. 물이 끓거나 얼어도 지인을 뜨겁게도 춥게도 할 수 없고, 청천벽력이나 질풍노도도 그를 놀라게 할 수 없는데, 그깟 이해관계에 괘념할 리 없다. 따라서 지인은 신령하다.

이런 맥락에서 지인은 신인神人으로 불리기도 한다. 지인과 신인 그리고 성인聖人은 동격이다.

지인은 내가 없고, 신인은 이루고자 하는 것이 없고, 성인은 이름이 없다.

至人无己, 神人无功, 聖人无名.[30]

여기서 지인, 신인, 성인의 차이는 거의 없다. 다만 이름이 없기는 쉬워도 아무것도 이루지 않기는 어렵고, 아무것도 이루지 않긴 쉬워도 자기가 없긴 어렵다는 점에서 지인이 가장 높다는 인상을 풍긴다. 게다가 성인은 다른 학파에서도 쓰는 표현이므로 일반화될 뿐 아니라, 다른 학파의 성인은 비판의 대상이기 때문에 가장 이상적인 인격을 가리킨다고 보긴 어렵다. 그런 점에서 신인은 지인에 가장 근접하는 표현이다.

---

30 『莊子』, 「逍遙遊」.

나. 형신形神의 신

여기서 형신은 형체‘形’體와 정신精‘神’을 가리킨다. 우리말로 몸과 마음이다. 오늘날 의미에서의 정신이지만, 정精과 신神을 혼동하지 않기 위해서 ‘마음’으로 통일해서 써보자. 몸과 비교되기 때문에 『장자』에서 의미가 가장 명료하게 드러나며, 우리말의 마음과도 잘 어울리는 용법이다.

묘고야산에 신인이 사는데, 그 살결이 눈 같고 가냘프기가 처자 같다. 곡식을 먹지 않고 바람과 이슬만 마신다. 구름을 타고 용을 부리며 사해 밖에서 노는데, 그 마음을 한번 모으면 만물이 병에 걸리지 않고 곡식이 익어간다네.

妙姑邪之山, 有神人居焉. 其膚若氷雪, 綽約若處子. 不食五穀, 吸風飮露. 乘雲氣, 御飛龍, 而遊乎四海之外. 其神凝, 使物不疵癘 而年穀熟.[31]

신인의 몸은 색시처럼 곱고 호리호리하지만, 마음을 먹기만 하면 만물을 무탈하게 잘 자라게 한다는 것이다. 몸의 여림에 비해 마음의 능력을 강조한다. 이 구절에서는 ‘形’ 자가 직접 나오지 않지만 살결과 먹는 것을 말하여 신인의 몸이 연약함을 강조하는데,

---

31 『莊子』, 「逍遙遊」.

그것은 거꾸로 그 마음의 응집력이 대단함을 드러내기 위함이다.

형체의 부분인 눈과 대비하여 마음을 쓰기도 한다. 아래는 유명한 포정해우庖丁解牛 이야기 가운데 일부다.

삼 년이 지나자 소 전체가 보이지 않았습니다. 이제 소신小臣은 마음으로 만나지 눈으로 보지 않으며, 감관이나 지각은 멈추고 마음으로 나아갑니다.

三年之後, 未嘗見全牛也. 方今之時, 臣以神遇而不以目視, 官知止而神欲行.[32]

여기서 마음神은 몸形의 한 부분인 눈目과 대비되어 쓰인다. 눈은 감관이나 지각의 기관일 뿐이다. 눈을 감고 오히려 마음을 깨워라. 그것이 삶을 기르는 방법이다. 몸이 아닌 마음과 관련되는 것이 바로 양생養生이다. 이런 사고는 장자 전편에 흐르는 것으로 장자는 '몸을 기르는 것養形'보다는 '마음을 기르는 것養神'을 앞세운다.[33] 몸과 마음이 상대되는 표현은 자주 나온다.

32 『莊子』, 「養生主」.
33 『莊子』, 「達生」: 養形果不足以存生. 鄭世根, 『莊子氣化論』, 學生書局, 1993, 127~132쪽. '養神'이라는 직접적인 표현은 '養神之道'(「刻意」)로, 간접적인 표현은 '心養'(「在宥」)으로 나온다.

마음을 가다듬어 고요해지면 몸이 스스로 바르게 된다.

抱神以靜, 形將自正.[34]

너의 마음이 몸을 지키면, 몸이 오래 살 수 있다.

女神將守形, 形乃長生.[35]

몸이 마음을 보존하여 각자의 규칙을 갖는 것을 본성이라 한다.

形體保神, 各有儀則, 謂之性.[36]

몸이 온전하면 마음도 온전하다. 마음을 온전하게 하는 것이 성인의 도다.

形全神全. 神全者, 聖人之道也.[37]

너의 몸을 바로 하고 너의 몸을 하나로 하면 자연의 조화가 올 것이며, 너의 앎을 지키고 너의 뜻을 하나로 하면 마음이 와서 머물 것이다.

若正汝形, 一汝視, 天和將至 ; 攝汝知, 一汝度, 神將來舍.[38]

34 『莊子』, 「在宥」.
35 『莊子』, 「在宥」.
36 『莊子』, 「天地」: 여기서는 아예 '形體'라 나온다.
37 『莊子』, 「天地」.
38 『莊子』, 「知北遊」. 여기서 '度'는 '意度'라는 林希逸의 설을 따랐다(『南華眞經口義』).

본성을 체화하고 마음을 가다듬으면서도 세속에서 노니는 사람.

體性抱神, 以遊世俗之間者.[39]

임금님의 마음과 몸을 걱정합니다.

勞君之神與形.[40]

이렇듯 마음은 몸과 상대되어 신체를 조종하는 어떤 것으로 설정된다. 당연히 장자에게는 몸보다 중요한 것이 마음이다. 마음을 가다듬어 잘 지키면 몸도 바로 잡히고 오래 살게 된다. 몸을 바로 하면 마음도 바로 된다고도 하지만, 중요한 것은 역시 마음이 잘 깃들게 함이다. 성인의 길은 곧 마음을 온전케 하는 데 있다.

때때로 형신으로 대비되지 않고 다르게 표현되는 경우도 있는데, 뜻은 마찬가지다. "나의 몸私과 마음神을 기르다養吾私與吾神"[41]는 구절에서처럼 나의 개인성을 나의 정신성과 구분하기도 한다.

몸과 무관하게 단독으로 쓰이지만 역시 마음을 뜻하는 구절도 있다. 이를테면, "그 마음이 큰 산을 뛰어넘어도 걸릴 것이 없다其神經乎大山而無介"[42]는 표현이 대표적이다.

39 『莊子』,「天地」.
40 『莊子』,「徐无鬼」.
41 『莊子』,「徐无鬼」.
42 『莊子』,「田子方」. 成玄英, 『莊子疏』는 뜻에서 '礙'로, 馬叙倫, 『莊子義證』은 비슷한 음인 '界'로 풀었다.

한 걸음 더 나아가, 몸과 함께 쓰이고는 있지만 나의 마음만이 아니라 그것을 뛰어넘는 하나의 큰 마음을 가리키는 경우도 많은데, 이것은 앞으로 나오는 귀신과도 차별되면서 일종의 보편 정신 universal mind을 뜻한다. "(도는) 구름이 피어오르듯 형체는 없지만 신령스럽다油然不形而神."[43] 여기서는 도의 신령스러움을 일차적으로 가리키지만 형체를 이루지 않는다는 점에서 형신의 용법과 다르며, 단순한 신령스러움을 넘어 우주가 갖춘 정신의 능동성을 가리킨다는 점에서 주목된다.

다. 귀신鬼神의 신

귀신은 오늘날의 용법과 매우 흡사하다. 다만 귀와 신이 자주 떨어져 사용된다는 점이 다르다. 『노자』에서 "귀신이 신령스럽지 못하다"[44]고 한 것처럼, 신령한 귀와 신령하지 못한 귀를 나누고 있지는 않지만 여전히 신은 귀의 조종자이다. 그럼에도 귀신이라고 하지 '신귀'라고 하지 않는 까닭은 보이는 것을 보이지 않는 것보다 앞에 놓는 전형적인 사고 때문이다.[45] 간략히 나열하면 다음과 같다.

---

43 『莊子』, 「知北遊」.

44 『老子』 60장: 治大國, 若烹小鮮. 以道莅天下, 其鬼不神. 非其鬼不神, 其神不傷人. 非其神不傷人, 聖人亦不傷人. 夫兩不相傷, 故德交歸焉.

45 '神鬼神帝'(『莊子』, 「大宗師」)라는 표현이 나오지만, '神'을 '申' 또는 '生'(章炳麟, 『莊子解故』)으로 볼 정도로 귀신의 의미는 적다.

귀신이 와서 머물 것이다.

鬼神將來舍.[46]

마음이 얻은 것이 없으니 귀신이 복종한다.

无心得而鬼神服.[47]

따라서 귀신이 그 그윽함을 지킨다.

是故鬼神守其幽.[48]

귀신이 어지럽히지 않는다.

鬼神不擾.[49]

본 사람은 귀신을 본 것처럼 놀란다.

見者驚猶鬼神.[50]

(물고기의) 소리가 귀신이 우는 것 같았다.

聲侔鬼神.[51]

46 『莊子』,「人間世」. 앞의 '神將來舍'(「知北遊」)와 비교할 것.
47 『莊子』,「天地」.
48 『莊子』,「天運」.
49 『莊子』,「繕性」.
50 『莊子』,「達生」.

이와는 다르게 어떤 곳에서는 "노 젓는 솜씨가 귀신 같았다津人操舟若神"[52]고 하여 신 하나만으로도 귀신을 가리키기도 한다. 신기神技라는 말이지만 직유의 대상으로 삼은 것으로 보아 귀신으로 볼 수 있겠다.

라. 신기神奇와 신기神氣

장자에게 삶과 죽음은 기氣의 모임과 흩어짐이다. 따라서 죽음과 삶이 한 무리가 되니 걱정이 없다. 따라서 만물은 하나다萬物一也. 이러한 깨달음이 없을 때 사람은 좋은 것과 나쁜 것을 구별하게 만든다.

사람이 좋아하는 바를 신기한 것이라고 여기고, 싫어하는 바를 썩은 냄새 나는 것이라고 한다. 신기한 것이 썩은 냄새 나는 것이 되고, 썩은 냄새 나는 것이 신기한 것이 된다. 그러므로 "천하의 한 기로 통할 뿐이다"라고 말한다. 성인은 그래서 하나를 귀하게 여긴다.

是其所美者爲神奇, 其所惡者爲臭腐; 臭腐復化爲神奇, 神奇復化爲臭腐. 故曰: 通天下一氣耳. 聖人故貴一.[53]

51 『莊子』,「外物」.
52 『莊子』,「達生」.
53 『莊子』,「知北遊」.

아이라는 한 생명을 생각해보자. 아이는 신기하다. 그러나 그 아이는 똥을 싼다. 아이를 씻기지 않으면 똥투성이가 된다. 그러나 씻기기만 하면 언제 그랬냐는 듯이 뽀송뽀송해진다. 그뿐만 아니다. 아이는 자라 언젠가는 죽어 썩은 냄새를 풍긴다. 신기한 삶이 냄새나는 주검으로 바뀌는 것이다. 그러나 냄새나는 그것은 언젠가는 새 생명을 위한 거름이 된다. 그래서 신기와 썩은 냄새는 서로 바뀐다. 똥을 먹고 꽃이 피고, 꽃은 지며 썩은 냄새를 내뿜는다. 모든 것은 그래서 하나의 기一氣로 통한다. 성인은 그 하나를 귀하게 여긴다.

신기神奇한 기를 신기神氣라고 부르기도 한다. 신기한 것이나 썩은 내 나는 것이나 모두 기이지만, 신기神氣는 특히 사람의 신묘한 기운을 말하기도 한다.

무릇 지인이란 사람은 위로는 푸른 하늘을 엿보고 아래로는 황천에 잠기며 팔방을 휘저으며 다녀도 신기가 변하지 않는다.

夫至人者, 上闚靑天, 下潛黃泉. 揮斥八極, 神氣不變.[54]

여기서 신기는 지인이 지닌 정신의 기운을 가리킨다. 하늘로 바다로 팔방으로 날아다녀도 지인의 고귀한 정신적 기개氣槪는 변하지 않는다는 것이다.

---

54 『莊子』, 「田子方」.

마. 신명神明

신명에 대해서는 논란이 많다. 우선 「천도天道」에 나오는 신명 이야기를 위작으로 보는 학자들이 많다.[55] 존비尊卑 외 선후先後의 서열을 강조하는 것이 장자의 근본 사상과 어긋나기 때문이다. 게다가 신명이 「천하天下」 편에 많이 등장하는 것으로 보아 신명 자체는 『장자』와는 조금 다른 계통의 사상에서 유입된 것이 아닌가 하는 추측이 가능하다.

그럼에도 신명을 말할 때 동시에 '지신至神' 또는 '지정至精'을 거론한다는 점에 주목할 필요가 있다. 신명은 정신성과 물질성이 다 다를 수 있는 궁극의 형태이다. 정신성이 지고至高해지고 물질성이 지순至純해지면 신명의 반열에 오르게 된다.

하늘이 높고 땅이 낮은 것은 신명이 그렇게 자리매김한 것이다. 봄여름이 먼저 오고 가을과 겨울이 나중에 오는 것은 사시의 순서이다. 만물이 바뀌어 싹이 트거나 감추고, 자라거나 죽는 것은 변화의 흐름이다. 무릇 천지는 지극히 신령스러우니 존비와 선후의 서열이 있다. 하물며 사람에게서랴!

天尊地卑, 神明之位也. 春夏先, 秋冬後, 四時之序也. 萬物化作,

---

55 陳鼓應, 『莊子今註今譯』(上), 商務印書館, 1975/1985, 376~378쪽. 歐陽修도 그렇다.

萌區有狀, 盛衰之殺, 變化之流也. 夫天地至神. 而有尊卑先後之序, 而況人道乎! [56]

　신명이 하늘과 땅의 자리를 그렇게 잡았다면서 그것은 봄·여름·가을·겨울의 순서와 마찬가지로 정해져 있는 것이며 이에 따라 만물이 일정하게 변화한다는 것이다. 하늘과 땅은 그래서 지극히 신령스러운 것이며, 따라서 존비선후의 질서는 자연만이 아니라 사람에게도 있다고 한다. 이렇듯 서열을 강조한다는 점에서 장자답지는 않지만, 신명의 역할로 천지가 지극히 신령스러워지게 되었다고 말한다.

　아래는 지인과 성인은 천지의 본래성을 드러내서 신명이 지극히 순정해짐을 강조하는 구절이다. 작위하지 마라, 그러면 신명이, 만물이 자신을 이루게 한다.

　성인은 천지의 아름다움을 밝히고 만물의 이치를 꿰뚫는다. 따라서 지인은 하지 않고 성인은 만들지 않는다. 천지를 바라만 본다는 것이 이를 말한다. 이제 그 신명이 지극히 순정해지니 온갖 것이 각기 변화하여 죽기도 살기도 하며 네모나게도 둥글게도 되지만, 그 뿌리를 알지 못한다.

　聖人者, 原天地之美而達萬物之理, 是故至人無爲, 大聖不作.

---

56 『莊子』, 「天道」.

觀於天地之謂也. 今彼神明至精, 與彼百化, 物已死生方圓, 莫知
其根也.[57]

여기서도 신명이 지극히 순정해지니 만물이 각자의 변화를 스
스로 이루어냄을 강조한다. 천지의 아름다움을 드러내야지 천지
에 무엇인가 하려 들지 말라는 것으로, 여기서도 신명은 천지와
연결된다.

이 두 가지 예는 단적으로 우리말의 용례와 신명이 연결되고
있음을 보여준다. 신명은 하늘과 땅의 질서 또는 원리로서 그 역
할을 하고 있다. 이른바 '천지신명天地神明'의 용법이다. 신명의 지
고한 정신성과 지순한 물질성이 천지의 본디 아름다움과 만물 속
에 깃든 결을 드러내주는 것이다. 신명은 정신성뿐만 아니라 물질
성도 지니면서 천지만물의 지고지순을 지켜주고 있다.

신명을 지키지 못하고 흩어지게 하는 예도 나온다. 조삼모사朝
三暮四의 경우이다.

신명을 애써 하나로 만들고자 하는데, 그것이 본디 같은 것임을
알지 못하니, 이를 일러 조삼이라고 한다.

勞神明爲一, 而不知其同也, 謂之朝三.[58]

57 『莊子』, 「知北遊」.
58 『莊子』, 「齊物論」.

신명이 본래 하나였는데 사람들이 그걸 모르고 있다는 것이다. 흩어질 수 없는 것을 흩어졌다고 걱정한다. 마치 원숭이에게 아침에 세 개, 저녁에 네 개 준다고 하니 화를 내고, 아침에 네 개, 저녁에 세 개 준다고 하니 좋아하는 것과 같다. 본디 같은 것을 애써 어떻게 하고자 하니 신명이 제자리를 잡을 수 없다.

신도 부정적으로 쓰일 때가 꽤 있다. 신기神氣가 지나친 정신성을 가리키는 경우이다.

너는 너의 신기를 잊고 너의 몸뚱이를 무너뜨려라. 그러면 (도에) 가까워지리라.

汝方將忘汝神氣, 墮汝形骸, 而庶幾乎.[59]

밭이랑을 일구던 노인이 공자의 제자인 자공을 야단치며 하는 말이다. 지나친 의도나 의지를 가리킨다. 무엇인가를 추구하려는 의욕이 지나쳐 자신을 해치고 있다는 것이다. 기계 쓰는 법을 몰라서가 아니라 부끄러워서 쓰지 않는다면서, 노인은 문명을 일구고자 하는 자공에게 일침을 놓는다.

신이 독자적으로 쓰인 경우에도 그렇다. 꿩을 우리에 넣으면 "속神은 편할지 몰라도 좋을 리 없다神雖王, 不善也"[60]고 하거나, 형체

---

59 『莊子』,「天地」.
60 『莊子』,「養生主」.

와 총명을 버리고 만물과 크게 하나大同가 되라면서 "욕심을 없애고 정신성을 풀어라解心釋神"[61]고 할 때다. 노인이 자공에게 말한 신기와 같은 뜻이다.

『장자』속 노자의 말에서도 '신성神聖'이 부정적인 표현으로 등장하기도 한다. 적어도 넘어서야 할 것으로 묘사된다.

> 무릇 교지巧知나 신성神聖한 사람은 나 스스로 벗어났다고 여기네.
> 夫巧知神聖之人, 吾自以爲脫焉.[62]

노자의 뜻은 '네가 나를 소라 부르면 소가 되고, 말이라 부르면 말이 되겠다'는 것으로, 엉뚱한 지식이나 인격으로 나를 정의하지 말라는 당부다.

4. 정신과 도

이제 정과 신이 만나는 장면을 살펴보자. '정신精神'으로 연용된 횟수는 여덟 차례인데, 연속되는 구절에 쓰인 것이 두 번이므로, 정식으로는 여섯 차례이다. 정신은 거의 모두 최고의 경지를 가리킨다.

---

61 『莊子』,「在宥」.
62 『莊子』,「天道」.

물이 고요하면 밝은데 하물며 정신과 성인의 마음이 고요할 때랴! 천지와 만물의 거울이다.

水靜猶明, 而況精神, 聖人之心靜乎? 天地之鑑也, 萬物之鏡也.[63]

물도 고요하면 밝아진다. 정신도 그렇고, 성인의 마음도 그렇다. 여기서 정신은 성인의 마음과 동격으로도 볼 수 있다. 가장 순수한 물질성이고 정신성이니 고요할 수밖에 없다. 고요하니 성인의 마음과도 같고, 밝기가 거울과 같다. 천지와 만물을 마음에 비출 수 있는 것이다.

다음 구절은 위에서 지적한 대로 장자 유파의 저술이 아닌 것으로 취급되는 문단 안에 있는 것인데, 여기서도 정신과 마음씀이 대구對句로 나온다.

이 다섯 말단德, 敎, 治, 樂, 哀之末은 정신의 운용과 심술의 활동을 기다린 다음에 그것을 따르는 것이다. 말단의 학은 옛사람도 했지만 앞세우지는 않았다.

此五末者, 須精神之運, 心術之動, 然後從之者也. 末學者, 古人有之, 而非所以先也.[64]

---

63 『莊子』,「天道」.
64 『莊子』,「天道」.

2장 장자의 정신론

가장 중요한 것은 정신과 심술心術의 운동이다. 그것을 바탕으로 삼지 않는 이른바 군대, 상벌, 예법, 악, 상례 등은 모두 속빈 것이다. 본말이 있는데, 말단부터 앞세우면 근본이 흔들린다. 먼저 정신의 운용과 심술의 활동을 앞세운 다음에야 말단의 학문을 해야 한다.

공자가 지도至道를 묻자 노자는 정신을 거론한다. 『장자』 속의 노자는 말한다.

밝은 것은 어두운 것에서 나오고, 유형은 무형에서 나오고, 정신은 도에서 나오고, 형태는 정기에서 나온다.
夫昭昭生於冥冥, 有倫生於無形, 精神生於道, 形本生於精.[65]

이 구절은 정신을 도에서 나온 것으로, 다시 말하면, 도가 정신을 낳는 것으로 설정한 좋은 예이다. 도와 정신의 관계를 아주 잘 보여주고 있다. 형태와 정기의 관계는 '형정의 정'에서 이미 말했다. 이 인용구 바로 앞에도 정신이라는 말이 나오는데, 이때는 '너의 정신을 씻으라澡雪而精神[66]'는 의미이면서 구체적으로 정신의 주체를 일컫기도 한다. 정신은 이렇게 개인의 영역이면서 우주의 영

---

65 『莊子』,「知北遊」.
66 여기서 '而'가 2인칭 대명사 '爾' 또는 '汝'(女)다.

역이다. 이 점은 '형신의 신'에서 보았던 것처럼, 개별성과 보편성을 아우르는 용법이다. 마음이 '나의 마음'과 '큰 마음'으로 쓰이며, 개인의 마음과 우주의 마음을 일컫듯이, 정신도 개인의 정신에서 우주의 정신으로 확장되고 있다.

아래 구절은 인격과 관련된 정신, 즉 정확히 사람의 정신으로 한정되는 예이다. 범부小夫와 지인至人의 정신을 구별한다.

범부의 얇은 선물이나 안부를 주고받는 것을 떠나지 못하고 천박한 데에서 정신을 망치고 있으면서도 만물을 태일太一의 모습으로 제도하려 든다. 이와 같으니 우주에 미혹되고 형체는 이것저것에 걸려 태초太初를 알지 못한다. 저 지인이란 사람은 정신을 처음도 없음无始으로 돌리고 어디에도 있지 않은 마을無何有之鄉에서 달게 잠자니, 형체 없이 물처럼 흐르는데 그 물은 가장 맑은 데太淸에서 나온다.

小夫之知, 不離苞苴竿牘. 敝精神乎蹇淺, 而欲兼濟道物, 太一形體. 若是者. 迷惑於宇宙, 形累不知太初. 彼至人者, 歸精神乎无始, 而甘暝乎無何有之鄉, 水流於無形, 發泄乎.[67]

여기서 범부나 지인이나 할 것 없이 모두 정신을 갖고 있다. 범부는 자기의 정신을 모자라게 쓰거나 천근淺近하게 만든다. 그러

---

67 『莊子』, 「列禦寇」.

　　　　　　　　　　　　　　2장 장자의 정신론

니 만물과 중생을 구하려 하지만 오히려 걸리는 것이 많아 시원과 거리가 멀어지고 만다. 지인은 그 반대로 정신을 시원도 없는 곳으로 되돌아가도록 하여 어떤 정해진 꼴도 없이 가장 맑은 곳에서 물처럼 흐르게 한다. 문제는 정신이 비천한 범부가 중생을 제도하고 만물을 구제하려 든다는 데 있다는 것이다. 지인의 맑은 정신은 그저 흘러가고 있는데 말이다.

정신의 거대함, 위대함, 고귀함을 표현하는 구절은 아래의 것이 최상이겠다. 가장 많이 인용되는 구절이기도 하다.

홀로 천지의 정신과 왕래한다.
獨與天地精神往來.[68]

이때 정신은 사람의 것이 아니다. 오히려 자연의 것이다. 그런데도 나는 자연과 합일되면서 천지의 정신과 교감을 주고받는다. 세계의 정신이 나에게 오고, 나의 정신이 세계로 나간다.

---

[68] 『莊子』, 「天下」.

5. 자유로운 정신

장자만 하더라도 노자와 마찬가지로 '정신'이 연용되어 쓰이기보다는 따로 쓰일 때가 훨씬 많다. 내편에서는 연용된 것이 등장하지 않고, 외편과 잡편에서 비로소 나오기 시작한다. 장자의 정신에 대해서는 아래와 같은 총평이 가능하다.

첫째, 정과 신은 가장 순수한 것이다. 하나는 물질성에서, 다른 하나는 정신성에서 가장 순수하다. 형체를 가진 것과 갖지 않은 것이라는 차이에도 불구하고 그 둘은 순수성이라는 공통점을 지니고 마침내 서로 만난다. 이런 개념의 만남을 어떻게 부를 수 있을까? 유사 개념(순수성)의 결합이긴 하지만 서로 가리키는 것은 상반되며, 상반 개념(물질성과 정신성)의 결합이긴 하지만 결국 하나를 가리킨다. 비슷하지만 다르고, 다르지만 같다. 마치 용호상박하는 꼴이다. 용과 호랑이는 힘이 세다는 점에서 같은 범주로 묶인다. 그러나 용과 호랑이가 함께 놀지는 못한다. 좌청룡 우백호라고 사이좋게 말하지만 그 둘은 결코 어울릴 수 있는 사이가 아니다. 그러나 정과 신은 만났고 마침내 한몸이 되었다. 순수성 때문에 정이 신에 귀속되는 결과를 낳았다. 이를테면 '귀신'이 그 형체성 때문에 신이 귀에 귀속되는 결과를 낳은 것과 정반대이다. 『노자』에서는 귀가 신에 종속되지만,[69] 『장자』에서는 '귀신'이

---

69 『老子』 60장: 其鬼不神. 非其鬼不神, 其神不傷人. 非其神不傷人, 聖人亦不傷人.

오늘날 현대어에서의 용법처럼 쓰일 경우에는 신이 귀에 종속될 수 있는 것이다.[70]

둘째, 정신이 보편화된다. 정신은 개별의 것으로도 보편의 것으로도 쓰인다. 나의 정신, 너의 정신도 가능하지만 우리의 정신, 나아가 우주의 정신도 가능하다. 정이 아버지의 정기에서부터 산천의 정기, 천지의 정기로 나아가고, 신도 몸이 아닌 마음의 신으로부터 천지의 신명으로 나아가는 것이다. 다시 말해, 형정形精의 정과 형신形神의 신이라는 신체에 국한된 정신에서 천지의 정신으로 확대, 발전된다는 것이다. 『장자』는 형정과 형신이라는 관념을 통해 형체와 대비되는 개체의 순수한 물질성과 순수한 정신성을 전제했다. 그러고는 천지는 지극히 순정至精하고 지극히 신령스럽다至神는 표현으로 보편적인 정신의 위대성을 제시한다. 정확하게는 "신명은 지극히 순정하다神明至精"[71] 또는 "천지는 지극히 신령스럽다天地至神"[72]는 표현인데, 얄궂게도 겉으로 보기에는 정과 신이 반대로 형용된 느낌을 준다. 신명은 정신적인 것이기 때문에 오히려 신령스럽고, 천지는 물질적인 것이기 때문에 오히려 순정하다고 말해야 할 것 같기 때문이다. 그러나 이와 같은 예는 『장

---

70 위에서 열거한 '귀신의 신' 용례에서 볼 수 있다. 개념의 '한데 뭉치기'('정'과 '신'이라는 다른 것이 '정신'으로 모인 것)와 '한쪽 쏠리기'('귀신'이 '귀'의 뜻으로 된 것) 현상으로 부르고 싶다.

71 『莊子』,「知北遊」.

72 『莊子』,「天道」.

자』에서 정과 신이 이미 혼효混淆되고 있음을 잘 보여준다. 정과 신은 모두 순수성을 전제하기 때문에 정신과 물질에 거부감 없이 사용되고 있는 것이다.[73]

셋째, 정신과 신명이 비슷한 의미로 혼용된다. 위의 예에서도 마찬가지지만, 정신은 사람의 것이고 신명은 우주의 것이라는 일반적인 이해는 『장자』에서 맞아떨어지지 않는다. 둘 다 개인에게 국한되기도 하고 범우주적으로 확장되기도 한다. 천지의 정기나 산천의 정기라고도 할 수 있지만, 천지의 신명이나 성인의 신명이라고 해도 된다. 그렇다면 여기서 사람과 가장 멀리 떨어져 있는 관념은 무엇일까? 아무래도 그것은 '명明'이다. 이때 명은 노자의 '습명襲明'[74]과 장자의 '이명以明'[75]과도 연결되는 것으로 어두운 데를 비추는 빛, 해와 달과 별의 빛, 자연의 빛, 나아가 마음의 빛을 가리킨다. '신명'이라는 종교적 숭배의 대상이 사람의 자연성으로 스며들어오고, 사람의 '정신'이 범우주적 신성성으로 펼쳐지면서, 정신이 곧 신명이 되고 신명이 곧 정신이 된다. '천지신명天地神明'은 초인간적 존재로 우리를 관장하지만, 동시에 사람이 한번 신명 나면 그조차 신령스러워지는 구조인 것이다. '신'으로 연결되는 '정신'과 '신명'이다.

---

73 게다가 수사적으로도 '신명이 신령스럽다神明至神'는 표현은 어울리지 않는다.

74 『老子』27장.

75 『莊子』, 「齊物論」.

2장 장자의 정신론

이러한 문헌학적인 탐구에도 불구하고『장자』에서 '정신'이 탄생하면서 우리에게 의미를 주는 것은 다름 아닌 자유의 선언이다. 사람은 홀로 태어나고 홀로 죽어 외롭지만, 천지의 정신과 오가고 천지의 신명과 어울리면서 자유로워짐을 천명한다.

홀로 천지의 정신과 왕래한다.

獨與天地精神往來.[76]

담박하게 홀로 신명과 함께 머문다.

澹然獨與神明居.[77]

이러한 자유로움이 장자의 정신을 천지와 신명으로 확산시키고 있다. 신과 정이 떨어져 쓰일 때는 그것의 주체성이나 자유에 대한 언급은 미비했다. 그러나 정과 신이 하나로 합치면서 정신은 도에서 나오는 지고지순(至高至純; 신神과 정精)한 것이 된다.[78] 그것은 우주만물의 정신이면서도 성인이나 지인이 갖추고 있는 정신이다.

---

76 『莊子』,「天下」.

77 『莊子』,「天下」.

78 정신의 지고지순함은 '정하고도 정하다精而又精' 또는 '신하고도 신하다神之又神'는 표현에서 볼 수 있으며, 결국은 정과 신이 함께해야 함(「達生」: '精而又精, 反以相天.' 그리고 「天地」: '神之又神, 而能精焉')으로 귀착된다.

장자가 정신을 말하면서 주체의 독립성 곧 나의 홀로됨獨을 말하는 것은 흥미롭다. 진정한 자유는 홀로 있을 때 그리고 자유롭게 '오고 가'거나 '머무는 것'을 전제할 때 완성된다. 오가거나 머무는 것에서 홀로 자유로울 때 비로소 천지의 정신과 노닐 수 있다. 후대의 용어로 말하면 '독체獨體'의 완성이라고 부를 수 있는데, 정신의 탄생과 더불어 자유로운 주체가 등장하고 있는 것이다.

3장 『회남자』의 정신론

3장 『회남자』의 정신론

이 글에서는 『회남자』의 '정精'과 '신神' 그리고 '정신精神'의 용법을 순서대로 정리하면서 정신론이 어떻게 안착하는지 설명한다. 『노자』에서는 정과 신이 만나지 못했지만,『장자』에서는 정신이란 용어가 탄생하고, 드디어『회남자』에서는 정신이란 개념이 완성된다. '정신의 가르침'이라는 뜻을 담고 있는 「정신훈」이 그 대표적인 예다.

도가를 중심으로 지방분권주의를 선택하는 『회남자』는 집체 창작의 결과물답게 체계적이어서 진리론, 우주론, 초월론에 이어 인간의 정신에 대해서 논한다. 그런데『회남자』는 정신과 형체를 구분하고, 정신이 형체보다 우위임을 체계적으로 강조한다. 이 점은 여타의 사상에서 보이지 않던 형국이다.『회남자』에서 장생불로는『장자』와 마찬가지로 '양형養形'에 불과한 것으로, 진정한 양생은 정신을 지키고 기르는 것이라고 여겨진다.

『회남자』의 복합 개념으로서 '정신'은 단독 개념으로 '정'보다 더 의미 있고, 이때 '정신'은 과거의 '신' 개념에 접근한다. '신'도 '정'과 대구로 쓰이면서, '신'이 '정'보다 귀하거나 '정'을 부리는 존재임을 내세운다. 형식적으로도 '형신形神'이 아닌 '신형'의 용법을 보여 정신적인 것이 물질적인 것에 비해 우월함을 드러낸다. 이런 사고는 전대의 『장자』와는 달리, 『회남자』가 우주발생론적 성격을 강하게 갖고 있기 때문에 발생하는 현상이다. 무가 있어야 유가 있듯이, 정신이 있어야 형체가 갖추어진다는 사고다. 이것은 『주역』이 형이상과 형이하를 구분한 것의 영향으로 보인다. '신'이 깃드는 곳으로 '심心'을 설정하는 것도 주목할 만하다. 형形의 주인은 심이고, 심의 보배는 신이다.

'정신'은 『회남자』 제7편 「정신훈」의 주제로 생명의 핵심을 가리킨다. 오늘날의 표현에도 근접한다. 정신은 산란하거나 소모되거나 요동치지 않고, 조화로우며 충만해야 한다. 한마디로 우리는 정신을 지켜야 한다. 이를 위해 우리는 총명을 버리고 소박해야 한다. 이렇게 『회남자』에서 정신은 하늘에서 사람에게로 내려온다. 『관자』 4편이나 『여씨춘추』와 『태평경』이 장수를 꿈꾸는데 비해, 『회남자』는 정신의 초극성을 강조한다. 『장자』의 입장과 같이, 만물을 만드는 정신은 만들어진 만물과는 달리 죽거나 변하지 않는다는 것이다.

3장 『회남자』의 정신론

1. 정신의 탄생

이제는 정신精神을 말할 수 있다. 『회남자淮南子』에 와서야 '정신'이라는 말이 정식으로 상용된다. 그것도 하나의 편에서 정신을 일정한 주제로 다루고 있다. 우리는 이와 같은 과정을 동양사상사에서 '정신의 탄생'이라는 표현으로 그려낼 수 있다. 오늘날 정신이라는 표현의 어원은 바로 여기에서 나온다. 정신은 오늘날 이미 지나치게 서구화된 의미로 쓰이지만, 과연 본래적인 의미에서의 정신이 어떠했는가를 찾아보는 것은 우리 사고의 원형을 돌이켜본다는 점에서 의의가 크다. 그것은 영혼spirit/soul도, 정령anima도, 이성nous도 아닌 바로 정신이었다. 도가 계열이 강조한 정신의 중요성이 이런 맥락에서 성립한다. 완벽하지는 않더라도 그에 가까운 정신의 출현에 우리는 주목한다. 그리고 그것이 서구적 육체와 정신의 이분법적 사고와는 다른 면모를 지니고 있었음을 엿봄으로써 현대 철학에 환기를 기대한다.

『노자』에서는 정과 신이 만나지 못했다. 만나기는커녕 이질적이었다. 노자의 정은 순수한 물질로 요즘 표현인 '정력精力'과 상응한다. 좀 더 관념적인 순수한 표현은 '정기精氣'다. 인간의 정력과 산천의 정기에 해당하는 '정'이 노자의 용례였다. 신은 신비함, 신령스러움, 귀신의 뜻으로 쓰였고, "계곡의 정신은 죽지 않는다"[1]에서 나오는 '신'이 오늘날 정신의 의미에 가장 가깝다. 정령精靈; anima과도 비슷한 의미인데, 그것이 여성성의 불멸성을 가리킨다는 점에서 정신으로 번역하는 데 무리가 없다.[2]

『장자』에는 분량만큼이나 정과 신의 용례가 많이 나오지만, 정신으로 정식 연용되어 나오는 것은 여섯 차례(총 여덟 차례)에 그친다. 장자의 정은 노자가 말하는 산천의 정기와 똑같은 '천지의 정天地之精'이나, 사람의 정력과 비슷한 '형정의 정形精之精'에 해당하는 용법도 있으며, 크고 작음과 관계하는 '정조의 정精粗之精'이나, 오늘날의 정성이라는 말에 맞아떨어지는 '정성의 정精誠之精' 같은 용례도 나온다. 장자의 신은 여러 표현 가운데 천지와 인간의 신명神明을 뜻하는 용법이 핵심을 이루고 있는데, 때로 지나친 신기神氣는 풀어야 한다[3]면서 정신성으로의 경도를 경고하는 용례도

---

1 『老子』6장: 谷神不死.

2 정세근, 「노자의 정신론」, 『동서철학연구』 60, 한국동서철학회, 2011

3 『莊子』, 「養生主」: 神雖王, 不善也 / 「在宥」: 解心釋神.

있다. 그런데 무엇보다도 중요한 것은 정신이라는 말이 정식으로 여섯 차례(총 여덟 차례) 등장함으로써 개인과 우주의 근원으로 상정되기 시작한다는 점이다. 『노자』에서는 정과 신이 이질적이지만, 『장자』에서는 신에 정이 종속되면서, 형체에 대한 정신의 우위가 확립되어 간다. 동시에 사람이 가진 정신이 보편화 과정을 통해 신명이라는 범우주적인 신성성으로 확대된다. 천지에도 정신이 있고, 사람에게도 신명이 머물게 되는 것이다. 그럼으로써 인간은 우주 속에서 자기의 주체성獨體을 확립한다.[4]

그렇다면 『장자』에서 정신이 탄생한 게 아닌가? 맞다. 『장자』에서 정신이라는 말이 탄생한 것은 원론적으로 맞다. 그러나 『장자』도 『노자』처럼 정신은 여전히 분리되어 쓰일 때가 훨씬 많으며, 연용된 표현은 본편이 아닌 외잡편에서나 나온다는 데 한계가 있다. 특히 위에서 강조된 자유의 이념에 맞아떨어지는 주체성과 천지신명의 합일은 마지막 장이자 당대 철학계를 비판적으로 종합한 「천하天下」 편에서야 강조된다.[5] 그런 점에서 시원적 의미에서 정신의 탄생은 장자부터지만, 완성적 의미에서의 정신의 탄생은 『회남자』에게 돌리는 것이 옳다.

---

4 정세근, 「장자의 정신론」, 『동서철학연구』 64, 한국동서철학회, 2012.
5 『莊子』, 「天下」: 獨與天地精神往來 / 澹然獨與神明居.

2. 정신론의 의미

『노자』에서는 정과 신이 아예 독립적이었고, 이어『장자』에서는 드디어 정신으로 만나지만 부분에 그치고 선언적이라서 오히려 시기를 판별하는 판본학적 자료의 가치성이 강조되는데 반해, 『회남자』에 와서는 비로소 하나의 제대로 된 편의 이름으로 성립되어 정신의 의미가 철학사적으로 점차 안착하고 있음을 알 수 있다. 정신이라는 말이『노자』에서는 정과 신으로 따로 놀고,『장자』에서는 후기작으로 추정되는 곳에서만 연용된 정신이란 말이 출현하지만,『회남자』에서는 마침내 완성의 과정을 보여준다. 순수 물질인 정과 순수 정신인 신이 그 순수성을 바탕으로 하나의 철학적 관념으로 성립되는 것이다.

『회남자』는『노자』와『장자』그리고『열자列子』에 이어 도가 계통에서는 가장 학술적으로 가치 있는 문헌이다.『열자』가 숙명론적인 견해로 주장이 다소 한쪽으로 몰리는 것에 비해,『회남자』는 당대의 문인과 학자를 통해 사상을 종합하여 정리한 것이기 때문에 그 주제와 내용의 방대함은 이루 말할 수 없다. 회남왕 유안(劉安: 기원전 179~122)은 한 나라의 종실(할아버지가 한나라 고조 유방)이었는데 자신의 가계에서 벌어진 비극적 경험(할머니와 아버지의 자살)이 중앙집권에 반대하고 도가적 자유로움에 동조하는 데 한몫을 한 것으로 보인다.

한대에 벌어진 사상 통합 작업에서『회남자』가 도가를 중심으로 지방분권주의를 택하고, 동중서董仲舒의 『춘추번로春秋繁露』가 유가적인 중앙집권주의를 택한 것은 당시의 사상계가 아직까지는 획일적으로 통일되지 않았음을 간접적으로 보여준다. 다시 말해 오늘날 생각하고 있는 '독존유술獨存儒術'의 세계는 이루어지지 않은 상태였다. 오히려 유안은 도가로 유가를 통합하려 했으며, 국가이익을 위한 전쟁조차 노자의 반전론을 빌려 반대하기도 한다. 오늘날 우리가 보고 있는 『회남자』는 내편內篇; 內書 21편만으로, 외편外篇; 外書도 19편이나 있었고 신선의 방술을 담은 중편中篇도 8편으로 상당했다(20만여 자)고 전해진다.[6] 회남국은 전국시대의 초나라 지역이기 때문에 도가적 분위기가 강했던 것도 큰 영향이었을 것이다. 한마디로 『회남자』에는 노장에 의한 사상 통일의 이념이 담겨 있는 것이다.

애초에는 『설문해자說文解字』로 유명한 허신許愼의 주석도 있었다고 하지만, 현존 유일한 주석본은 고유高誘의 것이다. 그에 따르면 『회남자』는 본디 '홍렬鴻烈'이라고 불렸는데, '홍鴻'은 큼大이고 '열烈'은 밝음明이라 하여 '도를 크게 밝히는 것'을 가리킨다고 한다. 그 내용이 『노자』에 가까워 담백하고 무위함을 담았으며 천지와 고금에 걸쳐 싣지 않은 것이 없을 정도였는데, 그 드러남은 도道로 모아지기 때문에 홍렬이라고 불렸다는 것이다. 그런데 유향劉向이

---

6 『漢書』, 「淮南王劉安傳」: 內書二十一篇, 外書甚衆, 又有中篇八卷, 言神僊黃白之術, 亦二十餘萬言.

교정을 보면서『회남』이라고 이름 붙인다.[7]

　『회남자』에서「정신론」의 지위를 보자.『회남자』는 고대 전적 가운데 드물게 체계적인 순서를 지녔다. 우선 '도'를 말하고(「原道訓」) '참'을 말한다(「俶眞訓」). 그리고 천문, 지리(정확히는 지형地形), 사시四時를 말한다.「정신론」은 신비한 경지를 다루는「남명훈覽冥訓」 다음의 제7편으로 사람의 일을 다룬다. 그러니까 진리란 무엇인가를 묻고, 우리를 둘러싸고 있는 우주와 시간에 대해서 말한 다음, 그것과 인간의 맺어짐을 말한 뒤, 이어 사람의 생명의 근원을 설명하고 있는 것이다. '도道−진眞−천天−지地−시時−명冥−정신精神'의 구조이다. 다시 말하면, 정신의 지위는 진리론, 우주론, 초월론 다음에 이어지는 중요한 주제로 설정될 만큼 상향된 것이다. 아울러 이전의 관념들이 단독 개념(외자)인데 반해 마침내 정신에 이르러서 두 개념이 한 쌍을 이루는 복수 개념으로 변한 것도 특징적이다. 본래부터 쌍雙 개념이었던 '천지'나 '음양'과는 다르게 단單 개념이었던 '정'과 '신'이 '정신'으로 성립한다는 것이다. '귀신鬼神'이『노자』에서는 따로 쓰이다가[8]『장자』에 와서 연용이 일반화되듯,『회남자』에서는 정신이 그러한 양상을 보인다.

---

7 高誘,「敍目」: 然其大較歸之於道, 號曰鴻烈. 鴻, 大也; 烈, 明也, 已爲大明道之言也.
8 『老子』60장: 治大國, 若烹小鮮. 以道莅天下, 其鬼不神.『莊子』,「人間世」: 鬼神將來舍/「天地」: 无心得而鬼神服/「天運」: 是故鬼神守其幽/「繕性」: 鬼神不擾/「達生」: 見者驚猶鬼神/「外物」: 聲侔鬼神. 그러나 '神'만으로도 귀신을 뜻한다.「達生」: 津人操舟若神.

이러한 연용은 중요한 의미를 지니는데, 왜 '신정'이 아닌 '정신'으로 묶였을까? 귀신의 예에서처럼 신이 귀를 통어한다. 겉으로 보기에 귀가 더 무섭더라도, 신이 센 사람에게는 귀도 어쩌지 못한다. 귀의 생명은 얼마나 신이 센가에 달려 있기 때문이다. 그럼에도 물질 우선의 사고에서 물질적인 귀가 관념적인 것보다 앞서기 때문에 '신귀'가 아닌 '귀신'이 되었다. 이를테면 '형신形神'이라는 일반적인 표현과 마찬가지다. 신이 아무리 중요해도 눈에 보이는 형을 보이지 않는 신보다 앞세우는 것이다. 외형상으로는 정신도 같은 길을 걷는다.

오늘날 학계에서 『회남자』는 황로학黃老學의 범주로 분류된다. 자연주의 사변가인 노자와 신화 속의 통치자인 황제黃帝의 사상이 종합된 일종의 정치술로 취급된다. 그러나 잊지 말아야 할 것은 황로학에는 정치술만이 아닌 양생술이 많이 포함되어 있다는 점이다.[9] 「정신론」도 그러한 양생술 가운데 하나다. 이석명에 따르면, 전기 황로학은 치국治國을 강조하면서 통치자는 올바른 판단을 위해 고요한 마음가짐을 가져야 하고, 이를 위해서는 욕망을

---

9 김갑수, 「황로학에 대한 오해와 진실」, 『시대와 철학』 18, 한국철학사상연구회, 1999. 김성환은 이를 『후한서後漢書』에 나오는 '황로도黃老道'라는 개념에 착안해, 전국 중기 이후 도법道法 융합의 특징이 있는 정치적인 '황로학'(『鶡冠子』『伊尹』『黃帝四經』『文子』)과 전한 말에서 후한 말에 이르는 치기양생治氣養生의 '황로도(학)'(『太平經』『老子河上公章句』)로 구분한다. 金晟煥, 『黃老道探源』, 中國社會科學出版社, 2008, 24~27쪽.

다스려야 한다고 주장한다. 그러나 후기에 들어오면 전기에 보였던 초보적 양생론은 독자적이고 체계적으로 발전한다. 예를 들어, 후기 황로학의 대표 저서인 『회남자』에서는 치신治身을 중시하여 인간은 형形·기氣·신神의 3요소로 구성되어 있다고 파악했으며, 더 나아가 『노자지귀老子旨歸』에서는 욕망을 제거하고 오장신五臟神을 보존하고 기를 배양하여 장생불사할 수 있다고 말한다. 『회남자』 『노자지귀』 『노자하상공주』 『노자상이주』 등을 통해 정치사회 비판서로서의 노자가 양생서로 변모해간다는 것이다.[10]

「정신훈」은 이런 과정의 중심에 있다. 이는 국가의 이념으로부터 떨어져 나온 개인 생명의 가치를 강조하고, 사람은 어떻게 살아야 하는가를 '정신'을 통해 보여주는 것이다. 정신이 중요한 이유가 여기에 있다. 단순한 정신의 발견이 아니라, 그것을 통해 인간 세계에서의 지위와 천지만물과 교통하는 능력이 인정되기 시작한다. 우리에게는 정신이 있기 때문에 세상의 중심에 설 수 있는 것이다. 살과 뼈로 이루어진 사람에게 정신을 부여하는 것은 이처럼 중요한 일이다. 형해形骸의 인간이 정신을 품수한 덕분에 만물의 영장이 되고 천지를 화육할 수 있게 되는 것이다.

---

10 이석명, 『노자와 황로학』, 소와당, 2010.

3장 『회남자』의 정신론

3. 정 : 하늘과 땅의 정기

『회남자』에서 정과 신의 용례는 많이 나온다. 연용된 정신을 제외하고 정이 들어간 용례 모두를 따진다면 약 26차례 나온다. 그 가운데 '정기精氣'나 '정성精誠'과 같은 관용적인 용법을 넣고 빼는 것에 따라 출현 횟수는 가감된다. 그런데 중요한 것은『회남자』에서는 정신으로 연용된 용법이 무려 34차례(고유명사 식으로 쓰인 것까지 따지면 36회, 제목까지 따지면 37회)나 출현한다는 사실이다. 정신으로 연용된 것이 정으로 단독 쓰인 것보다 10차례 정도 많다. 『회남자』에서 정신론이 정론보다 중요해졌다는 직접적인 증거다. 「정신훈」에서 나오는 정신이란 말은 총 14차례다. 정만 쓰인 것도 다섯 차례나 나오지만, 여전히 '정신'이 '정'보다 앞선다.

이와 같은 통계는『회남자』에서 정은 정신보다 중요하지 않다는 사실을 알려준다. 정신이라는 용어가 정보다 표면상으로도 우월하게 드러난다. 단독 개념이 복합 개념에 밀리는 현상이 벌어지는 것이다. 반면 신은 정보다 많이 나오는데(100여 차례), 형용사적 용법(80여 회)이 명사적 용법보다 훨씬 많다. 아울러 구체적 대상으로서의 신이 15차례 나옴으로써 전통적인 용례와 많이 닮았다. 『노자』가 보여주는 '귀신鬼神'의 용법과 비슷하다. 『장자』에서 일곱 차례나 분명히 보여주는 '귀신'이라는 용어와도 상통한다. 출현 횟수를 기준으로 따져보아도『회남자』에서 신은 정보다 중요하며, 정신도 정보다 중요함을 알 수 있다.

일반명사로 아직까지 정신으로 연용되지 않은 정은 19차례 나온다. 여기에는 '정기精氣' '정명精明' '정침精祲(침은 요기妖氣)' '정미精微'와 같은 관용적인 용법을 뺀 것이다. 부사적인 용법도 적지 않게 나온다. 오늘날 '정통하다'는 뜻과 비슷하다.

- 영부에 정통하다.[11]
- 자연에 정통하다.[12]

여기서 영부는 신령한 곳을 가리키며 주로 마음을 말한다. 그런데 영부뿐 아니라 하늘의 이치나 도리에도 정통하다. 정이라는 명사가 이렇게 부사적으로 쓰이는 것은 명사적인 정의 용법이 이미 궤도에 올랐음을 보여준다. 모든 것이 지니고 있는 정을 찾아내고 기르는 것과는 달리, 정과 직접적으로 관계되지 않는 일에서도 정을 추구할 수 있다고 사고를 확장하고 있기 때문이다.

이를테면 내 몸이나 산천의 정을 추구하는 것은 가능하다. 그러나 '언어의 정' '사업의 정' '책의 정' 같은 표현은 그것을 생명체로 보기 어렵다는 점에서 오늘날의 어법에도 맞지 않다. 그러나 정통이라고 간접적으로 표현하는 것은 가능하다. '영어에 정통하다' '철강에 정통하다' '고전에 정통하다' 같은 용법에서 볼 수 있듯

11 『淮南子』, 「原道訓」: (聖人)精通於靈府.
12 『淮南子』, 「覽冥訓」: 精通於天.

이, 생명체로 다루기는 어렵지만 그 속에 숨어 있는 정미함을 사람이나 어떤 것이 꿰뚫고 있음을 드러내기 위해 정통이라는 표현을 쓰고 있다.

혹여 산천도 물질이니 그 속에 정이 담길 수 없다고 반론을 내세울 수도 있지만, 자연을 하나의 생명으로 긴주하는 형이상학적 사고에서는 충분히 가능했다. 산천은 현대인의 관점으로 보면 살아 있지 않지만 고대인에게는 살아 있었다. 그래서 '산천정기'라고 말하는 것이다. 산천이란 흙과 물만을 일컫는 것이 아니라 산속에서 자라는 나무와 내에서 노는 물고기도 아우르고 있음을 잊지 말자.

그 밖에 정의 용법으로는 고래古來의 표현처럼 만물의 정수나 근원을 가리키는 것이 많다. 정은 사람뿐만 아니라 하늘과 땅도 지니고 있는 것이다.

- 하늘과 땅의 정[13]
- (사람들이) 정을 밖에서 구한다.[14]
- 하늘과 땅이 한 몸으로 통하고 음양이 정을 함께한다.[15]
- 음양을 본받는 이는, 덕은 하늘과 땅과 함께하고 밝음은 해와 달과 나란히 하고 정은 귀신과 모인다.[16]

13 『淮南子』,「俶眞訓」: 天地之精.
14 『淮南子』,「俶眞訓」: 精之求於外.
15 『淮南子』,「本經訓」: (太淸之始)通體於天地, 同精於陰陽.
16 『淮南子』,「本經訓」: 法陰陽者, 德與天地參, 明與日月竝, 精與鬼神總.

– 하늘은 그 정치精: 精緻함을 사랑하고 땅은 그 근본平을 사랑
하고 사람은 그 감정情: 感情을 사랑한다.[17]

– 정은 안에 있다.[18]

　여기서 정은 전통적인 용법과 상통함을 알 수 있다. 산천의 정
기처럼, 그것은 천지의 정기이고 음양의 정기다. 외부적인 것이
아니라 내부적인 것이며, 껍데기가 아닌 알맹이다. 그런데 특징은
비슷한 단어를 쓰면서도 '정精'은 자연에게, '정情'은 인간에게 돌리
고 있다는 점이다. 위의 '하늘은 자신의 알맹이인 정精을 사랑하
고, 사람은 자신의 알맹이인 정情을 사랑한다'는 표현이 보여주는
바와 같다. 하늘의 정은 '해, 달, 별, 별자리, 벼락, 번개, 바람, 비日月
星辰雷電風雨'처럼 눈으로 볼 수 있는 실체와 그것의 작용인 비바람
과 천둥과 번개이고, 사람의 정은 생각함을 뜻하는 '사려思慮', 이해
력을 뜻하는 '총명聰明', 감정을 뜻하는 '희노喜怒'다.[19] 오늘날의 표
현으로는 사물과 인간의 본질을 가리킨다. 그렇다면 정精은 본래
사람의 것情이 아니다. 아무리 그 둘의 의미가 본질을 가리킨다는
점에서 서로 통한다 해도 『회남자』에서는 구별되어 쓰인다.

17 『淮南子』, 「本經訓」: 天愛其精, 地愛其平, 人愛其情.
18 『淮南子』, 「泰族訓」: 精藏於內.
19 『淮南子』, 「本經訓」: 天之精, 日月星辰雷電風雨; 地之平, 水火金木土也, 人之情, 思
慮聰明喜怒也.

따라서 신명은 무형에 숨고, 정신은 지극한 참으로 되돌아간다.[20]

    신명神明은 『장자』에서도 강조되었던 우주와 인간의 정신이다. 그러므로 무형인 것이 맞다. 그런데 그것보다 약간 작은 의미로 정신精神을 내세우면서 '참'으로 돌아간다고 한다. 그 참은 바로 우리의 '몸身'이다. 위의 '정신'이 '정기精氣'의 잘못이라는 주장도 있는데,[21] 지극한 참이 몸이라는 점에서는 이견이 없다. 여기서 신명과 정신을 비교해보면 신명은 정신보다 크고 우주적인 것이며, 정기나 정신은 이 신명이 인간에게 깃든 것임을 알 수 있다. 이는 위에서 말한 것처럼 그것의 내재성 때문이다. 정精은 밖에 있지 않고 안에 있다. "사람이 귀신을 섬기다 보면 자신의 정을 어지럽게 된다"[22]는 표현도 좋은 예다.

---

20 『淮南子』, 「本經訓」: 是故神明藏於無形, 精神反於至眞.
21 王念孫의 주장으로 『회남자』에서 '정精'과 '기氣'가 대조對文되기 때문이라는 것이다. 『문자文子』에서도 "정기는 지극한 참으로 되돌아간다精氣反於至眞"고 나온다. 劉文典, 『淮南鴻烈集解』上, 中華書局, 1989, 260쪽.
22 『淮南子』, 「俶眞訓」: 人之事其神而嬈其精.

4. 신 : 형체에 대한 정신의 우위

신神은 어떠한가? 신령스럽다는 뜻에서 형용사적으로 쓰인 것이 80차례 정도, 신인과 같이 초월적인 신을 가리키는 것이 15차례 정도이다. '신위神位'나 '신무神巫'나 '신천神泉'과 같이 보편명사화된 것까지 치면 횟수는 부쩍 늘어난다. 동물 앞에 붙여 신성성을 더하는 '신사神蛇'나 '신룡神龍'도 포함될 수 있다. 앞으로 말하겠지만, 그 가운데에서도 가장 많이 나오는 표현이 '신명神明'으로 22차례나 출현한다. '신농神農'과 같은 고유명사도 15회 나와 그것을 빼더라도, 신과 관련된 용법이 100여 회를 넉넉히 넘는다.

『회남자』에서는 명백하게 신과 형形이 대구로 쓰이는 경우가 많이 등장한다. 특이한 것은 일반적 용례와는 달리, '형신'이 아닌 '신형'의 순서로 쓰여 육체에 대한 정신성의 우위를 보인다는 점이다.

  - 정신과 형체가 서로 잃어버리는 해로움[23]
  - 정신이 형체와 더불어 변화한다.[24]
  - 정신이 육체보다 귀하다.[25]

---

23 『淮南子』,「原道訓」: 神形相失之害.
24 『淮南子』,「俶眞訓」: 神與形化.
25 『淮南子』,「詮言訓」: 神貴於形.

- 정신은 부리고(제어制御) 형체는 따른다(복종服從).[26]

- 정신이 다하면 형체가 이긴다.[27]

- 정신이 어지러우면 형체가 고달프다.[28]

　정신이 앞선다는 관념은 오늘날에는 익숙할지 몰라도, 전통 사유에서 정신을 형체에 앞세우는 양상은 많지 않다. 정신의 중요성이 아무리 강조되더라도 그것을 담는 그릇이 형체이기 때문에, 기일원론적 사고에서는 형체를 정신보다 앞세우는 경향이 있는데 『회남자』는 그렇지 않다. 이것은 『회남자』가 전대의 『장자』와는 달리, 우주발생론적 성격을 강하게 갖고 있기 때문에 발생하는 현상으로 보인다. 무가 있어야 유가 있듯이, 정신이 있어야 형체가 갖추어진다는 사고다. 노자 식으로 말하면 "유가 무에서 나온다"[29] 또는 "소박한 것이 흩어져서 구체적인 기물이 된다"[30]는 것인데, 그때 그러한 작용을 하는 정신의 역할이 강조되는 것이다. 『회남자』는 『여씨춘추呂氏春秋』와 마찬가지로 그 근원을 '태일太一'로 상정한다.

26 『淮南子』, 「詮言訓」: 神制而形從.

27 『淮南子』, 「詮言訓」: 神窮形勝.

28 『淮南子』, 「人間訓」: 神亂形勞.

29 『老子』 40장: 有生於無.

30 『老子』 28장: 樸散則爲器.

하늘과 땅이 뭉쳐져 혼돈스럽게 한 덩어리樸로 사물을 만들어 이루고 있지 않은 것을 태일이라고 한다. 하나로부터 나오지만 서로 다른 바가 있으니, 새도 있고 물고기도 있고 짐승도 있는 것을 일러 사물이 분화되었다分物고 말한다. 방소는 비슷한 것끼리 달라지고 사물은 무리로 나뉜다. 본성과 생명이 다르니 모두 있음으로부터 꼴을 이루었다.[31]

태일은 가장 시원의 것이다. 그것이 존재의 시원인 '하나一'이며 마침내 모든 '있음有'의 근원이 된다. 그런데 주의할 것은 이 문장에『주역』,「계사」의 구절과 비슷한 표현이 나온다는 점이다.

방소는 비슷한 것끼리 달라지고 사물은 무리로 나뉘니, 길흉이 생겨난다.[32]

이는『회남자』가『주역』특히「역전」에 일정 부분 영향을 받았을 것이라는 추측을 가능하게 한다. 다시 말해,『회남자』의 정신과 형체의 구별은「역전」이 강조하는 '도道'와 '기器'의 기준에 따른 형이상과 형이하의 분회을 물려받았으리라는 상정이다.[33]

---

31 『淮南子』,「詮言訓」: 洞同天地, 混沌爲樸, 未造而成物, 謂之太一. 同出於一, 所爲各異, 有鳥有魚有獸謂之分物. 方以類別, 物以群分, 性命不同, 皆形於有.
32 『周易』,「繫辭上」: 方以類聚, 物以群分, 吉凶生矣.

형이상의 것을 도라고 하고, 형이하의 것을 기라고 한다.[34]

이렇게 볼 때, 기물에 대한 도리의 우선성처럼 형체에 대한 정신의 우월성이 확보된다. 하늘과 땅의 정신이 사람의 형체를 이룬다는 사고와도 일치한다. 위에서 말한 바와 같이, 정신은 사람의 것이기도 하지만 근본적으로는 하늘의 영역이라는 점을 기억하자. 하늘의 것이 만물 가운데 가장 영명한 인간에게 품수된 것이 바로 정신이다. 사람은 '없음'으로부터 태어났지만, '있음'으로부터 형체를 이루었다[35]. 다시 말해, 사람은 없다가 생겨난 것이지만 기존의 물질로부터 이루어진 것이다. 따라서 정신은 형체를 만들어내는 것이기 때문에 정신이 형체에 앞선다. 아래와 같은 문구가 단적인 예이다.

---

33 『주역』, 「계사」의 영향이 있다는 입장을 밝힌 것은 錢穆(『莊老通辨』, 三聯書店, 2002)이고, 나아가 진고응陳鼓應(『주역, 유가의 사상인가 도가의 사상인가』, 최진석·김갑수·이석명 옮김, 예문서원, 1994)은 아예 「역전易傳」이 황로사상의 영향으로 쓰였다고 주장한다. 김희정은 이를 부분적으로만 수긍할 수 있다면서 "이는 오히려 음양론에 근거한 천지 우주론의 확립에 의해 그 이전의 노장사상에 없던 인간에 대한 구분이 생겨난 것"이라고 한다. 김희정, 「황로사상의 천인상응관 연구」, 서강대 박사논문, 2003, 171쪽. 『회남자』의 '精神'은 후대 '精氣神'의 '神'에 해당하는데 이것은 『회남자』가 『管子』, 「內業」의 '精'을 '精神'으로 본 것이다. 錢穆에 따르면, 노장은 '精氣'와 '形'을 모두 天에 귀속시킨다.

34 『周易』, 「繫辭」上: 形而上者謂之道, 形而下子謂之器.

35 『淮南子』, 「詮言訓」: 人生於無, 形於有.

따라서 정신으로 주인을 삼아 형체가 따라오면 이롭고, 형체가 제어하여 정신이 복종하면 해롭다.[36]

그 밖에도 신형은 대구로 쓰이면서 이원론적 구조를 보인다. 물론 그 이원론은 서구적 이원론과는 달리, 음양론과 같은 상보적인 형태에 가깝다. 그것을 매개하는 것이 바로 '기氣'다. '형기신形氣神'의 구조(『회남자』의 우선 순위로 보자면 '신기형'이지만)를 갖는 것이다.

무릇 형체는 생명의 집이고, 기는 생명의 가득함이고, 정신은 생명을 부리는 것이다. 하나가 자리를 잃으면 셋이 다친다. 따라서 성인은 사람으로 하여금 제자리에 머물면서 제 일을 지켜 서로 간섭하지 않게 한다. 그러므로 무릇 형체는 편안하지 않은 곳에 머물면 망가지고, 기는 채워지지 않는 곳을 만나면 새버리고, 정신은 알맞지 않으면 어둡게 된다. 이 셋은 삼가 지켜지지 않으면 안 된다.[37]

형기신 셋이 모두 자기의 자리에서 자신의 일을 해야 한다. 하나라도 제 기능을 못하면 모두 엉망이 된다. 가장 나쁜 것은 정신

---

36 『淮南子』, 「原道訓」: 故以神爲主者, 形從而利; 以形爲制者, 神從而害.
37 『淮南子』, 「原道訓」; 夫形者, 生之舍也; 氣者, 生之充也; 神者, 生之制也. 一失位, 則三者傷矣. 是故聖人使人各處其位, 守其職, 而不得相干也. 故夫形者非其所安也而處之則廢, 氣不當其所充而用之則泄, 神非其所宜而行之則昧. 此三者, 不可不愼守也.

과 형체가 다 엉망이 될 때다. 그것을 "형체는 얽매이고 정신이 샌 다形繫神泄"고 표현한다. 형구形軀는 구속 상태이고 영신靈神은 누설 상태이니 형편이 말이 아니라는 뜻이다.

『회남자』는 정신의 지위를 이렇게 격상시키면서 그것과 인간의 '심心'의 관계를 설정한다. 한마디로 정신이 머무는 곳이 사람의 심 (장)이라는 것이다. 신은 보이지 않지만, 사람의 심에 비로소 깃든다.

(하늘과 땅의) 신神은 (사람의) 심心에 깃든다.

이 같은 용례는 장차 '정신'과 '인심'의 관계를 설정하는 것으로 의미가 크다. 인간의 정신이라는 것이 하늘로부터 받은 것이지만, 그것의 물리적 관계는 무형의 정신과 유형의 인심으로 설정된다. 인심이 유형이라는 말은 사람의 마음이 보인다는 것이 아니라, 사람의 정신이 머물 곳으로서 형구를 지닌 인체와 그 심장의 역할을 가정한다는 뜻이다.

정신이 안에서 형성되면서 밖으로 사람의 마음에 슬픔을 일으 킨다.[38]

이 문장은 어떻게 음악이 사람의 마음을 울릴 수 있는가를 말

---

38 『淮南子』,「覽冥訓: 精神形於內而外諭哀於人心.

하면서 그것은 말로 전할 수 있는 것이 아니라는 점을 강조하는데, 여기서 '정신'과 '인심'이 정확하게 대비되어 쓰인다. 내용상으로는 '남의 마음人心'을 가리키지만, 정신은 안의 것이고 인심은 밖의 것이라고 분획함으로써 정신과 인심이 철저히 구별되고 있는 것이다.

따라서 심心은 형形의 주인이고, 신神은 심心의 보배다.[39]

이렇게 형은 심에, 심은 신에 종속된다. 심신心身이 모두 정신의 지배를 받는 것이다. 심이 없으면 형이 엉망이 되지만, 신이 없으면 심도 엉망이 된다. 신은 사람이 사람다울 수 있는 최상의 조건이다. 단적인 예로, 총명함은 신에서 나오기도 하지만[40] 술을 먹으면 망가지기도 한다.[41]

이 자리에서 강조될 항목은 아니지만, 신에는 '오방의 신五方之神'이나 '북두의 신北斗之神'처럼 절대자의 의미를 띠는 용법도 10여 차례 나온다. 이는 예로부터 신격화된 신의 의미도 여전히 살아 있음을 보여주는 것이다. 그래서『회남자』에서 신은 "사람이 알지 못하는 바가 곧 신이다"[42]라고 정의되기도 한다.

---

39 『淮南子』,「精神訓」: 故心者形之主也, 而神者心之寶也.

40 『淮南子』,「詮言訓」: 聰明雖用必反諸神.

41 『淮南子』,「氾論訓」: 酒濁其神.

5. 정신의 가르침

'정신'은 드디어 『회남자』의 제7편의 이름으로 자리한다. 위에서 말했듯이, 정신론의 지위는 진리론, 우주론, 초월론 다음의 인간론으로, 생명의 핵심이 무엇인가를 묻는다. 그것은 바로 정신이다. 하늘과 땅의 정기精氣는 마침내 사람에게 내려온다. 정기만이 아니라 신명神明조차 사람이 가질 수 있게 된다. 우주 속에서 인간의 지위를 분명하게 천명하는 것이다. 그것은 사람이 정신을 지녔고, 그 정신을 이끌고 지킬 수 있기 때문에 가능한 일이었다.

'정신'은 30여 회 나오는데, 그 가운데 절반에 가까운 부분(14회)이 「정신훈」에 몰려 있다. 「정신훈」이 곧 '정신'의 보고인 것이다. 「정신훈」 외의 '정신'의 일반적인 용법을 대략 정리해보자.

  – 성인은 정신을 갖고 있다.[43]

  – 정신을 어지럽게 만들다.[44]

  – 성인은 밖의 사물로 정신을 어지럽히지 않는다.[45]

  – 정신이 고요하면 날마다 차서 씩씩해진다.[46]

---

42 『淮南子』, 「兵略訓」: 知人所不知謂之神.

43 『淮南子』, 「原道訓」: 聖人保精神.

44 『淮南子』, 「原道訓」: 精神亂營.

45 『淮南子』, 「原道訓」: 聖人不以外物亂精神.

46 『淮南子』, 「原道訓」: 精神靜而日充以壯.

- 많은 욕심이 정신을 소모시킨다.[47]

- 성인은 정신의 어울림에서 노닌다.[48]

- 정신은 지극한 참다움으로 되돌아간다.[49]

- 보석은 정신을 흔들어놓기에 족하다.[50]

- 정신은 죽음과 삶에 통한다.[51]

- 성인은 정신이 안을 지킨다.[52]

간략히 위와 같은 용법만 보더라도 '정'과 '신'이 아닌 '정신'은 인간의 심리 상태나 인격의 수준에 적용되어 쓰임을 알 수 있다. 오늘날의 표현으로도 '정신(상태)'이라고 할 만한 것들이다. '정신을 지키다保守'는 표현에서부터 '정신 산란散亂' '정신 소모消耗' '정신 조화調和' '정신 요동搖動' '정신 충만充滿'까지 현재의 용법과 별반 다르지 않다. '정신을 차리다'에 해당하는 '되놀리다反' 또는 '정신이 생사를 넘나들다'에 해당되는 '통하다通' 정도가 비교적 특별한 용법이지만, 이들 역시 여전히 요즘의 맥락과 크게 다르지 않다.

47 『淮南子』, 「原道訓」: 多欲徒耗精神.

48 『淮南子』, 「俶眞訓」: 聖人游於精神之和.

49 『淮南子』, 「本經訓」: 精神反於至眞.

50 『淮南子』, 「本經訓」: 珍寶足以搖蕩精神.

51 『淮南子』, 「道應訓」: 精神通於死生.

52 『淮南子』, 「氾論訓」: 聖人心平志易, 精神內守, 物莫足以惑之. "성인은 심지를 평이하게 하여 정신이 안을 지키니, 외물이 미혹시키지 않는다." 이는 성인이 안에서 정신을 지킨다는 뜻이라기보다는 정신이 안을 지켜준다는 뜻이다.

이는 『회남자』가 그만큼 오늘날 '정신'의 어원이 되고 있음을 보여주는 것으로, 정신이라는 말이 탄생기를 넘어 안정기에 접어들었음을 나타낸다.[53]

'정신'이 집중되어 있는 「정신훈」도 예외는 아니다. 『회남자』는 「정신훈」을 통해 '정신'의 근원과 그것과 반대되는 '형체形體' 또는 '형해形骸'를 분명하게 설정한다.

따라서 정신은 하늘의 것이고, 골해는 땅의 것이다. 정신은 그 문으로 들어가고, 골해는 그 뿌리로 돌아가니, 내가 어찌 있겠는가.[54]

---

[53] 재미있는 것은 『회남자』의 정신은 오늘날 표현처럼, 아니면 일본식 표현처럼 '멘탈mental'로 번역해도 무리가 없을 정도다. 멘탈이라고 할 때 그 의미는 주로 정신의 강인함이나 박약함을 가리키는데, 여기서도 그것을 강조하기 때문이다. 이를테면 '초인聖人의 멘탈' '멘탈 혼란昏亂' '멘탈 경영經營' '멘탈 충만充滿' '멘탈 진정성眞情性' '내부內部 멘탈' 등으로 쉽게 옮겨진다. '멘탈이 깨진다'는 혼란이나 소모를 가리키고, '멘탈 잡는다'는 정신의 복귀나 충전을 뜻한다. '멘탈이 나간다' 또는 '멘탈이 돌아온다'로 쓸 수 있는 것이다. '멘탈 붕괴(멘붕)'는 정신의 동요이고, 그 반대말은 정신의 보충이다. 이른바 '놓지 마, 정신줄'이다. 고대의 용례가 현재까지 내려오는 아주 특별한 경우다. 2011년 최고의 신조어가 바로 '멘붕'(멘탈 붕괴)이다. http://kin.naver.com 지식iN (wikipedia.org). 2013. 12. 1. 또한 2009년부터 연재 중인 웹툰 '놓지 마 정신줄'은 정신줄을 사람의 머리에 붙여 하늘로 이어놓다가, 정신이 나가면 그것이 끊어진다는 설정 아래 전개된다. http://comic.naver.com. 2013. 12. 1.

[54] 『淮南子』, 「精神訓」: 是故精神者天之有也, 而骨骸者地之有也. 精神入其門, 而骨骸反其根, 我尙何存.

무릇 정신은 하늘로부터 얻은 바이고, 형체는 땅으로부터 받은 바다.[55]

사람의 코와 눈도 오래 쓰면 어찌 쉬지 않을 수 있겠는가. 정신도 오래 달리다 보면 어찌 다하지 않을 수 있겠는가.[56]

우쩍 의지가 일어났지만 행동이 후미지지 않으니, 정신이 채워져 기가 흩어지지 않는다. 정신이 채워져 기가 흩어지지 않으니 다스림이 있고, 다스림이 있으니 고르고, 고르니 통하고, 통하니 신묘하고, 신묘하니 보아도 보이지 않고, 들어도 들리지 않고, 해도 이루어지지 않는다. 따라서 우환이 들어오지 않고 사기가 쳐들어오지 않는다.[57]

무릇 인체의 구멍은 정신의 창이고, 기와 뜻은 오장의 시종이다.[58]

혈기가 넘쳐흘러 쉬지 못하면 정신은 밖으로 달려 지켜지지 못

---

55 『淮南子』,「精神訓」: 夫精神者所受於天也, 而形體者所稟於地也.
56 『淮南子』,「精神訓」: 人之耳目曷能久熏勞而不息乎? 精神何能久馳騁而不旣乎?
57 『淮南子』,「精神訓」: 勃志勝而行之不僻, 則精神盛而氣不散矣. 精神盛而氣不散則理, 理則均, 均則通, 通則神, 神則以視無不見, 以聽無不聞也, 以爲不成也. 是故憂患不能入也, 而邪氣不襲.
58 『淮南子』,「精神訓」: 夫孔竅者精神之戶牖也, 而氣志者五臟之使候也.

한다. 정신이 밖으로 달려 지켜지지 않으면 화복이 오는 것이 큰 언덕과 같은데도 알아차리지 못한다.[59]

정신을 형해 안에서 지켜 밖으로 넘지 않도록 하면, 지나간 일도 바라보고 오는 일도 볼 수 있으니 족하지 않음이 있겠는가.[60]

정신이 밖으로 새나가게 하지 않는다.[61]

정신이 맑아 끝이 없으면 사물과 흩어지지 않아 천하가 스스로 따른다.[62]

정신이 보물이 되는 것은 하후씨의 황옥에 비길 일이 아니다.[63]

혼백이 그 집에 머물고 정신이 그 뿌리를 지키면, 죽음과 삶이 자기에서 변화가 없으니 '지극한 신령스러움'이라고 말한다.[64]

---

59 『淮南子』,「精神訓」: 血氣滔蕩而不休, 則精神馳騁於外而不守矣. 精神馳騁於外而不守, 則禍福之至, 雖如丘山, 無由識之矣.
60 『淮南子』,「精神訓」: 精神內守形骸而不外越, 則望於往世之前, 而視於來事之後, 猶未足爲也.
61 『淮南子』,「精神訓」: 精神之不可使外淫也.
62 『淮南子』,「精神訓」: 精神湛然無極, 不與物散, 而天下自服.
63 『淮南子』,「精神訓」: 夫精神之可寶也, 非直夏候氏之璜也.
64 『淮南子』,「精神訓」: 魂魄處其宅, 而精神守其根, 死生無變於己, 故曰至神.

처음과 끝이 고리와 같아서 순서를 얻을 수 없으니, 이는 정신이 도에 오른 까닭으로 진인이 노는 바다.[65]

총명을 버려 큰 바탕으로 돌아가며 정신을 쉬어 지식을 버리면, 깨달아도 혼미한 것 같고 살아도 죽은 것 같아 마침내 본래 태어나지 않은 때로 되돌아가, 더불어 바뀌며 한몸이 된다.[66]

이상이 「정신훈」에 나타난 정신의 용법이다. 정신이 이미 사람 살아가는 데 가장 중요한 어떤 것으로 그려지고 있다. 인간의 본질로 형체와는 다른 정신이 설정되는 것이다.

정신은 하늘의 것으로 사람에게 부여되었다. 그것은 육체와는 다른 인간의 근원적인 형태다. 사람은 죽어도 정신은 하늘로 돌아가고 살과 뼈(형해形骸)는 흙으로 돌아간다. 나라는 것은 곧 정신과 골해의 합작품으로 고정불변이 아니다. 정신은 잘 보존해야 한다. 감관 기관을 많이 쓰면 피로하듯, 정신도 마냥 달리기만 하면 끝이 나고 만다. 따라서 정신을 왕성하게 만들어 힘이 흩어지지 않게 해야 한다. 그러면 모든 것이 다 잘 이루어진다. 안에서는 심리적인 우환이 없고, 밖에서는 나쁜 기운이 엄습하지 못한다.

---

65 『淮南子』, 「精神訓」: 終始若環, 莫得其倫, 此精神之所以能登假於道也, 是眞人之所游也.
66 『淮南子』, 「精神訓」: 棄聰明而反太素, 休精神而棄知故, 覺而若昧, 以生而若死, 終則反本未生之時, 而與化爲一體.

우리 몸의 아홉 구멍九竅은 사실상 정신의 창문이다. 우리의 기백이나 의지가 오장에 따라 움직이는 것과 같다. 따라서 혈기를 잘 다스려야 한다. 혈기가 넘쳐 흐르면 정신이 보존되지 못하고 밖으로 치닫게 된다. 정신이 이와 같으면 길흉화복을 보지 못해 사고를 치게 된다. 정신은 밖으로 내보내면 안 되니 반드시 안에서 지켜야 한다. 정신을 내면에서 지킬 때 우리는 과거와 미래를 바라볼 수 있다.

이처럼 정신은 밖으로 새나가 어지럽혀져서는 안 되는 것이다. 정신을 맑고 깨끗하게 지키면 정신은 끝이 없는 것(무극)이다. 보석을 보물이라고 여기고 깊디깊은 곳에 감추지만, 사람에게 진정한 보물은 바로 정신이다. 혼백에도 집이 있듯이 정신에도 뿌리가 있다. 정신을 잘 지키는 사람은 삶과 죽음의 변화에서 자기를 초월할 수 있다. 그런 것을 '지신至神'의 경지라고 부른다.

정신이 도의 마당에까지 오르면 고리와 같이 처음과 끝을 잡을 수 없다. 이렇게 진인眞人은 소요한다. 진인의 자리에 오른 사람은 참으로 노닐게游 된다. 구체적으로는 지성이나 논리 같은 인간의 총명을 버려야 한다. 그래야 정신이 쉴 수 있어 가장 소박한 상태로 복귀할 수 있다. 깨어 있어도 혼미한 듯, 살아도 죽은 듯 살아라. 결국 태어나기 이전 상태로 돌아가야 한다. 그렇게 우리는 한 몸이 된다.

이것이 바로 「정신훈」의 내용이다. 정리하면 아래와 같다.

첫째, 정신은 하늘로부터 받은 것이다. 장차 하늘로 되돌아갈 수 있다. 우리는 하늘의 정신을 받아 사람으로 살아간다.

둘째, 정신은 형체와는 다르다. 살과 뼈 또는 해골은 정신과 비교될 성질의 것이 아니다. 많이 쓰면 코가 마비되고 눈이 어둡듯, 정신도 그럴 수 있으니 무턱대고 달리게 해서는(치빙馳騁) 안 된다.

셋째, 정신을 왕성하게 하려면 기를 흩어지게 해서는 안 된다. 기를 모아야 정신도 모아진다. 그런데 혈기가 지나치면(도탕滔蕩) 안 된다. 감정적으로 흐르기 때문이다.

넷째, 정신을 잘 지키면 길흉화복을 알 수 있다. 정신을 놓아버리면 분명한 화복도 알아차리지 못한다.

다섯째, 정신은 인간의 내면을 지키는 것이다. 정신이 새 나가면(외음外淫, 외월外越) 위험하다. 정신을 맑게 담담하게 끝까지(잠연무극湛然無極) 지켜라. 정신이 흩어지지 않으면 천하도 너를 따를 것이다.

여섯째, 정신의 완성 단계를 '지신至神'이라고 부른다. 그것은 진인의 경지이며, 도에 오른 것이다.

일곱째, 정신이 완성된 사람은 노닐 수 있다. 이른바 소요로 노니는 것游이다. 총명함도, 지성도 버려야 한다. 졸총명卒聰明의 세계이며, 소박素樸을 넘어 태소太素로의 복귀反다.

여덟째, 정신을 어둡게 하여 죽은 듯 쉬게 하라. 감각을 닫고 의지를 멈춰라. 그러면 정신이 달아나지 않는다.

아홉째, 정신을 잘 지키면 삶과 죽음에서 초탈할 수 있다. 태어나기 이전의 상태로 자신을 유지하는 것이다. 그렇게 삶과 죽음의 변화와 한몸이 된다.

『회남자』의「정신훈」은 이렇게 정신을 사람의 것으로 귀속시킨다. '신명神明'은 여전히 하늘의 것이지만, 정신은 인간에게 내려온다. 번잡한 기煩氣는 벌레가 되고, 순정한 기精氣는 사람이 되었다. 하늘과 땅은 신명을 아끼고愛其神明, 사람은 정신을 아낀다. 그럴 때 사생을 하나로 만든다死生之齊. 그리하여 아무것에도 걸릴 것이 없는 사람無累之人이 되는 것이다.

『회남자』는 전편에 걸쳐 '가르침訓'이라는 표현을 쓰는데,「정신훈」도 이와 같은 정신의 중요성을 바탕으로 양생養生의 의미를 가르친다. 그것은 마침내는 '양생의 조화로움養生之和'에까지 이르러야 하겠지만,「정신훈」도『장자』와 마찬가지로 '몸 기르기養形'보다는 '정신 기르기養神'[67]에 관심이 많다. 장자가 팽조와 같이 지나치게 오래 산 사람에 대해 부정적인 평가를 내리듯,[68]『회남자』도 같은 사고를 지니고 있다. 이른바 도인導引을 하는 도사들을 우습게 여기는 것이다. 유가도 다르지 않다. 공자의 무리 가운데 안연은 요절했고 계로는 염장됐고 자하는 실명했고 염백우는 문둥이가 된 것은 모두 "본성을 닦달하고 감정을 눌렀기迫性拂情" 때문인데, 그들은 하늘로부터 받은 보편적인 '본성性'과 내가 품수한 특수한

---

67 『淮南子』,「泰族訓」: 治身在養神.

68 『莊子』,「刻意」: 吹呴呼吸, 吐故納新, 熊經鳥申, 爲壽而已矣; 此導引之士, 養形之人, 彭祖壽考者之所好也.

'생명命'의 본질을 모두 핍박逼迫했다는 것迫性命之情이다. 그들은 안빈낙도하지 못했다. 「정신훈」은 이렇게 정신을 보존하고 배양하는 가르침을 주고 있다.

6. 사람의 정신

『장자』는 "정신이 도에서 나온다"[69]고 말한다. 반면 『태평경太平經』은 "(정신의) 정은 땅에서, 신은 하늘에서, 기는 중화에서 나온다"[70]고 구별한다. 신은 양기, 정은 음기, 기는 중화의 기라는 것이다. 그런데 정·신과 기의 관계를 잘 설명하는 선구적인 문헌은 『관자管子』 4편으로 거슬러 올라가야 한다. 여기에서는 '정은 기의 정'[71]이라고 정의하고, "하나의 기가 변화할 수 있는 것을 정"[72]이라고 설명함으로써 정도 기의 변화된 양태로 설명한다.

　『회남자』는 이후의 『태평경』이 정기신 이론으로 설명하고 있는 것과는 다소 차이를 보인다. '정' 또는 '정신'의 용례에서 보았듯이

---

69 『莊子』, 「知北遊」: 精神生於道.
70 『太平經』: 三氣共一, 爲神根也. 一爲精, 一爲神, 一爲氣, 此三者, 共一位也, 本天地人之氣. 神者受之於天, 精者受之於地, 氣者受之於中和, 相與共爲一道…故人欲壽者, 乃當愛氣尊神重精也. 『태평경』은 전한 성제(成帝: 기원전 33~기원전 7)에서 후한 순제順帝 사이의 150년에 걸쳐 완성된 책으로 본다.
71 『管子』, 「內業」: 精也者, 氣之精者也.
72 『管子』, 「心術下」: 一氣能變曰精.

『회남자』는 육체보다 정신이 우위임을 매우 강조하기 때문이다. 일반적으로 보듯 황로학은 장생불로의 양생술을 위주로 했다는 설과는 다르다. 후대의 『태평경』은 장수를 희구하면서 '정기신'의 보존(애기愛氣, 존신尊神, 중정重精)을 설명하지만, 『회남자』는 순수한 정신의 위대성을 강조하면서 그것의 완성이 삶의 목표라고 주장한다. 『장자』의 용례를 따르고 있으면서도, 정신이 천지에게서 품수받은 인간의 것임을 천명한다. 후대의 『태평경』은 종교화된 형태로 태일 신앙을 강조하고 신선神僊: 神仙의 방술方術과 천문학을 내세우지만, 『회남자』는 이전의 문헌임에도 「정신훈」의 경우처럼 인간의 정신 문제에 집중한다.

『회남자』 이전의 문헌인 『관자』 4편은 정과 신을 기의 양태로 정의함으로써 정기신이 호환될 수 있음을 강조한다. 정과 신이 모두 기의 변상變狀이라는 것이다. '고요하니靜 정精이 되고, 정은 홀로 서는데, 혼자이므로 밝고, 밝으니 신神이 된다.'[73] 정과 신이 고요함靜, 독립성獨立 그리고 밝음明에 의해 하나로 연결된다. '정靜─정精─독립獨立─밝음明─신神'의 구조다. 그리고 그것을 가능하게 하는 것이 바로 기다. 그럼에도 『관자』 4편은 아직까지 정과 신을 실제로 한데 묶으려 하지 않는다. 그 목적은 『회남자』처럼 정신의 고양을 지향하지만, 비교적 단순하게 장수長壽를 목표로 삼아 '치신治身'을 이루고자 하거나 동시에 '치국治國'을 꿈꾼다.

---

73 『管子』, 「心術」上: 靜則精, 精則獨立矣; 獨則明, 明則神矣.

이와 같은 생명 연장의 의지는『여씨춘추』에서도 나타난다. "따라서 정신은 형체에서 평안하니 수명이 늘어난다."[74] 물론『회남자』도 장수를 부정하는 것은 아니다. 그러나 양생의 대상은 분명히 정신으로 '본성에 덧붙이는 것'[75]조차 거부된다. 요 임금은 다듬지 않은 나무로 지은 집에서 살며 잡곡밥과 풀죽을 먹었고, 순 임금은 거친 베옷을 입고 사슴 가죽으로 추위를 이겼다. 고대광실에 살거나 멋진 여우 털옷을 입는 것은 못난 짓이라는 것이다. 황로학이라고 해서 다 같은 길을 가는 것은 아니다. 이렇게『회남자』는 신선 방술의 학이 아닌 정통 노장학의 길을 걷는다.「정신훈」을 근거로 삼았을 때,『회남자』는 오히려 이상적 인격이 되어 자기를 크게 보고 천하를 가볍게 여김으로써 최고의 정신적 경지至神에서 노니는 것眞人之游[76]을 목표로 삼는다.

『장자』가 주장하는 "만물을 만물로 만드는 것은 만물이 되지 않는다"[77]는 원칙이『회남자』에서도 잘 지켜지고 있는데, 이는 정신이 형체보다 앞선다는 입장을 단적으로 보여준다. 이렇게 정신은 사물과의 차별성을 유지한다.

따라서 생명을 이루는 것은 죽은 적이 없으니, 생명을 받은 것

---

74 『呂氏春秋』,「盡數: 故精神安於形, 而年壽得長焉.

75 『淮南子』,「精神訓: 養性之具不加厚.

76 兪樾은『文子』등의 예를 들어 문맥상 '所'를 빼자고 한다. 劉文典,『淮南鴻烈集解』上, 中華書局, 1989, 230쪽.

77 『莊子』,「山木: 物物而不物於物. /「知北遊: 物物者非物.

만 죽는다. 만물을 변화시키는 것은 변화한 적이 없으니, 변화하는 것만 변화한다.[78]

　생명을 이루는 것이나 만물을 변화시키는 것은 범우주적 관점에서는 도이지만, 인간의 영역으로 들어올 때 그것은 바로 정신이다. 정신은 죽지 않고 변하지 않는다. 이는 마치 능산적 자연能産的 自然, natura naturans과 소산적 자연所産的 自然, natura naturata이라는 스피노자의 이분법과 일치하며, 인간과 만물은 세상 속에서 굴러다니지만 사람만큼은 정신으로 말미암아 영원永遠의 상相 아래Sub Specie Aeternitatis에서 영속성을 획득하는 것이다.

　『회남자』와 『문자』의 연관성에 대한 문제는 1973년 중국 하북성河北省 정현定縣 40호 한묘漢墓에서 『문자』의 일부가 죽간으로 출토되면서 논의가 활발해졌다. 이로 말미암아 『문자』가 위서라는 논란도 종식되었지만, 오히려 『회남자』가 『문자』를 베꼈을 가능성이 대두되었다. 그러나 통행본 『문자』(동한 전기)는 『회남자』보다 늦어 오히려 통행본 『문자』가 많이 일실된 고본 『문자』를 보충하기 위해 『회남자』를 베꼈을 가능성이 커졌다.[79] 이러한 문제는 '정신' 같은 용례 연구를 통해 앞으로 보완될 수 있을 것이다.

---

78 『淮南子』, 「精神訓」: 故生生者未嘗死也, 其所生則死矣; 化物者未嘗化也, 其所化則化矣.

79 신진식, 「竹簡本 『文子』와 通行本 『文子』의 비교 연구」, 『도교문화연구』 32, 한국도교문화학회, 2010.

제2부 유가의 정신

4장 『대학』과 『중용』의 정신론

4장 『대학』과 『중용』의 정신론

여기서는 유가 경전인 『예기』의 2편이었던 『대학』과 『중용』에 나오는 정과 신의 용법을 소개한다. (다음 장의 '공맹의 정신론'부터 읽으면 도가와 쉽게 비교할 수 있다.) 이를 위해 『노자』 『장자』 『회남자』가 보여주는 정신의 용례를 간략하게 정리했다. 우리가 노자, 장자, 회남자라는 인물의 선후 관계를 떠나 『노자』 『장자』 『회남자』라는 서적의 역사적 발전 과정만을 기준으로 본다면, 정과 신이 차지하는 역할이 점차 높아짐을 알 수 있다. 나아가 『회남자』에 이르면 '정신'이라는 관념이 드디어 정립되고 있다.

이는 철학사적으로 매우 의미 있다. 무엇보다도 중요한 것은 이 과정에서 육체보다 정신이 우위임이 분명해진다는 사실이다. 신은 정보다 존재 가치가 우월해지고, 정신은 형해를 능가하는 지위를 갖게 된다. 한마디로 정신은 육체보다 앞서는 것이다. 그리고 이러한 판단은 도가 철학에서 강조하는 개인, 주체, 자율성, 독립성과 어울리면서 그들의 색채를 다른 학파와 다르게 고유화한다.

공자와 맹자는 어땠는가? 인간세계에서 그것이 유지되는 사회적 원리나 도덕적 규범을 강조하는 유가답게 그들은 개별화될 수 있는 정신보다는 문화적 질서를 표상하는 예禮를 강조한다. 『논어』에서는 그저 절구질을 언급하면서 '정'이 1회 출현에 그치고, 『맹자』에는 정이 아예 나오지 않는다. '신'도 개인의 정신이 아니라 초월적인 귀신을 뜻하거나(특히 공자) 신묘하거나 신비스러움을 가리킨다. 한마디로 그들에게는 정신이 없는 것이다.

그렇다면 11세기 이후 유학의 교본이 된 『대학』과 『중용』에서는 공맹을 넘어서는 용법이 있을까? 『예기』 전편에서 정은 혼을 의미한다. 그러나 『대학』의 정은 정조의 정이고, 『중용』의 정은 『예기』에서처럼 정령의 뜻이 아니라 정밀의 정을 뜻한다. 반면, 『예기』 전편의 신은 귀신으로 이해할 수 있는데, 『대학』에는 신이 나오지 않지만 『중용』에서는 『예기』처럼 대체로 귀신을 가리킨다. 이와 같이 『대학』과 『중용』에서도 정신은 독자적인 지위를 갖지 못한다.

1.『예기』의 발전

이 글에서는『대학大學』과『중용中庸』을 12세기 이후의 주자학적 전통을 따라 독립된 서책으로 보고자 한다.[1] 알다시피『대학』과『중용』은 본디『예기禮記』의 2편을 주자가 독립시켜 사서四書로 편집한 것이다.

　공자와 맹자는 정신精神이 아닌 예禮로 돌아가고자 한다. 따라서 유가들이 예와 관련하여 정신을 어떻게 다루는지 살펴보는 것은 유가와 도가 정신을 탐색하는 과정에서 필요하다.『대학』과『중용』에서조차 정신이 강조되지 않는다면 유가에게 정신의 의미는 중요하지 않을 수도 있다. 아니면, 도가들이 말하는 정신에 해당하는 유가의 고유한 어휘를 찾아내야 할지도 모른다. 그러나 그

1　제목에서처럼 때에 따라『학용學庸』으로 약칭하겠다.

과정은 마음心과 관련된 연구나 기氣 관념의 발전 과정과 결부될 수도 있다. 더 나아가 성리학의 체계에서 그것에 해당하는 것, 이를테면 심心, 성性, 덕德을 탐색해야 할지도 모른다.

공자와 맹자에게서 명확하게 드러나듯이, 유가의 관심은 개체의 정신이나 초월적 세계가 아니었다. 개체의 정신이 보장되어야 그것의 초월적 세계도 인정된다. 그 초월이 반드시 신비한 세계로 이전되는 것이 아닐지라도 적어도 정신적 영역이 독립적으로 인정된다는 점에서 도가들이 이 관념과 주제에 대해 적극적이었던 반면, 유가는 현실적이고 사회적이지 않은 그런 사유에 부정적이었다. 유가는 도가와는 달리 초월적 이상에서 머물기보다는 좀 더 실제적으로 민본民本의 사회 이상을 실천하고 싶어했다.

도가와 유가가 보여주는 정신의 여정은 이렇게 다르다. 그러나 공자와 맹자에서 머무를 수는 없다. 그들이 예로 돌아가고자 했다면,『예기』의 핵심 사상을 유지하면서도 확대 발전시킨『대학』과『중용』을 살피지 않을 수 없다.『학용學庸』의 정신론을 통해 유가 사유 속에서 정신이 어떻게 취급되는지 추적해보자.

2. 정신의 역사

먼저『노자』『장자』『회남자』를 거쳐『논어』와『맹자』로 건너가는 정신의 여정을 회고하면서 그 맥락을 점검해보자. 나는 이전의 작업을 통해 도가와 유가의 정신론이 성립하는 과정을 노자, 장자, 회남자 그리고 공자와 맹자 순서로 정리해보았다.

『노자』에서는 '정신'이라고 연용되지 않았다. 그러나 '정'은 순수한 물질로서 정기나 정력을 가리키고, '신'은 오늘날의 정신의 의미에 근접하는 용법부터 초월적인 신성을 뜻하는 표현에 이르기까지 여러 모습을 보였다. '귀鬼'와 '신神'의 용례에서는 귀가 신에 제어되어야 함을 분명히 한다.[2]

『장자』에서는 정이 32회, 신이 105회나 나오지만 '정신'으로 연용된 것은 여덟 차례에 불과했다. 정은 '천지의 정天地之精' '정조의 정精粗之精' '정성의 정精誠之精' '형정의 정形精之精'으로 나뉘고, 신은 '신령의 신神靈之神' '형신의 신形神之神' '귀신의 신鬼神之神' '신기神奇와 신기神氣' '신명神明'으로 나뉘었다. 이 가운데 신명은 오늘날에도 남아 있는 '천지신명' 같은 용법과 통한다. 다만 신기神氣가 지나친 경우는 신도 나쁜 뜻으로 쓰이기도 한다. 지나친 정신활동이기 때문이다. 때로는 신성神聖조차 교지巧知: 巧智와 연결되어 부정적인 것으로 취급되기도 한다. 그러나 『장자』의 철학사적인 의미는 정과 신이 만나면서 "정신이 도에서 나온다"[3]는 선언이었다.[4]

도가 정신론의 결정판은 『회남자』라고 해도 손색이 없을 정도

---

2 정세근, 「노자의 정신론」, 『동서철학연구』 60, 한국동서철학회 2011. 5~23쪽.

3 『莊子』, 「知北遊」: 夫昭昭生於冥冥, 有倫生於無形, 精神生於道, 形本生於精.

4 정세근, 「장자의 정신론」, 『동서철학연구』 64, 한국동서철학회 2012. 155~177쪽.

로 그곳에서 마침내 '정신론'이 완성된다. 『회남자』는 「정신훈精神
訓」이라는 편명을 통해 '정신'의 탄생을 정식화한다. 전편에 걸쳐
인간의 정신에 대해 논하면서 정신과 형체를 구분하고, 형체보다
정신의 우위를 선언한다. 『회남자』에서 만물을 만들어내는 정신
은 불멸하고 불변한다. 이제 신은 정에 앞서며, 정신은 형체에 앞
선다. 정신이 곧 과거 신의 의미와 상응하는 것이다. 이는 우주발
생론의 영향으로, 무에서 유가 나오듯 정신에서 만물이 나온다는
형이상학적 사고다. 몸神의 주인이 심心인 것처럼, 심을 주재하는
것은 신神이다. 형이하에 대한 형이상의 우위가 곳곳에서 정립되
고 있다.⁵

　도가 문헌인 『관자管子』 4편은 정과 신을 모두 기의 양상으로 이
해하는데 이는 불로장생술과 연관된다. 저술의 목적이 형이상학
에 있다기보다는 생명 연장에 더 있기 때문으로 보인다. 『여씨준
추』는 『관자』 4편과는 달리 '정신'이라고 연용되기도 하지만 여전
히 연수延壽에 집중한다. 그런 점에서 『노자』와 『장자』의 정신론을
이어받는 양생술을 고수한 것은 『회남자』로 보인다. 한마디로 양
생의 두 갈래인 양신養神과 양형養形의 길에서 『회남자』는 정통 도
가답게 양신의 길을 걷는다.

　그렇다면 정통 유가로 분류되는 공자와 맹자는 어떠한가? 『논

---

5 정세근, 「회남자의 정신론」, 『동서철학연구』 70, 한국동서철학회 2013. 121~
142쪽.

어論語』에서 정은 빻은 것을 뜻한다. 오늘날의 정미精米의 용법과 같다. 그것은 정에 물질의 순수한 양태라는 의미가 외형적으로 만 담겨 있음을 뜻한다. 기껏해야 '정조의 정精粗之精'의 뜻이 있을 뿐이라서, '지극한 도의 정至道之精'이나 '천지지정天地之精'[6] 그리고 '육기의 정六氣之精'[7] 같은 표현은 이런 맥락에서는 불가능하다. 신 은 일곱 차례나 나오지만 거의 모두 귀신을 뜻한다. 이른바 "공자 는 괴이한 것, 힘쓰는 것, 어지러운 것, 그리고 귀신을 말하지 않았 다"[8]고 할 때의 '괴·력·난·신怪力亂神'의 신이다.

『맹자孟子』에는 아예 정이 나오지 않는다. 그 점은 정에 대한 관 점이『논어』와 별반 다르지 않음을 뜻한다. 신도 비슷하게 백성의 뜻을 아는 온갖 신을 뜻하거나, 일반적인 형용으로서 신묘함을 가 리킨다. 사람에 대한 6단계 평가인 '착함善, 믿음직함信, 아름다움 美, 큼大, 성스러움聖, 신비로움神'에서 최고의 단계도 신으로 표현 된다. 맹자에게는 신보다는 천天이 더 중요했다고 추론할 수 있다. 보편적인 천명의 존재가 개별적인 귀신보다 더욱 유학적 인문화 에 필요했다고 판단한 것으로 보인다.[9]

---

6 『莊子』,「在宥」: 我聞吾子達於至道, 敢問至道之精. 吾欲取天地之精, 以佐五穀, 以 養民人. 吾又欲官陰陽, 以遂群生, 爲之奈何?

7 『莊子』,「在宥」: 天氣不和, 地氣鬱結, 六氣不調, 四時不節. 今我願合六氣之精以育 群生, 爲之奈何?

8 『論語』,「述而」: 子不語怪, 力, 亂, 神.

9 정세근,「공맹의 정신론」,『대동철학연구』70, 대동철학회 2015, 1~18쪽.

3.『대학』의 정

『대학』에는 정 자가 1회 출현한다. 제3장에서 군자와 소인을 구별
하면서 '최고선에서 머물기止於至善'를 말하고, 제4장에서 '뿌리와
가지를 해석한다釋本末'는 제목 아래 백성의 뜻을 아는 것이 먼저
라는 점을 강조한다. 그런데 제5장은 "이를 일러 앎의 뿌리라 한
다此謂知本"와 "이를 일러 앎의 다다름이라 한다此謂知之至也"라는 두
구절밖에 없어 난감해지고 만다. 앞 구절은 제4장에 똑같은 구절
이 나오므로 정자程子가 말했듯이 연문衍文으로 보면 된다. 그런데
뒤 구절은 앞에 무슨 내용이 있은 다음에야 이를 뭐라 할 수 있으
므로, 궐문闕文으로 볼 수밖에 없다. 결론 이전 설명이 있어야 하기
때문이다. 주자는 여기서 정자程子의 뜻을 따라 과감히 문장을 삽
입하는데, 여기에서 정 자가 나온다. 한마디로 '정조精粗'의 정이다.
아래는 의미의 명료함에 중점을 둔 번역이다.

○『대학』5장: 정조精粗의 정

　일찍이 정자程子의 뜻을 취하여 이를 보완하고자 한다. 이른바
치지致知가 격물格物에 있다는 것은 '나의 앎을 다하고자 한다면
사물을 마주하여 그 이치를 궁구'해야 함을 말한다. 무릇 사람 마
음의 영묘함은 앎에 있지 않은 게 없으니, 천하의 만물에도 이치
가 있지 않은 것이 없다. 이치가 다함이 없으니 그 앎도 다함이 없

다. 따라서 『대학』으로 처음 가르치려면 반드시 배우는 사람에게 무릇 천하의 사물을 마주해서, 이미 아는 이치에 궁구한 것을 더하여 그 끝에 다다르게 한다. 힘쓴 지 오래되면 하루아침에 활연관통豁然貫通하는 것이 있으니, 만물의 겉과 속이나 알맹이와 껍데기衆物之表裏精粗에 다다르지 않음이 없다. 그리하여 내 마음의 큰 쓰임全體大用이 밝지 않음이 없다. 이를 만물이 다가왔다物格고 하고, 이를 일러 앎의 다다름知之至이라고 한다.[10]

전체적인 맥락은 이렇다. 제5장을 만들어 붙인 것인데, 그 목적은 격물치지에 대한 자세한 해석이 없기 때문에 이를 보완하기 위함이었다. 원문에 '앎의 뿌리知本'를 말하고 '앎의 다다름知之至'을 말했다고는 해놓고. 그 내용이 나오지 않았기에 대학의 서순에 따라 이를 보충한 것이다.

『대학』의 대전제는 '밝은 덕을 밝히는 것明明德'임은 잘 알려져 있다. 특히 밝은 덕을 밝혀 최고선至善에 이르는 방법으로『대학』은 무엇보다 '그침을 아는 것知止'으로 마음가짐을 삼으면 사려의 길로 들어설 수 있다고 말한다. 이는 사람의 내면으로 돌아오는 것으

10 『大學』5장: 間嘗竊取程子之意, 以補之. 曰所謂致知在格物者, 言欲致吾之知, 在卽物而窮其理也. 蓋人心之靈, 莫不有知, 而天下之物, 莫不有理. 惟於理有未窮„ 故其知有不盡也. 是以大學始敎, 必使學者, 卽凡天下之物, 莫不因其已知之理而益窮之, 以求至乎其極, 至於用力之久而一旦豁然貫通焉, 則衆物之表裏精粗, 無不到, 而吾心之全體大用, 無不明矣. 此謂物格, 此謂知之至也.

로 일정한 평정심定·靜을 이룸을 말한다. 그런데 그 정반대의 외재 세계 역시 문제라서 사물에는 처음과 끝, 뿌리와 가지가 있음을 알아 앞뒤를 보아야 진리에 접근할 수 있음을 『대학』은 강조한다.[11]

이렇게 세계를 바라보는 자와 전개되는 세계라는 양자의 내면과 외면, 내향과 외향을 『대학』은 고루 말하고자 한다. 그래서 옛날에 천하에 밝은 덕을 밝히려는 사람은 나라부터, 나라를 다스리려는 사람은 집부터, 집을 다스리고자 하는 사람은 나부터, 나를 다스리고자 하는 사람은 나의 마음부터 바로잡아야 한다고 선언한다. 그런데 그 마음을 바로잡기 위해서는 '앎을 다해야致知' 하는데, 이 앎을 다하는 일은 또 '개물과 마주하는 데在格物' 있다.

천하에서 마음으로, 마음에서 만물로 회향하고 있는 것이다. 천하가 만물의 총체라면, 만물은 천하의 개체다. 그리고 그 가운데 마음이 배치된다. 마음心을 바로 하려면 뜻意을 진실하게 해야 하고, 뜻을 진실하게 하려면 앎知을 다해야 하는데, 바로 앎은 개물을 마주하는 데서 시작된다. 이렇듯 개물을 마주하여 앎을 이루는 것이 바로 '격물치지格物致知'다. 격물로만 치지가 되지 않는다는 점에서 격물이 충분조건은 아니더라도, 치지를 위한 필요조건으로 격물은 빼놓을 수 없다.

주자는 이 점을 잘 알고 있었다. 후대에 왕양명이 '대나무 마주하기 이레格竹七日'로 깨닫는 것도 격물만으로는 충분하지는 않다

---

11 『大學』1장: 物有本末, 事有終始. 知所先後, 則近道矣.

는 데 공감하는 것이지, 결코 대상의 불필요함을 강조하는 것은 아니었다. 그러한 양명의 사상을 뒷받침하는 것이 바로 그의 '사상마련事上磨練'의 정신이다. 주자는 『대학』이 격물을 통해 어느 순간 깨달음이 올 것이라고 가르치고 있다고 판단했고, 그것을 '활연관통豁然貫通'으로 묘사했다. 이때 만물은 겉과 속, 알맹이와 껍데기를 통틀어 나에게 다가온다. 표현상 "만물의 겉과 속이나 알맹이와 껍데기에 다다르지 않음이 없다衆物之表裏精粗無不到"라고 해서 '만물의 겉과 속이나 알맹이와 껍데기'를 주어로 삼고 있는데, 이는 그것이 '나에게' 다가옴을 간접적으로 시사한다. 그래서 다음 구절에서 바로 "내 마음의 큰 쓰임이 밝지 않음이 없다吾心之全體大用無不明矣"라고 하여 '나에게', 그것도 '나의 마음에' 다가와서 큰 쓰임으로 드러난다고 쓴 것이다. 문구상으로도 이 두 구절은 대구라 보아도 문제가 없다. 보기 좋게 글자를 띄어보면 아래와 같다.

만물의 겉과 속이나 알맹이와 껍데기에 다다르지 않음이 없다.
衆物 之 表裏精粗 無不到 而.

내 마음의 큰 쓰임이 밝지 않음이 없다.
吾心 之 全體大用 無不明 矣.

결국 여기서 만물의 '표리정조表裏精粗'는 마음의 '전체대용全體大用'과 맞아떨어진다. 만물의 겉과 속이나 알맹이와 껍데기를 사람이 크게 쓰는 것이다. 그것이 고우면 고운 대로, 거칠면 거친 대로 쓰는 것이 사람이며 그렇게 앎을 이루어주는 것이 바로 사람의 마음心이다. 그래서 인심은 신령스럽다. 이것을 『대학』은 "무릇 사람 마음의 영묘함은 앎에 있지 않음이 없으니 천하의 만물에도 이치가 있지 않은 것이 없다"고 하여, 사람에게는 앎知을, 사물에는 이치理를 각각 배당함으로써 사람이 만물의 도리를 깨닫기를 권유한다. 다음과 같다.

무릇 사람 마음의 영묘함은 앎에 있지 않은 것이 없다.
蓋 人心之靈 莫不有知.
천하의 만물에도 이치가 있지 않은 것이 없다.
而 天下之物 莫不有理.

사람은 전체적으로 본다. 그것은 사람에게 마음이 있어서다. 사람의 마음이 마음으로써 그 신비한 역할을 하는 것은 사람 이외의 만물이 지니지 못한 앎 때문이다. 대신 천하 만물은 그들 나름의 이치를 품고 있다. 사람은 영묘한 마음을 써서 그 사물의 이치를 밝혀내야 한다.

『대학』의 정精은 이와 같은 의미를 담고 기술되었다. 기본적으로 '곱고 거칢'의 '고움'을 가리키고는 있지만 그 곱고 거칢은 겉과 속을 아우르는 것이고, 나아가 곱고 거칢으로 사물의 완전성을 드러내고 있다. 앞의 제4장에서 뿌리와 줄기를 말하면서 '뿌리를 앎

知本'을 강조한 것에 비해, 제5장은 앎이란 사물의 온갖 성질과 효용을 깨닫는 것이라고 묘사하면서 그것을 '앎의 다다름知之至'으로 정의하고 있다. 비교한다면, 제4장은 뿌리에 힘을 준 반면, 제5장은 곱고 거칢으로 뿌리와 줄기에 다 같이 힘을 주고 있다. 그리고 그런 과정을 인간의 심적 능력만으로 묘사하지 않고, 만물이 고유하게 지닌 이치가 사람에게 다가온다는 표현으로 그려낸다. '만물이 다가옴物格'(격물이 아니라 물격이다)으로써 '앎의 다다름知之至'(앎이 이루어진다)이 이루어진다는 것이다.

여기서 우리는 정주程朱 철학의 핵심인 체용일원體用一源의 논리를 만난다. 본이나 말에서 그치지 않고 본말本末로 나아가는 정신이 고스란히 담겨 있다. 그래서 주자는 제4장의 구절此謂知本을 '이 말을 보고 본말의 선후를 안다'[12]고 풀이해놓고도, 전체 요강에서는 '본말을 해석한다釋本末'고 달아놓았다. 이런 맥락에서 제5장은 철저하게 체용일원론에 입각해서 서술되고 있음을 알 수 있다. 여기서는 '정조精粗'의 정도 조에 대한 정의 우위를 내세우는 것이 아니라 '표리表裏' 정도의 의미에서 동등하게 기술한다. 더 나아가면, 마음心과 사물物의 관계조차 체용일원의 각도에서 조망되고 있음을 엿볼 수 있다. 후대에 알려진 '격물格物'만이 아니라 '물격物格'이 그려지고 있기 때문이다. 그런 점에서 『대학』에 단 1회 나오는 '정'은 체용일원, 곧 정조일원精粗一源의 '정'으로 볼 수 있겠다.

---

12 朱熹, 『大學集註』 4장: 觀於此言可以知本末之先後矣.

4. 『중용』의 정

『중용』도 『대학』과 마찬가지로 정精 자가 단 1회 나온다. 사실상 『예기』 전편에도 정 자의 독립된 용법은 3회에 그친다. 그 가운데 두 번은 바로 이어서 나오기 때문에 의미상으로는 2회라 보아도 좋겠다. 그런데 『예기』에는 주자가 해석한 '정조精粗'의 용법도 '곱거나 거친 몸형체精粗之體'[13]라는 표현으로 단 1회 출현한다. 예악이 천지의 본연과 맞아떨어지면 신명神明에까지 다다르고 그것이 오르락내리락하면서 곱거나 거친 형태로 드러난다는 맥락이다.

먼저 『예기』에 나오는 정 자의 독립된 용법을 살펴보면, 아래와 같다. 주요 부분을 옮긴다.

이는 온갖 사물의 정령精으로, 신령神으로 드러난다. 사물의 정령精을 가장 높은 것으로 삼는다.[14]

문맥은 이렇다. 모든 살아 있는 것은 반드시 죽고 죽은 것은 반드시 땅으로 돌아가는데, 바로 이것을 귀신鬼이라 부른다. 기氣가

---

13 『禮記』, 「樂記」: 禮樂偵天地之情, 達神明之德, 降興上下之神, 而凝是精粗之體, 父子君臣之節.
14 『禮記』, 「祭義」: 衆生必死, 死必歸土, 此之謂鬼. 骨肉斃于下, 陰爲野土. 其氣發揚于上, 爲昭明, 焄蒿悽愴, 此百物之精也, 神之著也. 因物之精, 制爲之極, 明命鬼神以爲黔首則, 百衆以畏, 萬民以服.

위로 올라가면서 번뜩이는 것이 바로 정精인데 이것들이 온갖 사물의 정령精이다. 이 정령을 최고의 것으로 삼으면 백성들은 이를 귀신鬼神으로 받아들여 두려워하고 복종한다. 전통적인 귀신관을 따르면서도, 정기精氣 이론을 삽입하여 귀신의 원천을 설명하는 구절이다. 여기서 정은 정기이기도 하지만, 정령精靈이나 신령神靈으로 보아도 좋다.

『효경孝經』을 말하면서 형체形를 보내고 나면 정령精을 맞이하여 돌이킨다.[15]

죽었을 때 염하고 관에 넣는 과정(염斂/구柩)을 설명하는 부분인데, 형체가 떠난 후에도 정신이 있다는 점을 강조하면서 사자의 혼백을 맞이하여 받아들이라는 이야기다. 『예기』는 바로 그 혼백을 정으로 그리고 있다. 여기서 말하는 정은 오늘날의 용법으로 혼魂에 가깝다. 그러나 『예기』는 귀신의 귀를 백魄이라고 부르면서도 귀신의 신을 혼이라고 부르지 않고 오히려 정이라고 부른다.

정 자의 독립된 용법의 첫 번째 예문은 재아宰我가 "귀신이라는 말을 들었어도 그것이 무엇을 말하는지 모르겠다"는 물음에 공자가 답하는 과정에서 나오는데, 그 대답의 첫 구절이 이렇다.

---

15 『禮記』,「問喪」: 故曰: 辟踊哭泣, 哀以送之, 送形而往, 迎精而反也.

기氣라는 것은 신神이 왕성하고, 백魄이라는 것은 귀鬼가 왕성하다.[16]

결국 오늘날 우리가 말하는 조상의 혼령, 신령, 영혼, 혼백 등에 해당하는 관념은 『예기』의 '정/기精/氣'에 해당함을 알 수 있다. 한마디로, 『예기』의 정精은 혼魂이다. 『중용』도 이와 비슷할까?

그러나 『중용』 제27장에 유일하게 나오는 정 자의 용법은 이와는 무관하다. 『중용』의 정 자는 영혼의 세계가 아닌 인간의 세계를 그리고 있기 때문이다. 주자식 해석에 따르면 제26장은 천도天道를 말하고 제27장은 인도人道를 말하고 있다.[17] 이른바 군자의 길이다.

○ 『중용』 27장: 정밀精密의 정

따라서 군자는 덕성을 존귀하게 여기고 학문을 연마한다. 넓고 큰 것에 이르러 정미함을 다한다. 높은 경지에 오르면서도 일상의 중용을 말한다. 옛것을 익혀 새로운 것을 안다. 마음을 도탑게 하면서도 예를 존숭한다.[18]

16 『禮記』, 「祭義」: 宰我曰: 吾聞鬼神之名, 而不知其所謂. 子曰: 氣也者, 神之盛也; 魄也者, 鬼之盛也, 合鬼與神, 敎之至也.

17 朱熹, 『中庸集註』, 章註: 言天道也 / 言人道也.

이 구절은 워낙 유명해서 원문 그대로 쓰는 경우가 많지만 문구의 대비를 살려 거칠게 옮겨보았다. 여기에서 알 수 있듯이, 정자는 광대廣大함에 상대되는 정미精微함의 의미다. 군자가 양 방면으로 동시에 해야 할 처신인 '높고 낮음'과 같이, 도덕과 학문德性/問學, 이상과 현실高明/中庸, 전통과 현재故/新를 늘 함께 아우를 것을 권유하는 글이다. 여기서 광대는 큰 것을, 정미는 작은 것을 뜻한다. 큰 것은 큰 것대로, 작은 것은 작은 것대로 아우르지 않으면 안 된다는 것이다.

주자는 이를 '도체의 광대함道體之大'과 '도체의 세밀함道體之細'으로 풀이하면서, 학문의 큰 목표만큼 그에 상대되는 정밀함과 엄정함을 강조한다.[19] 『중용』의 정은 이런 면에서 정밀의 정이다. 『예기』 전편의 정령과는 거리가 있다.

5. 『중용』의 신

『대학』에는 신神이 나오지 않는다. 『중용』에는 모두 다섯 차례 나오지만 한 곳에서는 거듭 말하는 것이므로 의미상으로는 4회로

---

18 『中庸』 27장: 故君子尊德性而道問學, 致廣大而盡精微, 極高明而道中庸, 溫故而知新, 敦厚以崇禮.

19 朱熹, 『中庸集註』 27장: 尊德性所以存心而極乎, 道體之大也; 道問學所以致知而盡乎, 道體之細也.

보아도 좋다. 그리고 다른 한 곳은 『시경詩經』을 인용하고 있기 때문에 실질적으로는 3회에 그친다. 『예기』 전편에 걸쳐 여러 맥락에서 다양하게 관용화된 용어로 등장하는 것과 대비된다.

『중용』의 신은 거의 귀신의 신이다. 신 자만 나오는 경우는 두 차례에 불과하다. 한 차례는 '귀신'을 언급한 이후에 『시경』을 인용하면서 '신'을 말하고 있기 때문에 앞에서 말한 귀신의 뜻을 그대로 이어받는다고 볼 수 있다. 나머지 한 차례는 '지성至誠'과 연관되어 있어 신성神聖, 신비神秘, 신령神靈과 연관시킬 수 있지만, 내용상 여전히 국가흥망과 관련된 길흉의 조짐을 알기 위해 점대나 거북으로 점치는 것을 이야기하고 있기 때문에 귀신의 의미에서 벗어나지 않는다. 결국 『중용』의 신은 귀신의 신으로 해석이 모아진다.

○『중용』 16장: 공자의 귀신과 『시경』의 신

공자가 말했다. "귀신의 능력은 정말로 성대하다. 보아도 보이지 않고, 들어도 들리지 않고, 만물이 형체를 갖추도록 하면서도 남아 있지 않다." (…) 『시경』은 말한다. "신이 내림은 헤아릴 수 없으니 어찌 싫증을 내겠는가."[20]

---

20 『中庸』 16장: 子曰: 鬼神之爲德, 其盛矣乎. 視之而弗見, 聽之而弗聞, 體物而不可遺. (…) 詩曰: 神之格思, 不可度思, 矧可射思.

공자의 말에서는 귀신을 말했고,『시경』에서는 신을 말했다. 모두 귀신의 능력과 신비함을 일컫고 있다. 귀신은 보이지 않지만 자기의 역할을 한다. 귀신은 형체를 이루어주지만 그 형체 속에 녹아들어 있다. 이런 귀신에 대한 찬미는 이미『시경』에서 '신'으로 노래했다. 만물이 만물로 되기 위해서 물질적이지 않은 무엇인가가 개입되어야 하는데, 그것이 바로 귀신이라는 것이다.『중용』의 귀신을『시경』의 신으로 이해한 것이 특이하지만,『시경』의 신은 아직 귀신으로 정식화되기 이전의 관념으로 보아도 좋을 것이다.

여기서 우리가 주의해야 할 것은 우리가 이해하는『중용』은 당시의 의미와는 다소 다르게 지나치게 세속화되어 있다는 점이다.『논어』에서 공자가 "괴이한 것, 힘쓰는 것, 어지러운 것 그리고 신을 말하지 않았다"고 할 때 그 해석을 '괴력이나 난신을 말하지 않았다'[21]고도 해석하는 까닭이 바로 이런 점 때문이다.『중용』에는 이렇듯 신에 대한 이야기가 유효하게 등장한다. 인간화된『중용』은 삶과 죽음을 연결하는 '예禮'의 영역을 충분히 담아내지 못한다. 예禮는 갑골문인 '豊'에서 볼 수 있듯이 제사상을 가리키며, 이후 그것이 귀신의 영역이기 때문에 귀신 시示의 의미를 부가한 것이다.

'세속화된『중용』' '인간화된『중용』'에 상대되는『중용』의 의미를 찾기는 쉽지 않다. 그것은 '종교적인『중용』'이나 '성스러운『중

---

21 『論語』,「述而」: 子不語怪力, 亂神.

용』'일 테지만,『주역周易』이라는 길흉화복의 점서가 인문학의 영역에 들어와 있는 세계관은 좀 더 신중한 정의를 기다리고 있다.[22]

○『중용』24장: 화복의 신

지극히 정성스러운 길은 미리 알 수 있다. 국가가 흥성할 때는 반드시 좋은 조짐이 있고, 국가가 망할 때는 반드시 나쁜 징조가 있다. 점대나 거북으로 드러나며, 몸으로도 움직인다. 화복이 올 때, 좋은 것도 반드시 먼저 알고 나쁜 것도 반드시 먼저 안다. 그러므로 지극히 정성스러운 것은 신과 같다.[23]

여기서 말하는 지극히 '정성스러운 길至誠之道'은 기본적으로 상당히 초자연적이다. 그것은 미리 알 수 있는 것으로, 국가의 흥망이 상서로운 조짐인 정상禎祥이나 불길한 징조인 요얼妖孼로 드러난다고 믿기 때문이다. 그런데 사람은 그런 것을 적극적인 점서로도 예측할 수 있고 동물의 움직임으로도 관찰할 수 있다는 것이

---

22 그것을 어렴풋하지만 짤막하게 파악한 사람으로는 허버트 핑가레트를 꼽을 수 있겠다. 허버트 핑가레트 지음, 송영배 옮김,『공자의 철학』, 서광사, 1993. 공자를 성스러운 세속인으로 그리고 있는데, 예를 중심으로 이해할 때 나오는 자연스러운 결론이다(Herbert Fingarette, *Cofucius: The Secular as Sacred*, Harper & Row, Publishers, Inc., 1972).
23『中庸』24장: 至誠之道可以前知, 國家將興必有禎祥, 國家將亡必有妖孼, 見乎蓍龜, 動乎四體. 禍福將至, 善必先知之, 不善必先知之, 故至誠如神.

다. 좋은 일이든 나쁜 일이든 할 것 없이 모두 먼저 알아 화복을 대비하는 것을 지성至誠이라고 하며, 그렇게 정성을 다하면 신령스러워진다고 말한다.

잘 알다시피, 『중용』에서 참된 것誠은 하늘의 길이고, 참되게 하는 것誠之者은 사람의 길이다.[24] 이는 춘하추동으로 계절이 바뀌게 하는 것은 하늘의 길이지만, 그 절기에 맞춰 농사를 짓는 것은 사람의 길이라는 말이다. 우리가 열매를 맺는 나무를 만들지는 못하지만 나무가 좋은 열매를 맺도록 할 수는 있는 것과 같다. 우리는 쌀이 열리는 벼를 만들지는 못하지만, 벼를 도와 쌀이 열리도록 할 수는 있다. 벼와 나무에 쌀과 열매가 달리는 것은 하늘의 일이지만, 사람은 하늘의 일을 도와서 그것이 이루어지도록 한다. 따라서 하늘의 일과 마찬가지로 사람의 일이 있는 것이다.

오늘날 성誠에 대한 이해는 지나치게 인간화되어 있는데 『중용』의 이 구절은 성誠, 그것도 지성至誠은 하늘의 일임을 보여준다. 물론 사람은 지성에 개입할 수 있다. 위에서 길흉화복은 하늘이 주지만 그것을 서죽筮竹이나 거북이 등껍질로 점서占筮하여 미리 아는 것先知은 사람의 일이다. 그래서 사람은 선지자先知者가 되어야 하고, 선지자는 천지의 신령 곧 귀신과 통한다. 이런 맥락에서 주자는 "신은 귀신이다神, 謂鬼神"[25]라고 못 박고 있다.

---

24 『中庸』20장: 誠者天之道也, 誠之者人之道也.

25 朱熹, 『中庸集註』24장.

○『중용』29장: 귀신의 신

따라서 군자의 길은 제 몸을 바탕으로 삼아 뭇사람에게 보인다. 삼왕三王에게 견주어 잘못이 없고, 천지에 세워도 어긋남이 없고, 귀신에게 물어보아도 의심이 없고, 백 세대 이후의 성인을 기다려도 두려움이 없다. 귀신에게 물어보아도 의심이 없음은 하늘을 아는 것이고, 백 세대 이후 성인을 기다려도 두려움이 없음은 사람을 아는 것이다.[26]

군자의 길은 이토록 힘들고 어렵다. 나를 근본으로 삼지만 사람들에게 시험하여 증명해 보여야 한다. 주자의 말처럼 "내가 믿고 따르는 것을 남에게 증험證驗"[27]하는 것이 바로 "뭇사람에게 보이는 것徵諸庶民"이다. 여기서 군자의 길은 천하에서 자신의 뜻을 실천하거나 경영하는 것, 곧 "천하에 왕 노릇 하는 것王天下"을 뜻한다. 제29장의 처음이 바로 이와 같이 시작하는데, 이때 필요한 것이 '삼중三重'이라고 한다. 삼중은 바로 앞 제28장에서 밝힌 바와 같이 '의례議禮'(儀禮가 아님), '제도制度' '고문考文'을 가리킨다. 의례는 예를 의논하는 것이고, 제도는 법률이나 규칙을 지키는 것이

---

26 『中庸』29장: 故君子之道, 本諸身, 徵諸庶民, 考諸三王而不謬, 建諸天地而不悖, 質諸鬼神而無疑, 百世以俟聖人而不惑. 質諸鬼神而無疑, 知天也, 百世以俟聖人而不惑, 知人也.

27 朱熹,『中庸集註』29장: 徵諸庶民, 驗其所信從也.

4장 『대학』과 『중용』의 정신론

고, 고문은 정치적 공문서를 잘 마련하는 것이다. 줄여 말하면, 문장제도文章制度를 예에 맞도록 함을 가리킨다. 그런데 여기서 그 기준을 천지와 귀신, 그리고 이전의 삼왕과 이후의 백 세대百世 성인에 두고 있다. 지난 3대의 임금과 이후 백 세대의 성인, 그리고 천지와 귀신에게 물어서 오류와 의혹이 없어야 한다는 것이다. 그리고 귀신에게 물어 의심이 없으면 하늘을 아는 것知天이고, 백 세대 성인에게 물어 미혹이 없으면 사람을 아는 것知人이라고 한다. 주자는 이에 덧붙여 하늘과 사람을 아는 것은 이치를 아는 것知理이라고 말한다.[28]

여기서 귀신은 이전의 삼왕이나 이후의 성인처럼 임금이 왕 노릇할 때 두려워해야 하는 대상이다. 군자가 행동할 때는 대대로 천하의 도가 되고, 시행할 때는 대대로 천하의 법이 되어야 하고, 말할 때는 대대로 천하의 규칙이 되어야 한다. 자신의 행동이 만천하의 규범이 되는 것이다.[29] 귀신과 성인은 하나의 표준이고 준칙이며 시금석이다. 귀신은 자연의 기준이 되고 성인은 사회의 기준이 됨이 다를 뿐이다. 여기서 귀신은 성인처럼 판단의 근거가 된다는 점에서 정치적이면서도 도덕적이다.

---

28 朱熹, 『中庸集註』 29장: 知天知人, 知其理也.
29 『中庸』 29장: 君子動而世爲天下道, 行而世爲天下法, 言而世爲天下則. 군자의 행동은 천하의 법칙이 된다. 이 점은 칸트의 "너의 도덕이 보편적 준칙이 돼라"는 말과 닮았다. 칸트의 정언명법의 제1원리는 아래와 같다. "네 의지의 격률이 언제나 동시에 보편적 입법의 원리가 될 수 있도록 행위하라."

이 문장의 앞부분에 "위에서는 잘해도 실질적인 징험이 없으면 사람들이 믿지 못해 따를 수 없고, 아래서는 잘해도 존귀하지 않으면 사람들이 믿지 못해 따를 수 없다"[30]는 구절이 나오는데, 주자는 이를 "하나라와 상나라는 예가 있었지만 이루지 못했고, 공자는 예를 잘 드러냈지만 존귀한 자리에 있지 않아서 이루어지지 않았다"[31]고 해석하여, 예는 위에서도 아래에서도 실현하기 어렵다고 말한다. 이는 공자에 대한 안타까움을 표현하는 것이면서도, 예제라는 것이 일종의 제정합일祭政合一의 면모를 지니고 있음을 시사한다. 그런 점에서 귀신은 의례에서 일정한 역할을 담당할 수밖에 없다.

6. 『예기』와 정신

문헌상 드러나는 현상에 관심을 기울일 필요가 있다. 『대학』에는 '예' 자가 나오지 않는 대신, 『중용』에는 예와 관련된 이야기가 많이 나온다. 이는 『대학』이 예를 중시하지 않았음을 증명하는 것이 아니라, 오히려 『중용』이 예와 매우 관련됨을 반증한다. 다시 말

---

30 『中庸』 29장: 上焉者, 雖善無徵, 無徵不信, 不信民弗從, 下焉者, 雖善無尊, 無尊不信, 不信民弗從.

31 朱熹, 『中庸集註』 29장: 上焉者, 謂時王以前, 如夏商之禮, 雖善而皆不可考. 下焉者, 謂聖人在下, 如孔子雖善於禮而不在存位也.

해,『중용』을 거론하면서『예기』의 귀신론을 빼놓을 수 없다는 이야기다. 위에서 말했듯이『예기』의 신은 모두 귀신의 신이라고 할 수 있을 정도로『예기』에서는 귀신이 중요한 관념으로 자리 잡고 있다.

『예기』에서 '귀신'으로 관용적으로 쓰이는 것이 37차례(『중용』 3회 포함) 나오는데 '귀신지도鬼神之道'나 '귀신지제鬼神之祭' 같은 표현까지 합치면 42회나 된다.『예기』가 숭배의 대상으로 삼는 종묘 사직宗廟社稷의 '종묘'는 23회, '사직'은 38회밖에 안 나오는 것에 비하면 귀신의 역할이 얼마나 중요한가를 쉽게 알 수 있다.

그렇다면 '귀신'이 아닌 '신'은 어떠한가? 73차례(『중용』5회 포함)의 신의 용례 가운데 '귀신'으로 연용하여 쓰이는 경우가 41차례(『중용』3회 포함)나 되어『예기』의 신은 거의 귀신을 뜻함을 알수 있다. 41차례 중에는 귀와 신으로 띄어 쓰는 경우도 2회나 있지만 내용상으로는 여전히 귀신을 말한다.[32]

『예기』는 과연 귀신과 소통하는 제례를 중시하는 경전이었던 것이다. 여기에 '신명神明'으로 표현되는 것까지 포함하면 13회나 증가한다.[33] 신명은 주로 '신명과 교감함交於神明'[34]으로 쓰이는

---

32 『禮記』,「祭義」: 合鬼與神教之至也.『禮記』,「表記」: 事鬼敬神而遠之.

33 『莊子』에도 '신명神明'이 나옴을 주목할 것.

34 『禮記』,「郊特牲」「雜記下」「祭義」「祭統」.

데, 때로 '천지지신명天地之神明'과 짝하거나配[35] 그것을 섬긴다事[36] 라고도 쓰인다. 더불어『논어』, 「술이」에서는 하늘과 땅의 신을 가리켰던 '신기神祇'[37]는 '산천신기山川神祇'[38]와 같이 토지와 관련되어 쓰이면서 두 차례 더 등장한다.

『예기』의 신이 귀신을 뜻하는 반면, 정은 어떠한가? 정의 독립된 용법은『중용』을 말하면서 위에서 이미 정리한 바와 같이 3회에 그친다. 정 자가 포함된 다른 관용 어법을 포함하더라도 모두 14차례에 불과하다. 이미 언급한 정조의 정이 1회, 정명精明의 정이 2회,[39] 정미精微의 정이 4회(『중용』의 정미의 정 1회 포함)에 이른다.[40] 흥미로운 것은, 다른 곳에서 강조되고 의미가 부상되는 정신이『예기』에서는 단 1회만 나오며, 그것도 옥석을 구별하기 위해 옥의 성질을 찬미하는 과정에서 비유적으로 그려질 뿐이다.

옥의 성질은 그 기운이 햇볕과 같으니 하늘이고, 그 정신이 산천에서 드러나니 땅이다.[41]

---

35 『禮記』, 「哀公問」.

36 『禮記』, 「表記」.

37 『論語』, 「術而」: 子路對曰: 有之, 誄曰, '禱爾于上下神祇. 子曰: 丘之禱久矣.

38 『禮記』, 「王制」.

39 『禮記』, 「祭統」.

40 『禮記』, 「禮器」1회, 「經解」2회.

41 『禮記』, 「聘義」. 氣如白虹, 天也, 精神見於山川, 地也.

자공이 공자에게 군자는 옥을 귀하게 여기고 옥처럼 보이는 돌 珉을 천하게 여기는 까닭을 물으면서 옥은 드물고 민은 많아서 그러냐고 묻자, 공자는 옥의 성질을 성품의 인의예지신에 예악'禮'樂'과 충신'忠'信'을 덧붙여 설명한다. 인, 지, 의, 예, 악, 충, 신의 순서대로 말하다가, 그것의 기상은 하얀 무지개白虹처럼 세상을 덮으니 하늘과 같고, 그 정신은 산천에서 드러나니 땅과 같다고 묘사하는 것이다. 정신을 산천과 연관시키고 있는 것은 주목할 만하지만, 단지 옥의 성질을 빌려 군자를 표현하는데 1회만 나온다는 점은『예기』의 정신이 여타의 경전과는 달리 큰 의미를 갖지 못함을 시사한다.

사실상『예기』의 귀신을 한마디로 표현하면 '하늘에는 신이 있고 땅에는 귀가 있다'고 정리할 수 있다.[42] 나아기 귀신은 전통 철학의 보편적인 어휘인 '음양'에 해당한다.[43] 그러나『예기』에서 정신은 강조되지 않는다.

7. 정신보다는 귀신

『예기』에서 귀신은 섬겨야 할 대상이다. 그런데 그 귀신은 천지처럼 인간의 내부에 있다기보다는 외부의 존재로 인간과 공존한다.

---

42 『禮記』,「郊特牲」: 所以別事天神與人鬼也.

43 『禮記』,「郊特牲」: 玄冕齋戒, 鬼神陰陽也.

귀신은 크게는 천신天神과 인귀人鬼로 나뉘고, 작게는 인간의 형해와 정신으로 나뉜다. 그런데『예기』뿐만 아니라『학용』에서조차 사람이 독립적으로 가질 수 있는 정신에 대한 논의는 찾아보기 어렵다.

『학용』에서 '정精'은 1회만 나오고, 그것도 곱고 거칢이라는 상대적인 어휘의 한쪽을 가리킬 뿐이다.『대학』은 정조精粗의 정으로 표리表裏가 상대되는 것처럼, 정조도 만물의 고유한 성질로 그려지고,『중용』은 정미精微함을 뜻하는 것으로 광대廣大함과 짝한다.『예기』에서 그려지는 정령精靈이나 신령神靈 같은 뜻조차 없다. 앞에서 말했듯이,『예기』의 정은 오늘날의 표현으로는 혼魂에 가깝다.

'신神'은『대학』에서는 나오지 않고『중용』에서 다섯 차례(『시경』의 표현과 중복을 제외하면 세 차례) 나오지만 그 가운데 3회나 '귀신鬼神'으로 연용되어 나온다. 이는『예기』전편의 신이 귀신을 뜻하는 것과 상통한다.『예기』에는 '신'만 단독으로 쓰인 것보다 '귀신'으로 이어 붙여진 것이 '신'이 들어간 표현 가운데 절반이 넘는 것으로 보아 그 의미가 '귀신'에 집중되고 있음을 알 수 있다.

『학용』의 '정신'은 독립되지 않는다. 인간의 영역이라기보다는 자연 또는 초자연의 영역이다. 도가류의 저작에서 정신이 일종의 사람의 능력으로 독자적인 지위를 차지하는 것에 견줄 수 있다. 육체에 대한 정신의 우위라는 관념도 미약하다.『학용』, 나아가『예기』는 정과 신을 대비시키거나 경쟁시키지도 않는다. 도가

4장『대학』과『중용』의 정신론

들이 강조했던 자아, 자유, 이상, 그리고 개체의 평등성의 근거가 바로 독립된 정신에 있었음을 상기한다면,『예기』는 그것보다는 예제禮制의 확립을 통한 사회질서의 정당화에 무게를 두고 있음을 알 수 있다.『중용』에서 말하는 '삼중三重' 즉 '의례儀禮' '제도制度' '고문考文', 다시 말해, 예禮와 문장제도文章制度야말로 인간사회의 준칙이다. 그리고 그것의 정당화에 '귀신'이, 자연을 대표하는 천지와 문명을 대표하는 성인의 틈바구니에서 자신의 역할을 수행하고 있음을『중용』은 잘 보여준다.

『논어』와『맹자』에서 정신이 강조되지 않은 것도 같은 맥락에서 이해될 수 있다. 그런 점에서 성립 시기와 관련된 고증학적인 사실과는 무관하게『대학』과『중용』은 공맹의 사유와 상당히 일치한다. 다만『대학』은『중용』에서처럼 정신의 의미를 부각하고 있지 않음을 상기해야 한다.『대학』에 귀신은 아예 거론되지 않는다. 이로써『대학』이 비교적 인간세의 교육에 치중하고 있다면,『중용』은 여전히『예기』의 맥락에서 제례를 통한 천지와의 교감에 치중하고 있음을 알 수 있다.

결국 예가 귀신과 결부되어 인간의 정신과 직접적인 관계를 갖지 못함은『예기』가 이루어내지 못한 부분일 것이다.『학용』의 주석에서 줄곧 강조되는 주자의 궁리窮理[44] 또는 지리知理[45]의 정신은

---

44 朱熹,『大學集註』5장: 在卽物而窮其理也.

45 朱熹,『中庸集註』29장: 知天知人, 知其理也.

바로 이러한 『예기』의 한계를 극복하기 위한 인문학적인 노력으로 보인다.

5장 공맹의 정신론

5장 공맹의 정신론

이 글은 공맹의 정과 신의 용법을 정리하기 위한 것이다. 『노자』와 『장자』에서는 정과 신에 대한 강조가 점차 도드라지고, 마침내 『회남자』에 이르러 정신의 탄생이 정식화된다. 이 과정에서 신은 정보다 우위에, 정신은 형해보다 우위에 서게 된다. '귀신'에서조차 신은 귀보다 앞선다. 이런 경향은 정신의 독립적인 영역을 확보하려는 도가의 철학적 자세와 밀접하게 연결된다.

그런데 절대적 자아의 존재를 쉽게 받아들이지 못하는 유가의 경우에는 이와는 상반된 현상이 나타난다. 유가에는 객관 세계가 무엇보다 중요하고 사회나 국가의 역할이 필수 불가결하기 때문에, 개인의 정신보다는 문화적 전통 속에서 배태된 예禮가 더 큰 의미를 지닌다. 인간에게 예는 사회의 질서와 인간의 규범이다.

『논어』에서 '신'은 '귀신'의 신으로 일곱 차례 등장한다. 그렇지만 공자는 귀신에 대해서 알지 못하고 말할 수 없다면서 일정한 거리를 유지한다. 귀신보다는 이 세계의 인문화가 공자에게는 중요했다.

『맹자』에서 단 한 차례 나온 '신'은 '온갖 신百神'과 같은 귀신이라는 뜻이지만 그것조차 민의를 담는 데 치중한 것이기 때문에, 백신과 백성百姓은 가치 면에서 동일 선상에 놓인다. 신은 저절로되는 교화의 신비스러움을 가리키기도 하며, 인격의 최고 경지를 표현하는 단어로 쓰이기도 한다.

공자와 맹자에게 중요한 것은 정과 신이 아니라 예였다. 나아가 귀신을 뛰어넘는 하늘天이야말로 그들이 섬기고자 한 것이다. 그들에게는 개인의 영역을 극대화하는 정신의 역할보다 백성을 이롭게 하는 현실주의가 우선이었다.

1. 도가와 다른 유가

도가에서는 절대적 자아의 존재를 긍정하므로 정신의 의미가 자연스럽게 발전되어왔다. 절대적 자아는 객관 세계 속에서 쉽게 인정될 수 없다. 구성원에는 나뿐 아니라 너도 있고, 너와 나는 사회 구조와 국가체제 안에서 보잘것없는 존재로 떨어지기 때문이다. 그러나 형체를 이끄는 정신이라는 실체를 가정하면, 나의 존재는 상대적인 존재에서 절대적인 존재로 승화된다. 아무리 나의 육체가 너의 노예일지라도 나의 정신이 너의 정신보다 자유로운 한, 나는 너보다 한 차원 높은 세계에서 노닐 수 있기 때문이다.

　도가는 이러한 인식의 고양을 위해 '정精'과 '신神' 그리고 '정신精神'을 꾸준히 발전시켜 개념화한다. 정이라는 순수한 물질을 상정하고, 이어 신에게 정을 다루는 역할을 부여하고, 마침내 정신이 형해形骸를 운영하게 하여 정신의 위상을 격상한다. 귀신鬼神에서조차 귀는 신에 의해 조정되어야 한다. 물론 약한 신은 강한 귀에 의해 어지럽혀질 수 있겠지만 말이다.

그러나 유가에서 이런 의지는 강하게 나타나지 않는다. 개인을 철저히 수긍한다기보다는 집단을 존중하기 때문이리라. 그리고 그것은 유가들에게 '예禮'로 정식화된 사회질서와 인간의 규범으로 드러난다. 예가 본디 지녔던 제례적인 의미조차 조직 강화를 위한 위계 정립이나 세분화로 이해되면서 그것의 종교적인 색채도 희석되고 마는 것이다.

따라서 공자와 맹자에게서 드러나는 정과 신의 의미는 도가에 비해 상대적으로 미약하다.『논어論語』에서는 정 자가 단 1회 출현하며,『맹자』에서는 정이라는 말이 아예 나오지도 않는다. 그럼에도 정신의 역사를 정리하기 위해 공자와 맹자의 정신론을 언급하는 것은 가치가 있다.

유가의 정신론은 오히려『대학』과『중용』의 출처인『예기禮記』에서 논의할 수 있을 것이다. 유가의 정신론을 밝히려면 '오경五經'을 조사해야 하기 때문이다. 그러나 경전을 바탕으로 발전된 유학의 종주는 공자와 맹자이고 그들의 어록이 곧『논어』와『맹자』이니 이번 장에서는 그곳에 나타난 징과 신의 용법을 정리한다.

2.『논어』의 신

『논어』에서는 기본적으로 '정신'이라고 연용되지도 않고 '정'이 독립적으로 특별한 의미를 지니지도 않는다. 다만 '신'은 7회에 거쳐 비교적 일관된 용법을 보인다. 한마디로 거칠게 말하면『논어』의 신은 귀신의 신이다. 신을 아예 '귀신鬼神'으로 쓰고 있는 곳이 총 일곱 차례 가운데 절반에 가까운 세 차례다. 같은 문장에서 신이 두 번에 걸쳐 동일한 대상으로 나오는 것을 한 회로 본다면 신과 귀신의 용법이 절반씩 나뉘었다. 기타 용법도 귀신이라고 그냥 써도 무방할 정도이기 때문에『논어』의 신은 귀신을 가리킴을 알 수 있다.

○「팔일」편의 신

제사는 있는 듯이 하고, 신께 드리는 제사는 신이 있는 듯이 하라.
공자가 말했다. "내가 제사에 참여하지 않으면, 제사를 지내지 않은 것과 같다."[1]

이 구절에 대한 해석 방식은 여러 가지다. 그런데 직역은 위와 같다. 뒤에서 말하는 '신이 있듯 제사를 지내라'는 말은 쉽게 이해가 되는데, 앞의 '제사는 있는 듯이 하라'는 것이 제사의 일반 원칙

---

1 『論語』,「八佾」: 祭如在, 祭神如神在. 子曰: 吾不與祭, 如不祭.

인지 아니면 오히려 구체적인 조상신을 가리키는지는 불명확하다. 제祭의 용법이 조상신에 해당하지는 않지만 대체로 우리말에서 제사祭祀의 용법이 그렇듯이 조상신을 가리킨다면, 이 문장은 '조상이 있는 듯 제사 지내고, 귀신이 있는 듯 제사 지내라'로 해석된다. 그러나 원문에 충실하다면 '제사는 그것의 대상이 무엇이든 내 앞에 있는 듯 모셔라'가 된다.

『논어』에 '있는 듯如'이라고 표현한 것을 논거로 공자는 귀신의 존재를 부정했다고 보는 것은 비약이 많은 해석이다. '눈에 보이지 않지만 보이듯이' '앞에 앉아 계시지는 않지만 앉아 계시듯이'라고 해석할 수도 있기 때문에 '있는 듯'의 뜻은 매우 포괄적이다.

공자는 내가 참여(거성去聲 여與)하지 않으면 제사를 지낸 것이 아니라고 생각했다. 이 구절도 방점을 당겨 찍어 찬성(상성上聲 여與)의 뜻으로 읽으면 '내가 찬동하지 않으면 제사를 지내도 지내지 않은 것과 같다'고 해석할 수도 있다.[2]

여기서 신은 아주 큰 의미에서의 절대자라기보다는 도교적인 다신多神을 가리키는 것으로 보는 것이 좋겠다. 그것이 부엌의 신인 조왕竈王이든, 도교의 태일太一이든, 소박하지만 전통적인 조상신祖上神이든 신성한 존재를 뜻하고 있다. 그런 점에서 오늘날 말하는 절대자로서의 신과 잡귀의 뜻인 귀신의 중간쯤에 위치한 숭배 대상을 가리키고 있다고 보아도 좋을 것이다.

---

2 楊伯峻, 『論語譯註』, 源流, 1982, 30쪽.

○「술이」편의 신

공자는 괴이한 것, 힘쓰는 것, 어지러운 것 그리고 신을 말하지 않았다.[3]

공자의 어록 가운데 매우 많이 인용되는 구절인데, 어록 가운데에서도 어휘에 대한 통계를 말한 기록이기 때문에 사람들의 관심이 집중되었다. 공자는 평생 많은 말을 했을 것이고, 그것을 어떤 원칙에 따라 중요도를 선택해서 제자들이 기록한 것이 바로 『논어』다. 그런데 공자가 평생 말하길 꺼렸던 것이 바로 이 네 단어 또는 주제라고 하니, 이는 편집자들의 의견이 종합된 일종의 편집 원칙으로 보인다.

공자가 '괴력난신怪力亂神'을 말하지 않았다는 것은 그의 사상이 합리적 사고에 기반하고 있음을 잘 보여준다. 설명하기 힘든 괴상한 일, 깡패처럼 용력을 써서 되는 일, 혼란을 일으켜 제멋대로 하는 일, 그리고 인간의 인지로 보이지도, 만져지지도, 냄새 맡을 수도 없는 일은 말할 필요가 없다는 것이다. 현대식으로는 반달리즘vandalism이라고 불리는 만행이나 초월적이어서 함부로 말할 수도 없고 옳고 그름을 판단할 수도 없는 신비의 영역에 대해서는 침묵을 지켰음을 일컫는다. '말할 수 없는 것에 대해서는 말하지 말

---

3 『論語』,「述而」: 子不語怪, 力, 亂, 神.

것'⁴이라는 원칙에 충실했던 공자의 사고를 엿볼 수 있다.

여기서 『논어』에 왜 신이 많이 나오지 않는지 엿볼 수 있다. 공자의 철저한 인문 정신에는 문화의 계승이나 전통의 확산이 무엇보다 중요했지만, 그렇다고 해서 초월적인 존재가 인간을 좌지우지하는 것은 용납할 수 없었다. 아무리 제례가 귀신을 위한 것이라고 할지라도 그것은 역사적으로 검증된 일정한 형식에 담겨야 했고, 그런 형식을 통해서만 인간과 귀신이 소통할 수 있다고 믿었다. 공자에게 그것은 바로 '예禮'였다. 인간과 귀신이 만나는 시간과 장소를 담는 의식이었던 것이다. 인간만으로도 해결될 수 없고 신만으로도 해결될 수 없는 것을 유학은 예라는 현장現場을 통해 규범화하고 일상화했는데, 공자는 의미 없이 진행되는 예의 과정에 인간에 대한 보편적 사랑仁이라든가,⁵ 자기 존중忠과 타인에 대한 용서恕라는 보편적인 원리를 부여한 것이다.⁶

---

4 여기에서 우리는 비트겐슈타인의 "윤리적이고 감성적(미학적)인 것에 대해서는 침묵할 것"이라는 『논리철학논고』의 명제를 떠올린다. '6.421 It is clear that ethics cannot be expressed. Ethics are transcendental(Ethics and aesthetics are one).' Ludwig Wittgenstein, Tractatus Logico-Philosophicus(London: Routledge & Kegan Paul LTD., 1951), p. 183. 그런데 공자는 윤리적이고 감성적인 것은 언급하고, 폭력적이고 무질서한 것에 대해서는 논의를 피했다. 그것은 '비례물언非禮勿言'의 원칙에 해당했다.

5 『論語』, 「顔淵」: 顔淵問仁. 子曰: 克己復禮爲仁. 一日克己復禮, 天下歸仁焉. 爲仁由己, 而由人乎哉? 顔淵曰: 請問其目. 子曰: 非禮勿視, 非禮勿聽, 非禮勿言, 非禮勿動. 顔淵曰: 回雖不敏, 請事斯語矣.

따라서 『논어』에 나오는 신에는 일단 이중적 의미가 있음을 놓치지 말아야 한다. 귀신에 대해 긍정적 의미와 부정적 의미가 섞여 있다는 것이다. 일상적인 용법에서의 귀신은 여기서 말하는 괴력난신에 속하기 때문에 부정적인 것으로, 조상신과 같이 우리의 존재를 있게 해준 귀신은 모셔야 할 신성이기 때문에 긍정적인 것으로 취급되어야 한다.[7] 아래 구절은 더욱 우리의 심중을 군건하게 해준다.

공자가 병이 나자 자로가 기도를 자청했다. 공자가 "이런 일이 있었느냐?"고 묻자, 자로가 "있습니다. 기도문(뢰誄)에 위로는 하늘 신에게, 아래로는 땅 신에게 빌었다고 되어 있습니다"라고 답했다. 그러자 공자가 말했다. "내가 기도한 지 오래다."[8]

자로가 공자를 위해 천신과 지신에게 병이 낫게 해달라고 기도한다고 하자 공자 입에서 나온 부정적인 반응이다. '내가 이미 기도한 지 오랜데 군이 네가 나서서 그럴 필요가 있겠느냐'는 뜻으

---

6 『論語』, 「里仁」: 子曰: 參乎! 吾道一以貫之. 曾子曰: 唯. 子出, 門人問曰: 何謂也? 曾子曰: 夫子之道, 忠恕而已矣.

7 이러한 구분의 어려움 때문에 괴력난신을 아예 괴력과 난신으로 보는 입장도 있으나 여기서는 받아들이지 않는다.

8 『論語』, 「術而」: 子疾病, 子路請禱. 子曰: 有諸? 子路對曰: 有之, 誄曰, '禱爾于上下神祇. 子曰: 丘之禱久矣.

로 해석된다. 기도란 기복祈福이나 벽사辟邪가 아니라는 공자의 입장을 명확하게 드러내는 구절인데, 비록 경전에 근거가 있으니 어찌하지는 않겠지만, 진정한 기도는 규정된 예에 맞춰서 하는 것이지 자신의 처지에 따라 하는 것이 아님을 은연중에 드러내고 있다.

여기서 나오는 '신기神祇'는 하늘의 신과 땅의 신을 가리키는 것으로 전통적인 숭배 대상으로서의 천신天神과 지신地神을 말한다. 그러나 이 용법도 단 한 차례만 등장한다.[9]

아래는 '귀신'으로 붙여 쓴 경우라서 한꺼번에 묶는다.

○「옹야」「태백」「선진」편의 '귀신鬼神'

번지가 지혜에 대해 물었다. 공자가 말했다. "사람이 해야 할 것에 힘쓰고, 귀신을 경외하되 멀리하면, 지혜롭다고 하겠다."[10]

공자가 말했다. "우임금에게는 내가 끼어들 곳이 없다. 음식을 박하게 하면서도 귀신은 잘 모셨고, 의복은 초라하게 하면서도 제복祭服은 제대로 했고, 궁궐은 비루하게 하면서도 물길 내는 데에

---

9 다른 곳에서 기祇는 단지 지只 자의 용법으로 '지祇'로 쓰인다. 『論語』, 「顏淵」: 子張問崇德辨惑. 子曰: 主忠信, 徙義, 崇德也. 愛之欲其生, 惡之欲其死. 旣欲其生, 又欲其死, 是惑也. 誠不以富, 亦祇以異.
10 『論語』, 「擁也」: 樊遲問知. 子曰: 務民之義, 敬鬼神而遠之, 可謂知矣.

는 진력했다. 우임금에게는 내가 끼어들 곳이 없구나."[11]

계로가 귀신을 섬기는 것에 대해 묻자, 공자가 말했다. "사람도 못 섬기는데 어찌 귀신을 섬기겠는가." 계로가 "죽음이란 무엇입니까?"라고 묻자, 공자가 말했다. "삶도 알지 못하는데 어찌 죽음을 알겠는가."[12]

지혜로움知에 대한 번지의 질문에 공자는 우선 사람의 도리民之義를 다해야 한다고 대답한다. 그리고 귀신을 무서워하되 그렇다고 해서 너무 가까이하지는 말고 일정한 거리를 둘 줄 알아야 지혜롭다고 덧붙인다.

사실『논어』의 다른 곳에서는 번지가 지혜에 대해서 물을 때 공자는 매우 간략하지만 심도 있는 대답을 한다. 번지가 '인仁'에 대해 묻자 공자는 '사람을 사랑하는 것愛人'이라 하고, 지知에 대해 묻자 "사람을 아는 것知人"이라고 대답한다.[13] 그런데 여기서는 더욱 구체적이다. 사람이 해야 할 바를 하는 게 우선이라는 것이다. 사회적으로는 통용되고 있는 제례에서 귀신을 섬기는 것도 중요하

---

11 『論語』, 「泰伯」: 子曰: 禹, 吾無間然矣. 菲飮食, 而致孝乎鬼神, 惡衣服, 而致美乎黻冕, 卑宮室, 而盡力乎溝洫. 禹, 吾無間然矣.

12 『論語』, 「先進」: 季路問事鬼神. 子曰: 未能事人, 焉能事鬼? 曰: 敢問死. 曰:未知生, 焉知死?

13 『論語』, 「顏淵」: 樊遲問仁. 子曰: 愛人. 問知. 子曰: 知人.

지만 무턱대고 섬길 것이 아니라 반드시 멀리할 줄 알아야 한다고 공자는 말하고 있는 것이다.

공자는 이처럼 귀신보다는 사람을 알아야 하고, 귀신을 섬기기보다는 사람의 도리를 다하라고 답한다. 그의 현세주의가 드러나는 장면이다. 설령 제사를 성실하게 지낸다고 할지라도 그것은 사람을 알아야 한다는 대전제 아래에서야 의미가 있다. 사람의 본분을 다하고 나서는 귀신에게 제사를 지내 복을 바랄 수 있지만, 그렇다고 해서 그것에 빠져서는 결코 안 된다. 따라서 귀신은 잘 모시되 멀리할 줄 알아야 한다는 것이다. 이른바 '사람 일을 다 한 다음, 천명을 기다리자盡人事待天命'는 의식과 통한다. 공자의 인간 중심적 사고가 명확하게 드러나는 부분이다.

세 번째 인용문은 이러한 공자의 인문정신을 아주 명확하게 드러낸다. '사람도 제대로 섬기지 않으면서 무슨 귀신을 섬기겠느냐'는 반문은 인간이 해야 할 도리에 분명한 우선 순위를 매긴다. 사람보다 귀신을 섬기는 자세를 신랄하게 비난하면서 제발 인본주의를 우선하자고 주장하고 있다. '삶도 모르는데 무슨 죽음을 알겠는가'라는 반어를 통해 공자는 사후세계보다는 현세, 귀신보다는 인간을 강조하고 있다.

우임금과 관련된 구절은 그에 대한 공자의 존경심을 나타내는 것으로, 공자의 입장을 직접 보인 것은 아니니 논외로 해야 할 것 같다. 우임금은 묵자墨子의 성인으로 추앙되고 있는 만큼, 절약과 검소가 바탕인 노동의 정신을 공자도 높이 평가하고 있음을 엿볼 수 있다. 다만 묵자의 정신에 따르면 귀신은 섬겼어야 하므로,[14] 공자가 이 점을 어떻게 평가할지 의문으로 남는다. 요순우탕堯舜 禹湯 성군 가운데 우임금은 누구보다 깊게 귀신을 섬겼다고 해도, 위에서 말한 것처럼 현실에서 수리사업 구혁溝洫에 힘썼기 때문에 충분히 납득되었으리라고 짐작된다. 맹자가 묵자를 비난하는 것 도 평등애를 실현한다는 명목으로 부모를 특별하게 섬기지 않는 것이었을 뿐, 그들의 무조건적이고 희생적인 노동의 의미를 비난 하고 있지 않음을 기억하자.

3. 『논어』의 정

『논어』에 '정精'은 딱 한 번 나온다. 맹자에서는 아예 나오지도 않기 때문에 비교적 자세히 다룰 필요가 있다.

정 자가 출현한 구절도 앞뒤를 분류하는 데 여러 방식이 병존 한다. 그러나 대체로 공자의 의식에 앞선 태도와 평소의 생활습관 을 담고 있다. 정 자가 나오기 직전의 구절부터 살펴보자.

---

14 『墨子』, 「明鬼」.

○「향당」편의 정

재계할 때는 반드시 제사용 옷明衣이 있었고 그것은 삼으로 만들었다. 재계할 때는 반드시 먹는 것도 바꾸었다. 머무는 곳도 반드시 옮겼다.[15]

이 구절에 나오는 '명의明衣'를 일반적으로 깨끗한 옷으로 번역하기 쉬운데, 그것은 제의용으로 따로 제작된 옷을 말한다. 그 용법은 '명기明器' 또는 '명당明堂'에서 볼 수 있는 것으로 죽은 자를 위한 새로운 물건이나 시설을 가리킨다.[16] 그리고 재계할 때는 먹는 것도 바꿔야 한다. 늘 먹던 음식은 즐기는 것이었지만, 제사를 앞두고는 가려 먹어야 한다. 못난 음식이나 험한 음식도 피해야 한다. 머무는 곳도 옮겨야 하는데, 이는 남녀 합방을 피할 수 있음은 물론이거니와, 평소 그대로의 생활에서 벗어나 경건한 마음을 유지하는 데 도움이 되기 때문이다.

알다시피 공자에게 제의는 무엇보다 중요했고 그것이 구체적으로 드러난 단어가 곧 '예禮'이다. 예는 후대에 와서 귀신을 뜻하

---

15 『論語』, 「鄕黨」: 齋必有明衣, 布. 齋必變食, 居必遷坐.
16 이것과 관련된 논의는 도가 서적 특히 곽점 발굴본인 『태일생수太一生水』에 나오는 '명明' 자와 관련된 논의가 확대된 「명론明論」이라는 발표문에 있다. 흔히 명의 뜻이 밝음이라고 해서 양陽의 영역으로 생각하기 쉬운데 실제 용법은 오히려 정반대다. 정세근, 「명론」, 선도국제학술대회, 고려대, 2009. 10. 23.

는 시(示: 형태는 같지만 내용상으로 '보일 시'가 아니다)가 붙었지만, 갑골문甲骨文에서는 변이 없는 상태로 제단의 모양을 띤다. 원초적 의미에서의 예는 매우 구체적인 제례 활동이었던 것이다. 공자는 예를 통해 인간을 완성시키려고 했는데, 이는 '인간은 제의적 동물'이라는 공자적 정의에 가깝다. 제례를 통해 사회화되고 문화를 이루며 사람끼리 교제하며 상하를 알고 조직의 규율을 안다. 제의가 지닌 형식적인 요소가 사회의 질서와 규칙을 구성원들에게 습득시킨다는 것을 공자는 잘 알고 있었다. 그런 점에서 공자는 예의 철학자이기도 하다.

핑가레트H. Fingarett 같은 학자들이 이해하는 공자는 '신성한 예식을 통한 인간의 공동체'를 추구했다. 그에 따르면, 군자는 성인聖人이 되어야 할 뿐만 아니라 스스로 신성한 '예기禮器'가 되어야 한다. 사당에서 쓰이는 제기가 칼로 다듬고 옻을 칠해서 만들어지듯이, 사람도 수양을 통해 자기를 이루어내야 한다. "예식을 올리는 한에서 일체의 구성 요소, 제반 관계 그리고 각종 몸짓은 비록 각각 자기의 특성을 가질지라도 모두 신성해지는 것이다."[17]

이렇게 신성함으로 들어갈 때 공자는 먹는 것에 대해 많은 신경을 쓴다. 먹을 것과 못 먹을 것을 구별한다. 먹을 것은 신성한 곳

---

17 허버트 핑가레트 지음, 『공자의 철학』, 송영배 옮김, 서광사, 1993, 123쪽. 이 책의 원제는 『공자: 신성한 세속인Cofucius: The Secular as Sacred』으로, 공자를 예로 이해하려는 시도다. 플라톤의 파이데이아를 떠올려보자.

으로 들어가는 데 손색이 없는 음식이며, 못 먹을 것은 불결하여 신성한 곳으로 들어가는 데 방해가 되는 음식이다.

밥으로는 빻은 것精을 싫어하지 않고 반찬으로는 자잘한 것細을 싫어하지 않는다.[18]

흔히 이 구절의 해석으로 '정'이 정미精米를 가리킨다고 해서 흰쌀밥으로 해석하는 경우가 많은데[19] 그것은 맥락상 옳지 않아 보인다. 당연히 흰쌀밥은 제상에나 올릴 정도의 순결한 음식으로 취급되어야 할 것이다. 여기서 정은 쌀만이 아니라 어떤 양식이라도 빻은 것을 가리킨다. 요즘 식으로 말하면 갈거나 찧은 것을 이른다. 보통 정은 우리말로 곡식의 껍질을 벗긴다는 '쓿다polish'라는 뜻도 있지만 '빻다ground' 또는 '찧다pound'에 해당하며, 곡식을 부수어 가루를 내는 것을 뜻한다. 따라서 곡식이 제 모양(원상原狀)을 갖추지 않은 것을 먹지 않는다는 말로 이해하는 것이 낫다. 이를테면 낱알 없이 죽처럼 쑨 음식을 가리킬 가능성이 크다. 오늘날에도 우리가 죽에 대해 상당히 편견을 가진 것처럼 말이다.[20] 한마디로 여기서 정은 절구질(舂: 찧을 용, 절구 구臼 자에 주목할 것)

---

18 『論語』,「鄉黨」: 食不厭精, 膾不厭細.

19 장기근, 『논어』, 명문당, 1970 / 1975, 251쪽.

20 죽을 대접하는 것을 금기했다거나 '죽 쒔다'는 표현에서 알 수 있다.

5장 공맹의 정신론

한 것을 뜻한다.

그것은 고기醢의 경우에도 똑같이 적용된다. 여기서 '자잘한 것'은 덩어리가 온전하지 않은 이른바 '뒷고기' 같은 것이나, 아니면 잘게 부수거나 갈아버린 고기를 가리킨다고 이해하면 된다.

이후의 이야기는 모두 오늘날과 유사하다. 냄새가 나는 것(饐: 쉴 의), 쉰 것(餲: 쉴 애), 문드러진 것(餒: 주릴 뇌)은 먹지 않는다는 이야기다. '밥 먹으면서 말도 하지 않는다食不言'는 구절도 바로 여기 함께 나온다.

여기서 해석상의 문제가 있다. 이른바 '한 덩이 밥, 한 표주박의 물'(일단사일표음一簞食一瓢飲)로 상징되는 '소박한 밥상'에서 '까다로운 식생활'로 바뀌느냐는 것이다. 많은 경우 재계할 때의 태도를 설명한 위 구절과 음식 생활을 묘사하고 있는 방금의 구절을 따로 본다. 현대어 번역판도 대부분 그렇다. 그러나 이를테면 옌칭 인덱스의 경우처럼 위의 두 구절을 모두 '10-6'으로 해 한 문장으로 보는 경우도 있어[21] 해석할 때 주의해야 한다. 기본적으로 두 구절은 함께 읽혀야 한다고 생각한다. 상한 음식을 먹지 말라는 것은 당연한데도 굳이 이를 엄격하게 강조하는 것은 제례와 관계되기 때문일 것이다.

이상에서 알 수 있듯이, 『논어』에 나오는 정은 단순한 절구질을 가리킨다. 공자의 사상 속에는 아직 정이란 뜻이 특별한 의미를

---

21 孔孟學會四書研究會編印, 『論語引得』, 南嶽, 臺北 序1940 / 1970, 18쪽.

지니지 않은 것으로 보인다. 『노자』에 정 자가 3회 출현하면서 나름의 의미를 지니는 것과는 대조된다. 『노자』에는 정에 형상의 정수 또는 사물의 정수라는 의미를 부여하기 위해 쓰이는 것이 2회(같은 문장에 나오기 때문에 하나로 묶어도 된다)[22] 그리고 갓 태어난 아기도 지니고 있는 남성의 정력을 가리키는 용법으로 1회 쓰이면서,[23] 그 지위를 분명히 선언하는 것과 대조된다.

4. 『맹자』의 신

알다시피 공자와 맹자 시대는 적잖은 차이가 있다. 도가의 경우는 정신론이 매우 중요한 주제라서 노자와 장자 그리고 회남자에 이

---

22 『老子』21장: 孔德之容, 唯道是從. 道之爲物, 惟恍惟惚. 惚兮恍兮, 其中有象; 恍兮惚兮, 其中有物. 窈兮冥兮, 其中有精; 其精甚眞, 其中有信(여기서는 알맹이로 번역된다: 큰 덕의 깊이는 오로지 도만이 헤아린다. 도라는 것은 어릿거리고 아찔하다. 아찔하고 어릿거리는데 그 속에 어떤 꼴象이 있고, 어릿거리고 아찔한데 그 속에 어떤 것物이 있도다. 아득하고 어두운데 그 속에 알맹이精 있고, 그 알맹이는 정말 참되니 그 속에 미더움信이 있도다).

23 『老子』55장: 含德之厚, 比於赤子. 毒蟲不螫, 猛獸不據, 攫鳥不搏. 骨弱筋柔, 而握固. 未知牝牡之合而全作, 精之至也. 終日號而不嗄, 和之至也(여기서는 정기精氣로 번역된다: 덕을 머금은 도타움은 핏덩이와 견주어진다. 독충도 물지 않고, 맹수도 할퀴지 않고, 사나운 새도 덤비지 못한다. 뼈는 약하고 살은 부드럽지만, 아귀힘은 단단하다. 암수가 섞이는 것을 모르지만 제대로 일어나니, 정기가 지극하다. 종일토록 울어도 목이 쉬지 않으니, 온화함이 지극하다).

르는 발전 과정을 독립적으로 살펴볼 수밖에 없고 그 양도 상당하지만,[24] 공자와 맹자는 상당한 시대 차가 있다 해도 둘 다 정신에 무관심해서 크게 다루지 않는다.

『맹자』에는 아예 정 자가 나오지 않는다. 『논어』에서 단 1회 나온 것과 비슷하다. '신'만 3회 등장하는 것으로 그친다. 그런 점에서 다소 간단하게 정리할 수 있겠다.

○「만장」 상편의 백신百神: 백성을 아는 백신

(맹자가) 말했다. "천자가 하늘에 사람을 천거할 수는 있지만, 하늘이 그에게 천하를 주게 할 수는 없다. 제후가 천자에게 사람을 천거할 수는 있지만, 천자가 그를 제후로 삼게 할 수는 없다. 대부가 제후에게 사람을 천거할 수는 있지만, 제후가 그를 대부로 삼게 할 수는 없다. 옛날에 요임금이 순임금을 하늘에 천거하였는데 하늘이 받아들였고, 백성에게 드러냈는데 백성이 받아들였다. 그러므로 하늘은 말없이 행동과 사업으로 보여줄 뿐이다."

(만장이) 말했다. "감히 묻습니다. '하늘에 천거하였는데 하늘이 받아들였고, 백성에게 드러냈는데 백성이 받아들였다'는 것이

24 정세근, 「노자의 정신론」, 『동서철학연구』 60, 한국동서철학회 2013, 5~23쪽; 정세근, 「장자의 정신론」, 『동서철학연구』 64, 한국동서철학회 2013, 155~177쪽; 정세근, 「회남자의 정신론」, 『동서철학연구』 70, 한국동서철학회 2013, 121~142쪽.

무엇입니까?”

　（맹자가）말했다. “그에게 제사를 지내게 하였는데 온 신들이 흠향하니, 이것이 받아들이는 것이다. 그에게 일을 맡기니 일이 되고 백성이 편하게 생각하니, 이것이 백성이 받아들였다는 것이다. 하늘이 그에게 주고, 사람이 그에게 주었으니, ‘천자가 천하를 남에게 줄 수 없다’고 말하는 것이다.”[25]

　이와 같은 맹자와 만장의 대화에서 맹자의 독특한 입장을 알 수 있다. 맹자는 사람을 추천할 수는 있지만 그가 곧 그 자리로 갈 수 있는 것은 아님을 분명히 한다. 중요한 것은 추천하는 사람이 아닌 그 사람을 쓸 사람의 생각이며, 그 자리에서 얼마나 그 역할을 잘 해내느냐에 있다. 중요한 것은 추천 대상자도 추천자도 아닌 그 사람을 쓸 사람의 생각이다. 천자는 하늘이 쓸 사람이고, 제후는 천자가 쓸 사람이고, 대부는 제후가 쓸 사람이다. 따라서 의중은 그쪽에 있지 이쪽에 있지 않다. 그런데 떡 줄 사람은 생각도 하지 않는데 김칫국부터 마시는 것은 정작 사람을 쓸 사람의 생각

---

25 『孟子』, 「萬章上」: 天子能薦人於天, 不能使天與之天下, 諸侯能薦人於天子, 不能使天子與之諸侯, 大夫能薦人於諸侯, 不能使諸侯與之大夫. 昔者, 堯薦舜於天, 而天受之, 暴之於民, 而民受之, 故曰, 天不言, 以行與事示之而已矣. 曰: 敢問薦之於天, 而天受之, 暴之於民, 而民受之, 如何? 曰: 使之主祭, 而百神享之, 是天受之, 使之主事, 而事治, 百姓安之, 是民受也. 天與之, 人與之, 故曰: 天子不能以天下與人.

을 몰라서 벌어지는 일이다.

맹자는 위 단계(하늘, 천자, 제후까지)의 의중을 알려면 현실에 적용해보면 된다고 주장한다. 첫째, 온 귀신이 흠향하거나, 둘째, 일이 잘 풀려 온 국민이 편안한 것이 곧 증거라는 것이다. 여기서 맹자는 두 가지를 동격으로 놓고 자격에 맞는가를 따지고 있다. '귀신의 흠향百神享之'은 일종의 상징적인 것으로 취급될 수 있기 때문에, 결국 중요한 것은 일이 잘 이루어져事治 백성이 안심百姓安之하는가다. 여기서 중요한 것은 맥락상 맹자가 '백신百神'과 '백성百姓'을 대구로 쓰고 있다는 사실이다. 달리 말해, 백성을 일종의 백신의 표상으로 취급하고 있는 것이다. 백신의 흠향은 곧 백성의 안심과 통한다. 거꾸로, 백성이 안심하면 백신이 사람의 제의祭儀를 향유할 수 있다는 말이다.

맹자는 비록 신이라는 단어를 종교적인 숭배 대상으로 여기고는 있지만, 그것은 곧 백성의 상황을 징험徵驗하는 일종의 표준 또는 시금석으로 상정한다. 백성이 있듯이 백신이 있다. 백신이 만족해야 백성이 편안하다. 백성이 안정돼야 백신이 향수享受한다. 따라서 여기서 백신은 백성의 신이다.

○「진심」상편의 신: 백성이 교화되는 신묘함

맹자가 말했다. "패자의 백성은 기뻐하는 듯하지만, 왕자의 백성은 크디큰 듯하다. 죽여도 원망하지 않고, 이롭게 해줘도 공으로 여기지 않으니, 사람들이 날마다 착하게 되지만 그렇게 만드는 사람을 알지 못한다. 무릇 군자가 지나간 곳은 교화되고, 있었던 곳은 신묘해진다. 위아래가 하늘과 땅과 함께 흐르니 어찌 작은 도움이라 말하겠는가.”[26]

　맹자의 왕도王道정치 사상이 잘 드러나는 대목이다. 위의 표현을 따라 왕자 정치라고 해도 된다. 패도정치는 오히려 백성이 기뻐하는 듯하지만 그것은 보이는 몇몇 사람들만 그렇고 속은 썩고 있다. 무력으로 권력을 잡고 예법에서 어긋난 통치를 하기 때문에 미봉책彌縫策인 반면, 왕도정치는 진정으로 사람의 마음을 움직여서 궁극적인 평화를 지향한다. 패자의 백성은 즐거워하지만, 왕자의 백성은 잘 해줘도 무덤덤하다. 마치 요순시대의 정치와 같아 ‘나에게 임금이 무슨 필요가 있냐’면서 배 두드리며 노래(함포고복含哺鼓腹)하는 시대를 왕도는 베푼다. 따라서 이롭게 해줘도 공이라 여기지 않는다. 백성이 스스로 교화되면서도 누가 교화를 베푸는지도, 어떻게 교화가 되는지도 모른다. 심지어 죽여도 죽을 짓을 했다고 받아들인다. 이것이 바로 군자의 교화敎化이자 신묘神妙다.

---

26 『孟子』,「盡心上」: 孟子曰: 霸者之民驩虞如也, 王者之民皞皞如也. 殺之而不怨, 利之而不庸, 民日遷善而不知爲之者. 夫君子所過者化, 所存者神, 上下與天地同流, 豈曰小補之哉?

주자朱子는 '크디큰 듯하다(호호연연嶹然)'를 '광대하여 자득한 모습廣大自得之貌'이라고 풀이하면서 맹자의 왕도정치가 큰 정치를 실현하는 것이라고 설명한다.[27] 왕도정치는 크게 멀리 보는 것이고, 패도정치는 작게 좁게 보는 것이다. 순간의 호오가 기준이 되지 않고 장기적이고 지속적인 관점에서 위정이 이루어지는 것이다. 결국 이 문장에서 맹자는 왕도정치는 신묘한 교화의 원천이라고 말한다.

여기서 신은 귀신의 신이라기보다는 신비한 교화를 가리킨다. 바로 희희낙락하는 모습이 눈에 띄지는 않지만 서서히 왕도가 실현되는 과정을 신령스러운 정치라고 보고 있는 것이다. 사실 사람이 잘못을 하고 나서 잘못을 했다고 시인하는 것은 쉽지 않다. 게다가 잘못에 대한 죄과를 받아들이는 것은 더욱 어렵다. 그런데 '죽여도 받아들인다'는 것은 그만큼 왕도정치가 법적 엄정성과 공평함 그리고 사회적 합의가 이루어지는 정치를 이상으로 삼고 있음을 보여준다. 왕도정치의 이상은 참으로 신통神通할 뿐이다.

○「진심」 하편의 신: 인간에 대한 평가 기준

호생불해가 물었다. "낙정자는 어떤 사람인가요?"
맹자가 말했다. "착한 사람이지. 믿음직한 사람이지."

---

27 朱子,『四書章句集註』,『孟子』,「盡心上」, 齊魯書社, 濟南 1992, 190쪽. 7A.

（호생불해가) 말했다. "무엇이 착함이고, 무엇이 믿음직함입니까?"

（맹자가) 말했다. "가까이 가고 싶은 것이 착함善이다. 자신에게 무엇인가 있는 것이 믿음직함信이다. 충실한 것이 아름다움美이다. 충실하면서도 빛이 나는 것이 큼大이다. 크면서도 사람을 감화시키는 것이 성스러움聖이다. 성스러우면서도 그것을 알 수 없는 것을 신비로움神이라고 한다. 낙정자는 앞의 두 개 사이에 있고 뒤의 네 개 아래 있다."[28]

사람에 대한 평가를 맹자는 이와 같이 여섯 단계로 나누었다. '착함善' '믿음직함信' '아름다움美' '큼大' '성스러움聖' '신비로움神'으로, 마치 미술품을 평가하듯이 나누었다. 낙정자는 착함과 믿음직함은 얻었지만 아직 아름다움이나 큼은 얻지 못했다. 따라서 신성함에까지는 다다르지 못한다.

도가의 경우도 그렇고 당시 용법으로도 신인神人은 성인聖人을 넘어선 최고의 인격이다. 그러나 대인大人이 성인이나 신인에 비길 바는 아니다. 미인美人과 신인信人, 선인善人 또한 대인에 견줄 수 없다.

28 『孟子』, 「盡心下」: 浩生不害問曰: 樂正子何人也? 孟子曰: 善人也, 信人也. 何謂善? 何謂信? 曰: 可欲之謂善, 有諸己之謂信, 充實之謂美, 充實而有光輝之謂大, 大而化之之謂聖, 聖而不可知之之謂神. 樂正子, 二之中, 四之下也.

맹자는 신이라는 용어를 인격에 대한 하나의 표준으로 쓰고 있다.『장자』등에서 보이는 것처럼 '신인神人'이라든가, '진인眞人'이라든가, '지인至人'이라는 표현이 등장하지 않는『맹자』에서 인격의 지표로 신 자를 내세운 것은 특기할 만하다.

기타 '신' 자의 용례로는 신농神農 씨를 가리킬 때 한 번 더 등장하는데, 우리의 논지와 연관되지 않아 생략한다. 전체적으로 보아『맹자』에서 신은 신묘함이나 신성함을 뜻한다. 형용사로 쓰이거나 명사로 쓰이거나 비슷하다. '백신百神'에만 온갖 신이라는 뜻이 있지만, 그것도 백성을 위해 제사를 받아들이거나 않거나 한다는 점에서 종교와는 거리가 있어 상당히 인문화되었음을 알 수 있다.

이 점은 나중에 더 상세히 논의해야겠지만,『맹자』에서는 '천天'이 '신神'을 대체하고 있다고 잠정 추론해볼 수 있다. 맹자는 개별적인 신이 아닌 보편적인 천을 등장시켜, '천자天子'의 지위 회복을 비롯해 왕도를 실현하는 '천명天命'의 존재를 만천하에 천명하고 싶었던 것으로 보인다.

5. 초월에서 민본으로

왜 공자와 맹자에게는 '정신精神'이 없을까? 그들은 정신보다는 예를 추구했기 때문일 것이다. 개인의 정신보다는 문화적인 예가 그들의 철학적 입장과 걸맞았다. 제의적 인간을 설정하는 공자와 맹자에게는 인간의 독립적인 세계나 개별 행위보다는 전통적으로 계승해오던 규칙이나 관례가 더욱 중요했다. 인간은 제례를 통해서 교육을 받고 질서를 배우고 역사를 익힌다.

그러나 정신은 지나치게 개인화된 영역이다. 비록 그것이 천지와 왕래하는 정신이라고 해도 교류의 주체는 여전히 개인일 수밖에 없으며 집단적으로 거래하는 것은 불가능하다. 따라서 도가류는 형체보다 정신의 우위를 강조하며 그것의 의미를 증폭시키고자 한다.

공자와 맹자에게서 정과 신은 중요하지 않았다. 정과 신 가운데에서는 신이 비교적 의미를 부여받았지만, 그것도 대체로 귀신鬼神의 뜻이었다. 그러면서도 공자는 귀신에 대해 말하기 싫어했다. "삶도 모르는데 어찌 죽음을 말하며, 사람도 모르는데 어찌 귀신을 말하겠느냐"가 공자의 일관된 태도였다. 합리적인 사고에서 벗어나는 괴력난신은 공자의 주제가 아니었다.

맹자는 귀신과도 아예 거리를 둔다. 온갖 신이라고는 하지만 그것은 온 백성의 뜻을 대변하는 양상으로 드러나고, 나머지는 신묘한 정치나 인간의 수준을 나타낸다. 신은 가장 높은 단계의 정치나 인격에 부여되는 기준이 된다. 신은 부서움이나 숭배의 대상인 귀신이 아니라 하나의 상태를 형용하는 말로 바뀌고 있는 것이다. 나아가 맹자는 신보다는 천天의 의미에 더욱 집중한다.

공맹에게서 중요한 것은 정신의 초월이 아니었다. 실생활에서 마주하는 인민에 대한 애정이었다. 그런 초월적인 영역은 정신이 아니라 오히려 천명天命에 맡길 일이라고 그들은 생각했다.

　우리는 여기서 마테오 리치 같은 예수회 신부들의 입장을 떠올린다. 그들은 주자와 같은 완전히 법칙화된 하늘天理을 비난했고, 공맹 식의 하늘이야말로 자신들이 생각하는 신Deus과 같다고 생각했다. 중국인들이 공맹으로 돌아가야 하느님을 받아들일 수 있다고 파악한 것이다. 그런데 위에서 본 바와 같이 공맹이 비록 천(절대자)을 강조할지라도 신(인격성)을 말하기를 꺼렸다면, 예수회의 논리조차 위태로워지지 않았을까? 다만, 개인의 독자적인 정신 영역을 강조하지 않았다는 점에서 예수회 신부들은 공맹이 노장보다 친밀하게 느껴졌을지도 모른다.

6장 순자의 정신론

6장 순자의 정신론

이 글에서는 순자의 정신론을 정리한다. 정과 신 그리고 정신의 역사는 오래되었다. 『노자』『장자』『회남자』『대학』『중용』『논어』『맹자』에 이어 순자의 '정신'에 대한 탐구다. 도가들은 정신을 중시했지만 유가들은 그렇지 않았다. 그 이유는 삶에서 개인의 영역을 강조하는 도가와는 달리, 유가는 사회적 유대와 결속을 위한 장치를 더욱 중시했기 때문이다. 그렇다면 순자는 어떠한가? 유가의 정신론을 말하면서 순자를 마지막으로 거론하지 않을 수 없다.

순자에게서 정과 신은 여러 차례 출현하고 정신도 두 번 나온다. 유가의 전적에서 이렇게 많이 출현한다는 것은 순자가 직하학파의 수장으로서 유가와 도가의 사고를 나름대로 흡수하여 통합했음을 보여준다. 그런데 순자의 정신은 상당히 인간화되어 있다. 천지의 정신보다는 성인의 정신이 앞선다. 나아가 순자는 정신에 비해 '신명'을 내세운다. 성인은 신명을 얻어 세상을 다스린다. 신명의 총집합 또는 결과물이 곧 예다.

신명을 얻어야 천지화육에 동참할 수 있는데, 순자는 선을 쌓음으로써 신명과 통할 수 있다고 말한다. 신명은 세계 문명을 건설하고자 하는 크고 굳센 정신을 가리킨다. 우리의 마음이 신명의 주인이다.

1. 정신의 역사

『노자老子』에서 '정精'과 '신神'은 서로 만나지 못했다. 노자는 정과 신을 각기 독립적인 의미로 쓸 뿐만 아니라, 오늘날 한의학을 비롯하여 인체 설명의 기본 구조로서의 '정기신精氣神' 이론도 노자의 사유 속에서 찾아볼 수 없다. 심지어 노자 철학에서 정과 신은 이질적이었다.[1] 그리고 그때 신은 작동되는 형체인 귀鬼와 그것을 작동시키는 원리인 신神이 합쳐 이루어진 '귀신'이라는 전통적인 뜻에서 크게 벗어나지 않는다. 신은 여전히 초월적이며 신령하며 신비스러운 것이다.

정과 신은 『장자』를 거쳐 『회남자』에 이르러 마침내 '정신'으로 합쳐진다. 『장자』에서는 비록 내편에서는 나오지 않지만 여덟 차

---

1 정세근, 「노자의 정신론」, 『동서철학연구』 60, 한국동서철학회, 2011.

례나 정신이라는 표현이 등장하며,『회남자』에서는 정신이라는
말을 편명(「정신훈精神訓」)으로 쓸 정도로 일반화된다.『장자』에서
정은 오늘날 우리말에 남아 있는 정기精氣 즉 산천정기라는 뜻에
가깝고, 신은 위작의 시비가 있지만 현재 우리말의 신명神明 즉 천
지신명과 비슷한 뜻으로 사용된다.[2] 말하자면 우리는 산천정기를
받아 태어나고 천지신명의 도움으로 살아간다는 것이다. 정기는
외부에서 받았지만 내 몸속에서 잘 가꾸어야 하며, 신명은 내가
없이도 우주의 원리로 움직이는 것이지만 어느 순간 그것을 체화
하면 그것과 더불어 하나가 될 수 있다.[3] 정신은 사람뿐 아니라 우
주도 지니며, 신명은 범우주적인 것이지만 사람에게도 깃든다.

단적으로 말해『노자』와『장자』에서는 신神이 귀鬼를 다룬다. 이
는 육체보다 정신의 우위가 점차 확립되고 있음을 보여준다. 그
리하여 정신은 곧 육체 곧 형해形骸에 대한 지배권을 갖는다. 그런
데『장자』가 동양적 '정신' 개념의 탄생지인 것은 맞지만, 그것이
확고하게 자리 잡은 것은 바로『회남자』다.[4] 순수 물질인 정과 순
수 정신인 신이 정신으로 만나면서 그것이 마침내 외부세계를 조
정하는 인간 내부의 독특한 기제로 설정된다. 이른바 양생술養生
術의 방향이 육체를 중심으로 하는 양형養形의 길과 정신을 중심으

---

2 정세근,「장자의 정신론」,『동서철학연구』64, 한국동서철학회, 2012.

3 우리말의 '신명 난다'는 표현이 바로 그것이다. 천인합일의 단계다.

4 정세근,「회남자의 정신론」,『동서철학연구』70, 한국동서철학회, 2013.

로 하는 양신養神의 길로 나뉘고 양신이 양형에 앞섬을 철저하게
논구함으로써, 장차 정신 수양 또는 심술心術[5]이 무엇보다도 중요
한 것으로 자리 잡게 된다. '몸 닦기修身'에서 가장 앞서야 할 것은
바로 '마음가짐'(정심正心; 유가적이지 않은 도가적 용어에 충실하면
백심白心,[6] 정심淨心, 나아가 세심洗心)이다. 그리고 그 마음을 바로 정
신 또는 신이 제어한다. 몸은 마음이 조정하고, 마음은 신이 조정
한다.[7] 이것이 『회남자』가 추구하는, 형구形軀를 다스려 이끌어가
는 우리의 위대한 정신이다. 성인은 그런 정신을 잘 보존하고[8] 외
물에 의해 자기의 정신이 어지럽혀지지 않아[9] 지극한 참다움으로
돌아간 사람이다.[10]

　유가에서 정과 신은 공자와 맹자를 비롯하여 『대학』과 『중용』
에서조차 중시되지 않는다. 공자의 경우, 신은 귀신이나 신령스럽
다는 원초적인 뜻으로 많이 쓰이고, 정은 빻아 다른 형태가 된 것
을 가리킬 때 한 번 나온다. 맹자는 신을 통치나 인격의 높은 단계
로 제시하고 있지만 그것은 사람에게서 신통함이나 신비스러움

---

5 '심술'이라는 표현은 일반적으로 사용되지만, 그 어원은 아래에 나오는 『관자』,
특히 '관자 4편'(「백심白心」, 「심술心術」 상·하, 「내업內業」)과 관련된다.

6 『管子』, 「白心」: 人言善, 亦勿聽; 人言惡, 亦勿聽. 持而待之, 空然勿兩之, 淑然自清.
無以旁言爲事成, 察而徵之, 無聽辯. 萬物歸之, 美惡乃自見.

7 『淮南子』, 「精神訓」: 故心者形之主也, 而神者心之寶也.

8 『淮南子』, 「原道訓」: 聖人保精神.

9 『淮南子』, 「原道訓」: 聖人不以外物亂精神.

10 『淮南子』, 「本經訓」: 精神反於至眞.

이 보일 때뿐이다. 『맹자』에 정 자는 나오지도 않는다.[11] 이렇게 공자와 맹자에게는 사회적으로 제도화된 의례가 중요하지, 개인의 독립적인 영역이 강조되지 않는다.

주희의 『대학장구大學章句』에서는 정 자가 '표리表裏'와 같이 단지 상대적인 뜻에서 '정조精粗'의 정으로 쓰인다. 그리고 '정'은 출원지인 『예기禮記』 전편에서는 정령精靈이지만, 『예기』의 한 편인 『중용』에서는 정밀精密의 의미를 담는다. 아울러 정신의 신은 역시 『예기』의 한 편인 『대학』에는 나오지도 않고 『중용』에서만 귀신의 의미로 사용된다.[12] 『중용』의 신이 귀신의 뜻으로 쓰인 것은 바로 『예기』의 제례祭禮가 귀신을 섬기는 것과 밀접한 관계가 있다. 그렇다면 유가로 분류되는 순자는 어떠한가?

2. 유가와 도가 사이

순자는 유가로 분류되지만 맹자가 정통이 되면서 이단으로 간주되는 바람에 폭넓게 연구되지 않았다. 그러나 철학사적으로는 순자가 오히려 맹자보다 실질적으로 당시의 학문을 폭넓게 수용하고 있었다. 순자는 직하稷下학파의 좨주를 세 번이나 맡아 실제적

---

11 정세근, 「공맹의 정신론」, 『대동철학연구』70, 대동철학회, 2015.
12 정세근, 「학용의 정신론」, 『대동철학연구』74, 대동철학회, 2016.

인 영향을 행사했을 뿐만 아니라 직하라는 공간에서 학문 통합을 시도한 인물이다.

순자는 초월적인 주재자를 부정한다. 따라서 그의 하늘도 자연과학적인 의미를 지닐 뿐 어떤 인격성을 갖지 않는다. 순자에게 기우제 같은 것은 비와는 상관없는 일이다. 그렇지만 순자에게는 전통으로 내려오는 예禮, 곧 예법이야말로 소중한 것이었다. 인간은 예에 의해 완성된다. 그가 말하는 예는 인간 사회를 지탱하는 규범이고 기준이었다. 그러나 그의 예는 제자인 한비자韓非子에 이르러 마침내 법 지상주의가 되고 만다. 예법의 예는 사라지고 법만 남게 된 것이다.

그런 점에서 순자의 정과 신을 바라볼 때 두 가지의 관점을 놓쳐서는 안 된다.

첫째, 직하학파의 수장으로서 정과 신의 의미를 유가와 도가를 막론하고 나름대로 흡수한다는 가정이다. 실제로도 순자에서는 정과 신이 수십 차례 등장한다. 순자는 도가류의 정신론도 하나의 지적 유산으로 받아들인 듯하다.

둘째, 아무리 정과 신을 받아들였다 해도, 순자가 초월적인 대상으로 정과 신을 생각하지는 않는다는 가정이다. 특히 신의 뜻이 귀신을 가리킬 때 이는 순자의 기본 철학과 거리가 멀어질 수밖에 없다. 철저하게 신비적이고 종교적인 의미를 배제하려는 순자에게 귀신은 어불성설이다. 따라서 그의 신은 온전히 사람 안의 신성이지 사람 밖의 신성일 수 없다.

그런 점에서 순자는 다소 유가와 도가의 정신론을 통합하는 위치에 와 있음을 가상할 수 있다. 도가의 개인성을 유가의 사회성과 접목시키는 노력이 그에게서 발견될 수 있다는 것이다. 아울러 그는 인격적 주체가 도덕을 실천하기 위해 가져야 할 마음 자세를 도가적 어휘에서 찾고 있음을 엿본다. 이를테면 순자는 진리를 찾는 방법으로 '마음 비우기'를 주장한다. 그의 표현으로는 '허일이정虛壹而靜'인데, 한마디로 텅 빈 하나가 되어 고요해지는 것을 가리킨다.

유가의 가치 기준에서 허실虛實을 따지면 허가 아닌 실, 동정動靜을 따지면 정이 아닌 동이 우선이다. 허무의 존재가 되어 아무것도 하지 않는 것보다는 실재의 세계에서 움직이는 것이 유가의 이념에 걸맞다. 그런데도 순자는 이와 같이 허정虛靜을 내세운다. 오직 그가 움켜쥐고 있는 것은 '하나一'라는 존재에 속하는 개념어다. 빔과 고요함은 '없음無'의 무리이지만 하나는 '있음有'의 무리다. 정주程朱 성리학이 강조하는 '주일무적主一無適'의 이념과 유사하게, 순자 또한 하나를 내세움으로써 허무에 빠지지 않게 도가적 어휘를 통제하고 있는 것이다. 다음은 『순자』에 나오는 대화다.[13]

문: 사람은 어떻게 도를 아는가?

---

13 『荀子』, 「解蔽」: 人何以知道? 曰: 心. 心何知之? 曰: 虛壹而靜, 心未嘗不臧也, 然而有所謂虛; 心未嘗不兩也, 然而有所謂壹; 心未嘗不動也, 然而有所謂靜.

답: 마음이다.

문: 마음은 어떻게 아는가?

답: 텅 빈 하나가 되어 고요해지는 것이다. 마음은 쌓아놓지 않은 적이 없지만, 이른바 비움이라는 것이 있다. 마음은 둘이 아닌 적이 없지만, 이른바 하나 됨이라는 것이 있다. 마음은 움직이지 않은 적이 없지만, 이른바 고요함이라는 것이 있다.

마음에는 오만잡것이 들어와 쌓인다. 그때 필요한 것이 비우기다(허虛). 마음은 이리저리 두 곳으로 달린다. 그때 필요한 것이 하나로 모으기다(일壹). 마음은 늘 바쁘게 움직인다. 그때 필요한 것이 고요함이다(정靜). 이렇게 허일이정은 마음을 통어하기 위한 방법이 된다. 나아가 순자는 허일이정을 통해 사물 인식이 맑고 밝아진다고 주장한다.[14] 제대로 된 앎이 이루어지기 위해서는 허일이정의 마음가짐이 우선되어야 한다. 도를 얻지 못했어도 도를 찾으려는 것이 바로 허일이정의 태도이다.[15] 순자는 자세하게 설명한다.

허虛: 사람이 나면서 앎(지식)이 생기는데, 무언가를 알게 되면 뜻(의지)이 생긴다. 뜻이라는 것은 머릿속에 쌓아두는 것이다. 그

---

14 『荀子』, 「解蔽」: 虛壹而靜, 謂之大淸明.

15 『荀子』, 「解蔽」: 未得道而求道者, 謂之虛壹而靜.

러나 이른바 비움이라는 것이 있다. 이미 쌓아놓은 것으로 앞으로 들어올 것을 해치지 않는 것을 비움이라 부른다.[16]

일壹: 사람이 나면서 앎(지식)이 생기는데, 무언가를 알게 되면 (남과) 다름이 생긴다. 다름이라는 것은 동시에 함께 (병렬적으로) 아는 것이다. 동시에 함께 아는 것은 둘이다. 그러나 이른바 하나라는 것이 있다. 자기에게 하나ー로 여겨진 것(주관적 자기주장)으로 이 세계의 하나(객관적 진리)를 해치지 않는 것을 하나 되기壹라고 부른다.[17]

정靜: 마음이 잠이 들면 꿈을 꾸는데, 꿈에 빼앗겨 스스로 움직이고 꿈이 시켜 뭔가를 꾀한다. 마음은 움직이지 않은 적이 없다. 그러나 이른바 고요함이라는 것이 있다. 꿈이 앎을 어지럽히지 않는 것을 고요함이라고 한다.[18]

허일이정의 마음을 가지면 세상에서 보이지 않는 게 없고, 논

---

16 『荀子』,「解蔽」: 人生而有知, 知而有志; 志也者, 臧也; 然而有所謂虛; 不以所已臧害所將受謂之虛.

17 『荀子』,「解蔽」: 心生而有知, 知而有異; 異也者, 同時兼知之; 同時兼知之, 兩也; 然而有所謂一; 不以夫一害此一謂之壹.

18 『荀子』,「解蔽」: 心臥則夢, 偸則自行, 使之則謀; 故心未嘗不動也; 然而有所謂靜; 不以夢劇亂知謂之靜.

6장 순자의 정신론

하지 못하는 것도 없고, 자리를 잃는 일도 없다. 방안에서 사해를 볼 수 있고, 오늘을 살면서도 미래를 말할 수 있다.[19] 진리를 인식하기 위해 무엇보다 중요한 것은 바로 마음가짐이다.

이렇게 외부 사물보다 자기의 의식이나 심리를 중시하는 것은 순자 이전의 유가에서는 찾아보기 어려운 태도다. 객관 세계에 대한 제대로 된 지식을 얻기 위해 인식 주체의 상태가 강조되는 경향은 이렇게 등장한다. 『대학』에서 보이는 자기 수양의 필요성은 주자가 강조한 이후 방점이 찍혔으며, 그 목적도 좀 더 훌륭한 정치를 하기 위한 것이지 순수하게 진리 파악을 위한 것은 아니었다.

순자의 허일이정이 '정신'의 역사에서 중요한 까닭이 여기에 있다. 그의 허일이정은 『장자』에서 탄생하고 『회남자』에서 정립된 '정신'을 제대로 이끌어내는 방법이었다. 공자는 물론이고 맹자와도 다르게, 순자는 정과 신을 연용하여 '정신精神'이라는 표현을 두 번이나 쓴다. 아울러 '대신大神'이라는 표현도 비유적인 한 번을 제외하고는 '위대한 정신'이라는 뜻으로 쓰인다. 순자에게 이제 정신은 점차 사람의 몫이 되는 것이다.

---

19 현상학에서 판단 중지를 통해 본질을 직관하고 진리를 파지하는 것과 흡사하다.

3. 정: 본래의 우수한 기능

『순자』에서 정精 자는 총 23회 나온다. 오늘날에도 쓰는 '정신精神'과 '정미精微'라는 표현을 각각 두 차례씩 나온 것을 제외하면 19회가 된다.『논어』에는 정 자가 단 한 차례 나오고,『맹자』에는 아예 나오지 않는다. 그런데 많은 경우 정에는 위에서 말한 정미의 뜻이 담겼다. 정교精巧 또는 정밀精密의 의미로 '정치精緻하다'거나 '정예精銳 부대'라고 할 때다. 알다시피, 정밀한 것의 반대는 조악粗惡한 것으로 정과 조粗는 상대적으로 쓰인다. 한마디로 정은 빻아서 먹을 수 있는 것이고, 조는 빻지 않아 먹을 수 없는 것이다.『순자』에서 정은「해폐」한 편에 절반 이상 출현한다. 거의 정밀 또는 정교의 뜻이다.

（하늘의 직분은) 이와 같은 것이니 깊더라도 사람이 생각할 것이 아니며, 크더라도 사람이 덧붙일 수 있는 것이 아니며, 정교할지라도 사람이 살필 것이 아니다. 이를 일러 하늘과 직분을 다투지 않는다고 한다. 하늘에는 시절이 있고, 땅에는 재료가 있고, 사람에게는 다스림이 있다. 이를 일러 참여할 수 있음能參이라고 한다. 참여하는 까닭을 버리고 참여만 하려드니 미혹되는구나.[20]

20 『荀子』,「天論」: 如是者, 雖深, 其人不加慮焉; 雖大, 不加能焉; 雖精, 不加察焉. 夫是之謂不與天爭職. 天有其時, 地有其財, 人有其治, 夫是之謂能參. 舍其所以參, 而願其所參, 則惑矣.

자연의 원리는 깊고 크고 정밀한데 사람이 함부로 그것에 무엇인가를 덧붙이려 하면 안 된다는 이야기다. 이른바 하늘의 일이 있고 사람의 일이 있는데, 천직天職을 '인직人職'으로 대체하려 하면 안 된다. 사람은 하늘의 운행 원리를 잘 살피고 땅 위의 노천 재료를 잘 얻어 할 수 있는 일을 해야 한다. 그것이 자연에 대한 인간의 참여다. 무조건 천지를 어찌고자 하지 말고 그것이 그렇게 되는 까닭을 잘 알아 참여해야 한다. 하늘과 땅에 끼어들 수 있는 것이 사람이지만, 끼어들어야만 하는 까닭을 모르고 사람이 끼어들고 싶다고 끼어들면 안 된다.[21]

이렇게 순자는 천직天職에 대한 '인치人治' 또는 '인참人參'을 분명히 한다. 다음은 「해폐」편의 것으로 정통精通으로 번역된다.

마음이 갈라지면 앎이 없고, 한쪽으로 쏠리면 정통하지 않으며, 둘이 되니 의혹이 많다.[22]

농민이 농사에 정통하다고 농업을 지도할 수는 없으며, 장사꾼

---

21 이 단락은 『중용』에서 말하는 "(사람이) 천지화육을 도와줄 수 있으니 천지와 더불어 참여할 수 있다(可以贊天地之化育, 則可以與天地參矣)"는 구절과 상통한다. 알다시피 『중용』은 『예기』에서 나왔으며, 순자는 예를 무엇보다도 강조하는 철학자다.

22 『荀子』, 「解蔽」: 心枝則無知, 傾則不精, 貳則疑惑.

이 장사에 정통하다고 시장을 지도할 수는 없으며, 장인이 기물에 정통하다고 기물을 지도할 수는 없다. 어떤 사람은 이런 세 가지를 할 수는 없어도 세 지도자로 하여금 다스리게 할 수 있으니, 도에 정통하다거나 사물에 정통하다고 한다. 사물에 정통한 사람은 사물로 사물을 만들며, 도에 정통한 사람은 사물과 함께 만물을 만든다.[23]

황제 때 수가 활을 만들었고 부유가 화살을 만들었지만, 하나라 때의 예가 활쏘기에 정통했다. 하나라 때의 해중이 수레를 만들고 승두가 말 타기를 했지만, 조부가 말 수레를 모는 데 정통했다. 예부터 지금까지 둘인 적인 없으니 정통한 사람이 있기 마련이다.[24]

위의 것은 정통이라는 말에 정확하게 맞아떨어지는 예이고, 다음의 것은 정통의 뜻을 지니면서도 정밀의 뜻을 담는다. 수양을 위한 감관의 조정을 말한다.

(급飯은) 벌레 소리가 들리면 화살 쏘기에 정통(정밀)하기 어려

---

23 『荀子』,「解蔽」: 農精於田, 而不可以爲田師; 賈精於市, 而不可以爲市師; 工精於器, 而不可以爲器師. 有人也, 不能此三技, 而可使治三官. 曰: 精於道者也. 精於物者也. 精於物者以物物, 精於道者兼物物.
24 『荀子』,「解蔽」: 倕作弓, 浮游作矢, 而羿精於射; 奚仲作車, 乘杜作乘馬, 而造父精於御; 自古及今, 未嘗有兩而能精者也.

워, 귀와 눈을 막아 벌레 소리를 멀리하고 한가히 머물면서 고요히 생각하니 통했다. (…) 벌레 소리가 들리면 정통(정밀)함이 꺾이니 위태롭다 하겠다.[25]

맹자가 스스로 굳건해지기 위해 아내를 내쫓고, 유자가 눕지 않으려고 손바닥을 지진 것처럼 사람은 늘 마음을 가다듬어야 함을 말하는 것인데,[26] 순자는 '자강自彊'과 '자인自忍'의 예로 명궁 급의 이야기를 꺼낸다. 여기서 정은 한 발짝 더 나아가 정성精誠의 뜻으로도 새길 수 있다.[27] 「해폐」의 다음 구절은 사람이 지닌 정밀함이 깨진 경우다.

장님은 올려다보아도 별을 보지 못하고, 사람은 그것의 있고 없음을 정하지 못함으로써 정밀함을 쓰는 데 미혹된다.[28]

여기서 정은 시각의 정밀함을 가리킨다. 눈이 나빠서 보이지

---

25 『荀子』, 「解蔽」: 蚊虻之聲聞, 則挫其精. 是以闢耳目之欲, 而遠蚊虻之聲, 閑居静思則通. (…) 蚊虻之聲聞則挫其精, 可謂危矣.

26 『荀子』, 「解蔽」: 孟子惡敗而出妻, 可謂能自彊矣; 有子惡臥而焠掌, 可謂能自忍矣; 未及好也.

27 熊公哲 註譯, 『荀子今註今譯』, 臺北: 臺灣商務印書館, 1975, 442쪽.

28 『荀子』, 「解蔽」: 瞽者仰視而不見星, 人不以定有無, 用精惑也.

않는다고 별이 없다고 하는 경우를 말한다.[29] 다음은「정명」편의 예로, 여전히 인간이 갖고 태어난 감관의 정밀함을 가리킨다. 여기서 우리의 타고난 정밀함은 미혹되지 않고 제대로 감응하는 경우다.

이름이 흩어져 사람에게 있고 삶이 그러한 까닭을 일러 본성이라고 한다. 본성이 잘 갖춰져 낳는 바가 있어 정밀함이 외물과 감응하니 일삼지 않아도 스스로 그러한 것을 본성이라고 한다. 본성의 좋고 싫고 기뻐하고 화내고 슬퍼하고 즐거워하는 것을 감정이라고 한다.[30]

순자는 기본적으로 인간의 본성을 악하다고 보았지만 그렇다고 해서 인간의 본래적인 감관의 정밀함을 부정하지는 않았다. 오히려 그 타고난 감정을 마음이 잘 선택하는 것을 '사려慮'라고 불렀다. 마음이 사려하여 이를 행동으로 옮길 수 있는 것을 '인위僞'라고 부른다. 결국 사려가 쌓여 습관이 된다. 이렇게 일부러 만들

---

29 나도 개인적으로 서울의 남산에서 은하수를 볼 수 있는 눈 맑은 사람을 경험한 적이 있다. 나에게는 안 보이지만 그에게는 보였다. 내가 봉화나 월악산에 가서야 볼 수 있는 은하수를 초등학교조차 마치지 못한 그는 서울 하늘에서 바라보고 있었다.

30『荀子』,「正名」: 散名之在人者, 生之所以然者謂之性; 性之和所生, 精合感應, 不事而自然謂之性. 性之好, 惡, 喜, 怒, 哀, 樂謂之情.

6장 순자의 정신론

어가기 때문에 '인위'라고 한다.[31] 감정은 있지만 생각으로 조정하고, 생각이 쌓이고 쌓여 온몸에 익숙한 버릇이 될 때, 인위로 이루어진 예가 완성된다. 그것이 바로 순자 철학의 핵심인, 본성을 변화시켜 인위를 일으키는 '화성기위化性起偽'[32]다.

다음은 감관의 정밀함이 아니라 언설의 정밀함을 말하는 정이다. 이때의 정밀함은 군자의 언행이 정교하여 역사적 유례와 일치함을 가리킨다.

군자의 말은 크면서도 정밀하고 작아도 (예법과) 어울리니, 다른 듯하면서도 가지런하다.[33]

이렇게 군자의 언어는 정치하다. 빠트림이 없이 정교하고 작은 데까지도 예법에 맞는다. 순자에게 정은 정밀하고 정교한 것이다.

---

31 『荀子』, 「正名」: 情然而心爲之擇謂之慮. 心慮而能爲之動謂之偽; 慮積焉, 能習焉, 而後成謂之偽.

32 『荀子』, 「性惡」: 故聖人化性而起偽, 偽起而生禮義, 禮義生而制法度; 然則禮義法度者, 是聖人之所生也. 故聖人之所以同於衆, 其不異於衆者, 性也; 所以異而過衆者, 偽也.

33 『荀子』, 「正名」: 君子之言, 涉然而精, 俛然而類, 差差然而齊. 劉師培는 '涉'(섭: 건너다)을 '陟'(척: 오르다)으로 보고 다음의 '俛'(면: 내리다)과 대구로 간주해서 높고 낮음高低으로 해석하지만, 나는 넓고 좁음廣狹 또는 크고 작음大小으로 보았다. 넓고 크게 바라보는 것이 정밀하고, 좁게 작게 바라보는 것이 예에 걸맞다는 뜻이다. 熊公哲 註譯, 『荀子今註今譯』, 470쪽.

（군자의) 생각은 정밀하고 뜻은 영화로우니 하나로 모아 신명이 이루어진다.[34]

이후 「부」 편에 나오는 정은 위에서 나오는 맥락과 크게 다르지 않다. 아래의 구절은 바로 위의 구절과 대비하여 해석될 수 있다.

혈기의 정밀함이고, 의지의 영화로움이다.[35]

'의지의 영화로움'은 위와 아래의 구절이 통한다. 글자 수만 다를 뿐 '지志'는 '지의志意'와 같다. 영화로움은 의지가 잘 발현됨을 가리킨다. 생각이 정밀하면 현실에서의 지향이 분명해져서 일신의 영달榮達이나 사회의 번영繁榮을 이룰 수 있다. 다만 여기서는 생각의 정밀함과 혈기의 정밀함을 구별 없이 쓰고 있어, 순자에게 사고는 혈기처럼 제대로 완충되고 구동되어야 하는 것으로 인식되고 있음을 알 수 있다. 생각도 피의 움직임이라는 물질주의적 사고가 가미되어 있는 것이다.[36] 피가 힘 있게 움직이면 생각도 잘 되고, 그렇지 않으면 생각이 엉망이 된다. 이렇게 '사려'조차 신체 기관의 한 기능이다.

---

34 『荀子』, 「成相」: 思乃精, 志之榮, 好而壹之神以成. 순자의 특이한 개념어 가운데 하나가 '호일好壹' 또는 '일호一好'다.
35 『荀子』, 「賦」: 血氣之精也, 志意之榮也.
36 '다혈질多血質'과 같은 피의 형태로 사람을 구분한 히포크라테스를 떠올려보라.

6장 순자의 정신론

「부」에는 위의 용례를 포함하여 '정미精微' 또는 '정신精神'이라는 어휘로 네 차례 구체적으로 등장하며, 「대략」편의 정은 이미 나온 용례와 겹친다. '정미'는 「부」에 나오는 두 차례가 전부이며, '정신'은 「부」 말고도 「성상」편에서 한 번 더 나온다. 「부」에서 복합사로 정과 신이 연용되고, 정도 정미로 표현되는 것에 주목해볼 필요가 있다. 『장자』의 경우처럼 복합사는 대체로 후대에 출현한다고 추정할 수 있기 때문이다.[37]

정미하여 형체가 없네.[38]

털끝보다 정미하네.[39]

겨울에는 추위를 만들고 여름에는 더위를 만들어 정신을 크게 넓히니, 이를 구름이라 부르노라. 구름이도다.[40]

농민이 농사에 정통하다고 농업을 지도할 수는 없으며, 장사꾼도 그러하네.[41]

---

37 劉笑敢, 『莊子哲學及其演變』(北京: 新華書店, 1988).

38 『荀子』, 「賦」: 精微而無形.

39 『荀子』, 「賦」: 精微乎毫毛.

40 『荀子』, 「賦」: 冬日作寒, 夏日作暑, 廣大精神, 請歸之雲. 雲.

41 『荀子』, 「大略」: 農精於田, 而不可以爲田師, 工賈亦然.

마지막으로, 편제로는 가장 먼저 나오지만 가장 특이한 용법으로 쓰이는 정이 있다. 「수신」편의 용례로 이때 정精은 정情과 통한다.[42]

몸을 거만하게 하고 마음을 사특하게 하면, 행동이 시꺼멓게 되고 감정이 더러워진다.[43]

그러나 여기서도 정을 인간의 본래 기능으로 해석한다면 반드시 감정일 필요는 없다. 본래의 기능인 정精은 감정感情의 정이나 성정性情의 정을 모두 포함하기 때문이다. 『순자』에서 정精이 정情과 통할 수 있는 까닭이 여기에 있다. 아울러 '정情'도 본질이나 본색이라는 뜻으로 쓰일 때가 있기 때문에, 여기서 말하는 정精은 사람이라면 누구나 지니고 있는 본래의 우수한 기능이라는 뜻과 멀어지지 않는다.

4. 신: 전통적이면서도 전통적이지 않은

『순자』에서 신神 자는 모두 26회 나온다. 더불어 '신명神明'이라는 어휘는 일곱 차례 나오는데 세 차례 나오는 '대신大神'이라는 용법

---

42 熊公哲 註譯, 『荀子今註今譯』, 24쪽.
43 『荀子』, 「修身」: 體倨固而心執詐, 術順墨而精雜汙.

과 두 차례의 '정신'을 합하면 모두 38회에 이른다. 신 자의 출현이 『논어』에서는 7회, 『맹자』에는 3회에 그치는 것과는 비교된다.

순자는 신을 신명神明이라는 뜻으로 자주 쓴다. 위에서 말한 것처럼 실제로 '신명'이라는 어휘가 일곱 차례나 등장하는 것도 하나의 방증이다. 아래서 말하겠지만 신명은 '신명과 통한다'는 어법이 자주 나온다(3회).

여기서 순자의 신은 신령스러운 귀신이나 절대적인 초월자의 의미가 아닌, 형체를 벗어난 우리 안의 신성이나 만물이 지니고 있는 신비스러움과 연관됨을 엿볼 수 있다. 하늘의 주재를 믿지 않는 순자가 신에 인격성을 부여하는 일은 있을 수 없다. 그러나 여전히 전래의 방식대로 신 또는 신명을 우주의 신비한 작동 원리와 연결시켜 쓰는 것은 순자가 인격신이나 절대자를 인정했기 때문이 아니라 당시의 표현법을 벗어날 수 없음을 보여주며, 나아가 비유로 많이 사용함으로써 그것이 실제로 존재하는 인격체나 신비물이 아니라 하나의 은유임을(때로는 『시경』을 인용하거나 스스로 시적으로 표현하여) 직간접적으로 드러낸다.

신기神奇하거나 신묘神妙하다고 하여 곧바로 신의 존재를 인정하는 것은 아니다. 우주의 물리적인 법칙도 신령스럽지는 않아도 얼마든지 신통神通할 수 있다. 이는 순자가 강조하는 바와 같이 인간이 어찌할 수 없는 깊고 넓은 정밀한 원리가 천지에 있다고 해서 그것을 운용하는 초월적인 인격자가 반드시 요청되지 않는 것과 같다.

『시』는 읊는다. "너 군자여, 너의 안식을 기대하지 마라. 너의 자리에서 할 바를 하고 정직함을 좋아하라. 신이 듣고 큰 복景福을 내리리라."[44] 신은 도가 되는 것보다 큰 것이 없고, 복은 화가 없는 것보다 긴 것이 없다.

여기서 처음에 나오는 신은 인격적인 신神으로 볼 수 있다. 그러나 그것은『시경』의 언어다. 게다가 이어 나오는 신을 '도와 함께 되는 것化道'이라고 함으로써 그 의미를 분명히 한다. 신의 용례가 직접적으로 '신명'으로 나오는 것과 관용어구는 뒤로 미루고, 편제에 따라 나열하면서 신을 될 수 있으면 신명이라는 말로 번역해보자.

무릇 기를 다스리고 마음을 기르는 방법은 예를 통하고, 스승을 얻고, 신명을 하나로 모으는 것 만한 게 없다.[45]

(군자가) 진실한 마음으로 인을 지키면 꼴이 갖춰지고, 꼴이 갖춰지면 신명이 생겨나고, 신명이 생기니 변화할 수 있다.[46]

---

44 『詩經』,「小明」: 嗟爾君子, 無恆安息. 靖共爾位, 好是正直. 神之聽之, 介爾景福.
『荀子』,「勸學」: 詩曰: 嗟爾君子, 無恆安息. 靖共爾位, 好是正直. 神之聽之, 介爾景福.
神莫大於化道, 福莫長於無禍.
45 『荀子』,「修身」: 凡治氣養心之術, 莫徑由禮, 莫要得師, 莫神一好.
46 『荀子』,「不苟」: 誠心守仁則形, 形則神, 神則能化矣.

（군자가 삼갈 육생六生） 공정하면 밝고, 편벽하면 어둡다. 단정하고 삼가면 통하고, 속이고 거짓말을 하면 막힌다. 진실하고 믿음직하면 신명이 생기고, 과장하고 허튼소리를 하면 미혹이 생긴다.[47]

스스로 보배로이 여기고, 스스로 진중하게 여기고, 스스로 귀하게 여기고, 스스로 신령스럽게 여겨라.[48]

이 세 가지 간사함(일은 많지만 백성이 힘쓰지는 않게 하는 간사姦事, 알고 싶어하지만 선왕은 본받지 않는 간심姦心, 말은 많은데 예의에 따르지 않는 간설姦說)은 성왕이 금지한 것이다. 꾀를 부리니 험악해지고, 해를 입히니 귀신이 설친다.[49]

이르길, 신명을 잡으면 단단해진다. 무엇이 신명인가? 이르길, 선을 다하여 다스리는 것을 신명이라고 하고, 만물이 한쪽으로 기울어지지 않는 것을 단단하다고 한다. 신명으로 단단한 사람을 성인이라 일컫는다.[50]

---

47 『荀子』, 「不苟」: 公生明, 偏生闇, 端慤生通, 詐僞生塞, 誠信生神, 夸誕生惑.
48 『荀子』, 「非相」: 寶之, 珍之, 貴之, 神之.
49 『荀子』, 「非十二子」: 故勞力而不當民務, 謂之姦事, 勞知而不律先王, 謂之姦心; 辯說譬諭, 齊給便利, 而不順禮義, 謂之姦說. 此三姦者, 聖王之所禁也. 知而險, 賊而神.
50 『荀子』, 「儒效」: 曰: 執神而固. 曷謂神? 曰: 盡善挾治之謂神, 萬物莫足以傾之之謂固. 神固之謂聖人.

사람을 얻어 하늘을 움직이고, 즐거운 뜻으로 해를 이어가네. 진실하고 믿음직함이 신(명)과 같으며, 과장하고 허튼소리를 하니 혼(줄)이 빠지네.[51]

별들이 돌아가고, 해와 달이 이어 빛나고, 사철이 순환하고, 음양이 변화하고, 바람과 비가 널리 뿌려주고, 만물이 조화롭게 살아가면서 각자 양분을 얻어 자라나는데, 그 일을 드러내려 하지 않아도 그 공이 드러나는 것을 일러 신비스럽다고 한다.[52]

하늘의 직분이 이미 서서 하늘의 공로가 이미 이루어지니, 꼴이 갖추어지고 신명이 생긴다.[53]

기우제를 지내면 비오는 것은 왜인가? 별것이 없이, 기우제를 지내지 않아도 비가 오는 것과 같다. 일식과 월식을 말하고, 가물자 기우제를 지내고, 복서와 같은 점을 친 후에야 큰일을 벌이는 것은 기도해서 얻고자 하는 것이 아니라 문화로 삼는 것이다. 따라

---

51 『荀子』, 「致士」: 得眾動天, 美意延年. 誠信如神, 夸誕逐魂. 이 구절은 위의 「不苟」 편의 육생에 대한 설명 가운데 뒤의 둘(誠信生神, 夸誕生惑.)과 비슷하다. 다만 'ㄴ' 으로 종성을 맞추면서 신을 보존하고 혼을 쫓아내지 말 것을 강조한다.
52 『荀子』, 「天論」: 列星隨旋, 日月遞炤, 四時代御, 陰陽大化, 風雨博施, 萬物各得其 和以生, 各得其養以成, 不見其事, 而見其功, 夫是之謂神.
53 『荀子』, 「天論」: 天職既立, 天功既成, 形具而神生.

서 군자는 문화로 여기고 백성은 귀신으로 여긴다. 문화로 여기면 길하고 귀신으로 여기면 흉하다.[54]

하늘은 만물을 낳을 수 있지만 만물을 구별하지 못하며, 땅은 사람을 실을 수 있지만 사람을 다스리지 못한다. 우주의 만물이 사람의 무리를 낳아 성인을 기다린 다음에야 나뉠 수 있었다. 『시』는 읊는다. "온갖 신을 부드럽게 품으니 황하에 이르고 오악에 오르도다."[55]

따라서 장례란 그 형체를 공경스럽게 거두는 것이며, 제사란 그 신령을 공경스럽게 섬기는 것이다.[56]

술은 사람의 정신을 혼란시킨다.[57]

따라서 사람들이 도와 함께 되는 것이 신명이 나는 것과 같다 (신령과 같다).[58]

54 『荀子』, 「天論」: 雩而雨, 何也? 曰: 無佗也, 猶不雩而雨也. 日月食而救之, 天旱而雩, 卜筮然後決大事, 非以爲得求也. 以文之也. 故君子以爲文, 而百姓以爲神. 以爲文則吉, 以爲神則凶也.

55 『荀子』, 「禮論」: 天能生物, 不能辨物也, 地能載人, 不能治人也; 宇中萬物生人之屬, 待聖人然後分也. 『詩』曰: 懷柔百神, 及河喬嶽. 此之謂也. 및 『詩』, 「時邁」.

56 『荀子』, 「禮論」: 故葬埋, 敬藏其形也; 祭祀, 敬事其神也.

57 『荀子』, 「解蔽」: 酒亂其神也.

58 『荀子』, 「正名」: 故其民之化道也如神.

정치와 율령이 밝아지니 변화해서 바뀜이 신명 나는 것과 같다 (신령과 같다).[59]

(군자의) 생각은 정밀하고 뜻은 영화로우니 하나로 모아 신명이 이루어진다.[60]

여기에 사물(누에)이 있는데 형상이 벌거벗었었구나. 그런데도 거듭 탈바꿈을 하는 것이 신비하도다. 그 공으로 천하에 옷을 입히니 만세의 문화가 되도다.[61]

순자에게 기우제는 당연히 불필요한 것이다. 그런데도 기우제를 지내는 것은 백성을 안심시키고 모두 한마음을 갖게 하려고 초월적인 존재를 끌어당기는 것이라고 순자는 설명하면서 그런 존재를 신이라고 부른다. 당연히 여기서 신은 나쁜 의미를 갖는다. 군자는 문화로 설명하는데도 백성은 종교로 받아들이기 때문인데, 순자는 문화는 길하고 종교는 흉하다고 함으로써 분명히 귀신을 부정적으로 평가한다. 하다못해 "남을 해치려고 하면 귀신이 나온다賊而神"고 하여 귀신을 나쁜 행위와 관련시키고 있다.

---

59 『荀子』,「君子」: 政令致明, 而化易如神.
60 『荀子』,「成相」: 思乃精, 志之榮, 好而壹之神以成. '精'과 함께 '神'이 나온다.
61 『荀子』,「賦」: 有物於此, 儀儀兮其狀, 屢化如神, 功被天下, 爲萬世文.

　　　　　　　　　　6장 순자의 정신론

위의 예제에서 볼 수 있듯이 순자의 신은 『시』를 인용한 구절을 제외하고는 크게는 '신명'을, 작게는 '신비'를 말한다. 중간 정도에 '신령'이 자리하고 있지만, 그것이 초월적인 것이라는 보장은 없다. 여기서 신명은 이른바 '천지신명'을 말하는 것으로 그것이 종교적이라 할지라도 범신론적 색채가 강하다. 나에게도 신명이 있고, 너에게도 신명이 있으며, 자연계에도 신명이 있다. 그런 점에서 신명은 특정한 인격성은 지니지 못하며, 단순하게 우주의 신성이 인간의 신성과 관계 맺는 가교 같은 역할을 한다.

『순자』에는 신과 관련된 특별한 용법(所存者神)이 세 차례 등장한다. 여기서 신은 매우 좋은 뜻으로 뒤의 구절과 대구되어 쓰인다.

어진 사람의 군대는 '가진 바가 신비하여 지나가기만 해도 동화'되는 것이, 알맞은 비가 내려 싫어하는 이가 없는 것과 같다.[62]

사람들이 되돌아가는 것이 물이 흐르는 것과 같아서 '가진 바가 신비하여 뭔가 하기만 해도 동화'된다.[63]

'가진 바가 신비하여 지나가기만 해도 동화'되니, 그 선행을 바라보고 공자는 지나치지 않았다.[64]

62 『荀子』, 「議兵」: 故仁者之兵, 所存者神, 所過者化, 若時雨之降, 莫不說喜.
63 『荀子』, 「議兵」: 故民歸之如流水, 所存者神, 所爲者化.
64 『荀子』, 「堯問」: 所存者神, 所過者化, 觀其善行, 孔子弗過.

『순자』의 세 구절은 같거나 비슷한데(所存者神, 所過者化 / 所存者神, 所爲者化), 재미있게도『맹자』에서는 순서만 뒤바뀌어 나온다(所過者化, 所存者神). 맹자는 왕도정치는 패도정치와는 달리 군자가 머물기만 해도 교화된다고 했다.

　(패도와는 달리 왕도에서는) 무릇 군자가 지나가면 동화되고, 머물면 신비스러워짐으로써 위와 아래로는 하늘과 땅과 함께 흐르니 어찌 작게 고치고자 하는가.[65]

　신을 신비로 번역했지만, 여기서 신은 오늘날의 고귀한 정신 곧 영적으로 충만함을 가리킨다. 순자나 맹자나 할 것 없이 오늘날의 뜻으로는 사람들이 성인이나 군자에 의해 변화되어 자신들의 덕이 충만해짐을 가리킨다. 군자의 교화로 영혼이 고양되고, 마침내 자기의 신성까지도 확보함을 뜻한다. 이렇게 비슷한 구절이 등장하는 것은 순자가『맹자』를 보았거나,[66] 아니면 당시에 공통된 사고가 있었던 것으로 보인다. 그런 고매한 영혼이나 위대한

---

65 『孟子』,「盡心上」: 孟子曰: 霸者之民, 驩虞如也; 王者之民, 皞皞如也. 殺之而不怨, 利之而不庸, 民日遷善而不知爲之者. 夫君子所過者化, 所存者神, 上下與天地同流, 豈曰小補之哉?
66 『孟子』,「盡心下」: 善人也, 信人也. 何謂善? 何謂信? 曰: 可欲之謂善, 有諸己之謂信, 充實之謂美, 充實而有光輝之謂大, 大而化之之謂聖, 聖而不可知之之謂神. 樂正子, 二之中, 四之下也. 맹자는 사람의 수준을 '착함(善)' '믿음직함(信)' '아름다움(美)' '큼(大)' '성스러움(聖)' '신비로움(神)'이라는 6단계로 정리한다.

정신을 순자는 '대신大神'이라고 부른다.

5. 대신과 신명

『순자』는 신에만 머물지 않고 '대신大神'이라는 어휘를 제시한다.
백성을 기르고 그들을 편안하게 만드는 것이 바로 정신의 위대함
을 드러내는 일이라는 뜻이다.

따라서 하늘은 덮고 땅은 실으니 그 아름다움이 다하지 않고 그
쓰임이 끝나지 않는다. 위로는 현량을 모시고 아래로는 백성을 길
러 안락하게 한다. 이를 일러 위대한 정신이라고 한다.[67]

백성에게 먹을 것을 마련해주고 편하고 즐겁게 살도록 하는 것
이 '대신' 곧 위대한 정신이라는 순자의 생각은 아주 특이하다. 도
가적 안신安身에만 머물지 않고 유가적 입명立命에까지 나아가는
것을 정신이 확대된 것으로 생각하기 때문이다. 정신이 개인에서
사회로 확장되는 좋은 예다. 아래의 예는 '천제天帝'와 같은 전통 용
어와 대신을 대구로 놓는 경우다.

---

67 『荀子』,「王制」: 故天之所覆, 地之所載, 莫不盡其美, 致其用, 上以飾賢良,下以養百
姓而安樂之. 夫是之謂大神.

(천자는) 큰 신처럼 머물고 천제처럼 움직인다.[68]

위는 전통적인 용법으로 인격적인 의미가 강하다. '천제天帝'는 전통적인 인격신을 가리킨다. 그래서 인격적 내용을 담고 있는 여타의 신에도 『상서』를 원용하여 '제帝'라는 말을 붙이는 것이다. '황皇'에 '제帝'가 붙는 것은 후대의 일이다. 오히려 신화 속에서 인격성을 유지하는 임금이 바로 '황제皇帝'다. 「부」편의 다른 용법을 보자.

덕이 도타워 줄어들지 않고, 다섯 빛깔을 갖추어 문식이 이루어지네. 오고 감이 어두운 데서 이루어지니 큰 신비함과 통하네. 드나듦이 마침내 끝에 이르니 그 문을 알지 못하네.[69]

순자가 말하는 것은 변화불측하여 마지막에 이르러서는 알 수 없음을 말하지만, 이곳에서 노래하는 것은 바로 구름이다. 구름에 대한 형용으로 보면 이 구절은 이해가 쉽다. 구름이 몰려들어 형형색색의 색을 띤다. 검은 구름 속에 무엇이 벌어질지 모른다. 참으로 신비하다. 마침내 오가는 출입문도 알 수 없다. 구름이 대신大神과 통한다고 한 것은 그만큼 자연 현상에 대한 표현에서도 '크게 신묘함'을 쓸 수 있음을 보여준다. 한마디로 말해, 순자의 대신

---

68 『荀子』, 「正論」: 居如大神, 動如天帝.
69 『荀子』, 「賦」: 德厚而不捐, 五采備而成文, 往來惛憊, 通于大神, 出入甚極, 莫知其門.

은 초월적인 대상보다는 오히려 천지의 신비함을 가리킴을 알 수 있다. 신격도 없지만 그렇다고 해서 사람이 함부로 무엇을 덧붙일 수 없는 그 무엇으로, 그것은 순자의 언어로는 곧 '하늘天'이다.[70]

『순자』에서 신명은 일곱 차례 나오는데, 신 자 단독으로도 신명이라는 뜻으로 애용되었기 때문에 간략히 소개한다.

선을 낳아 덕이 이루어지고 신명을 얻으면 성스러운 마음이 갖추어진다.[71]

하나이지 둘이 아니니 신명과 통하고 천지에 참여한다.[72]

신명은 넓고 큼으로써 가장 간략하게 만든다.[73]

이를 천하의 장군라고 부르는데 신명과 통한다.[74]

70 위에서도 인용한 「천론」의 구절이 대표적이다. 여기서 천은 천지 곧 우주만물을 가리킨다. 사람이 태어나 만물을 나누어주었지만(分) 그렇다고 해서 하늘과 싸울 일은 없다(不爭).『荀子』,「天論」: 如是者, 雖深, 其人不加慮焉; 雖大, 不加能焉; 雖精, 不加察焉. 夫是之謂不與天爭職.
71『荀子』,「勸學」: 積善成德, 而神明自得, 聖心備焉.
72『荀子』,「儒效」: 並一而不二, 則通於神明, 參於天地矣.
73『荀子』,「王制」: 神明博大以至約.
74『荀子』,「議兵」: 夫是之謂天下之將, 則通於神明矣.

이와 같아 백성은 그를 천제처럼 귀하게 여기고 하늘처럼 높이 보고 부모처럼 친하게 여기고 신명처럼 경외한다.[75]

마음은 형체의 임금이고 신명의 주인으로, 명령을 내리지 명령을 받지 않는다.[76]

(우임금처럼) 선을 쌓는 것을 쉬지 않으면 신명과 통하고 천지와 섞인다. 따라서 성인은 사람이 쌓을 수 있는 바를 끝까지 다한다.[77]

여기서도 신명은 천제와 대구를 이룰 때를 제외하고는 초월적인 색채가 거의 없다. 신명의 주인이 사람의 마음이라는 데에서 순자의 주장은 명확해진다. 마음이 우선이다. 마음이 명령을 내릴 뿐 신명이 마음을 어쩌지 못한다. 따라서 선을 쌓고 또 쌓는 것이야말로 신명을 얻는 길이다. 신명과 통하면 천지화육天地化育에도 참여할 수 있다. 신명이야말로 '성스러운 마음聖心'과 다르지 않다. 그 성스러운 마음으로 인간을 위해 제도화한 것이 바로 순자의 예禮다.

---

75 『荀子』,「彊國」: 如是, 百姓貴之如帝, 高之如天, 親之如父母, 畏之如神明.
76 『荀子』,「解蔽」: 心者, 形之君也, 而神明之主也, 出令而無所受令.
77 『荀子』,「性惡」: 積善而不息, 則通於神明, 參於天地矣. 故聖人者, 人之所積而致矣.

6장 순자의 정신론

6. 정신에서 신명으로

순자는 신명이라는 용어를 장자와 맞먹게 쓴다. 하늘의 주재성을 부정한 물질론자인 그가 왜 이렇게 신명을 자주 언급하는지 생각해볼 필요가 있다. 『장자』에서 엿볼 수 있었듯이, 신명은 지고한 정신성과 지순한 물질성이 혼용된 형태의 개념이다.

그렇다면 먼저, 순자에게도 신명을 통해 정신과 물질을 통합하려는 의도가 있었던 것이 아닐까 추측해볼 수 있다. 달리 말하면, 순자의 신명은 물질의 원리, 천지의 법칙, 인간의 규범을 통틀어 말하는 관념이었을 가능성이 크다. 보이지 않는 것이기에, 너무도 심오하기에, 그리고 아주 오랫동안 내려온 규칙이기 때문에 그것을 신명이라고 부르지 않았을까 하는 것이다.

다음으로, 순자가 줄곧 부르짖는 '하나 되기'에 알맞은 개념어가 곧 신명이었음을 짐작해볼 수 있다. 순자는 '둘이 아닌 하나一而不二'[78], '하나를 좋아하기一好'[79]를 자주 내세운다. 순자에게 일壹은 '허일이정'에서 보듯이 매우 강조되는 것이다. 이를테면 군자는 도에서 하나가 되어야 하며, 하나가 되면 바로 된다.[80] 순자는 사

---

78 『荀子』,「儒效」: 並一而不二, 則通於神明, 參於天地矣.

79 『荀子』,「修身」: 莫徑由禮, 莫要得師, 莫神一好. /「大略」: 君子壹教, 弟子壹學, 亟成. /「成相」: 思乃精, 志之榮, 好而壹之神以成.

80 『荀子』,「解蔽」: 故君子壹於道,而以贊稽物. 壹於道則正, 以贊稽物則察.「正名」: 其民莫敢託爲奇辭以亂正名, 故壹於道法, 而謹於循令矣.

회적으로도 하나의 원칙을 바랐고, 인격적으로도 하나의 경지를 추구했던 것 같다. 그리고 그것은 순자가 '허정虛靜'과 같은 도가적 개념을 직하학파의 수장으로서 과감히 수용하면서 유가의 정체성을 유지하기 위해 '일壹'과 같은 개념을 근저에 놓게 된 것으로 보인다.

『순자』에서 두 차례 등장하는 '정신'은 위에서 말했듯이 '정신을 넓고 크게 한다'고 할 때 쓰인다. 그런데 다음의 '정신'의 용법이 바로 '하나'와 관련된다.

정과 신이 서로 돌고 도니, 하나이지 둘이 아니라서 성인이 된다.[81]

이 구절은 바로 위의 일호의 관념에 이어 나오는 것으로 성인의 위대함을 정신과 일호로 설명하고 있다. 한마디로 성인은 정신을 하나로 이룬 사람이라는 말이다. 그런데 순자의 성인은 정신보다는 신명으로 설명된다. 위에서 나왔듯이 '성인은 신명이 단단한 사람이다神固之謂聖人.' 이런 신명을 어떻게 설명해야 할까?

순자의 신명은 상당히 인간화되어 있다. 단적으로 말해, 장자의 것이 '천지신명'이었다면 순자의 것은 '인간신명'이다. 여기서 인간신명은 인간人間이라는 고어적 용법에 맞게 사회적 역할을 위한 신명을 뜻한다. 문명에 대한 원대한 관점 아래 진실로 자신의 믿음

---

81 『荀子』,「成相」: 精神相反, 一而不貳, 爲聖人.

을 밀고 나가는 사람이 바로 신명을 갖춘 사람이다. '정신'이 그랬듯이, 신명도 순자에서부터 인간세人間世로 확연히 내려온다. 신명의 주인이 바로 우리의 마음心이라는 순자의 표현을 잊지 말자.[82]

순자의 '신명'은 위에서 보았듯이, 우임금처럼 적선해서 신명과 통하거나積善而不息, 則通於神明, 정치와 명령이 밝아서 신명처럼 변화하거나政令致明, 而化易如神, 신명이 나서 백성이 도와 함께한다故其民之化道也如神고 할 때 등장한다. 순자에게 신명이란 천지화육에 참여하기 위해 지녀야 할 절대적인 조건인 것이다. 오늘날의 표현으로는 문명을 개척하기 위한 선구자의 웅혼한 정신이라고 할 수 있다. 이렇게 신명은 인간의 최고 단계이자 인격의 완성된 모습을 형용한다.

순자는 사람이 사람답게 살기 위한 조건으로 셋을 들었다. 첫째는 성인이 만든 제도인 예禮이고, 둘째는 우리를 가르쳐줄 스승師이고, 셋째는 우리의 경향성을 하나로 이끌어나가는 것一好이다. 그렇게 하나가 될 때 그것은 신명의 영역으로 확대된다. 그런 신명을 지닌 성인의 역할을 통해 세상은 이끌어진다.[83]

장자에서 태어나 회남자에게 환영받은 정신을 순자는 신명으로 대체하고 있다. 신명의 총집합 또는 그것이 구체적으로 드러난

---

82 『荀子』,「解蔽」: 心者, 形之君也, 而神明之主也.
83 헤겔의 용어로 말한다면, 신명은 한마디로 '절대정신'이다. 헤겔의 관점에서 본다면, 나폴레옹도 절대정신의 잔꾀에 넘어가 이 세상에서 그것의 심부름을 하는 성인聖人 가운데 하나다.

것이 다름 아닌 예禮다. 예로 하나 될 때 마침내 평천하平天下의 이
상이 이루어지는 것이다.

『한비자』에서 구체적으로 노자에 대한 해석이 벌어지지만,[84]
순자도 이미 허일이정으로 노자의 허정 사상을 받아들이고 있음
을 볼 수 있다. 다만, 아무리 허정해도 그리고 그것이 아무리 세계
국가라도, 현실 세계에서 기준과 원리를 하나로 한다는 것은 폭력
적일 수 있기 때문에 순자의 하나에 대한 강조는 조심해야 할 점
이 없지 않다.

---

84 『韓非子』,「喩老」및「解老」.

6장 순자의 정신론

제3부 심론

7장 노자의 심론

7장 노자의 심론

마음은 동양적 사유에서 각 학파와 철학자에 따라 정의가 다르지만 입론의 기반이 되는 경우가 많았다. 동양인에게 마음은 서양인의 신 또는 실재처럼 하나의 '궁극적 관심 the ultimate concern'이었다. 마음에 대한 평가와 마음의 지위는 시대마다 다르지만 동양인은 마음을 주제화하는 데 인색하지 않았다. 노자老子는 마음에 관한 이론에서 시원적 지위를 차지한다.

노자의 마음은 '흔들리는 마음'인 민심民心과 인심人心을 이야기할 때를 제외하고는 대체로 긍정적인 의미로 쓰이고 있다. '빈마음虛心' '싸우지 않는 마음不爭心' '바보 같은 마음愚人心' '함께하는 마음天下心' '살아 있는 마음生氣心'이 모두 마음의 이상적인 상태를 가리킨다. 노자의 이런 용법은 오늘날도 손쉽게 쓰일 수 있는 것들로 쉽게 우리와 교감된다. 이런 노자의 심론은 한마디로 '마음의 다섯 가지 덕心之五德'으로 요약된다.

이 글은 마음의 철학자적인 연혁을 배경으로 노자의 다섯 가지 마음을 요약, 정리하고 있다. 그런데 노자 이후의 심론은 장자莊子의 경우에서 볼 수 있듯이 반드시 긍정적인 것만은 아님을 잊어서는 안 된다.

1. 마음

마음이란 무엇일까? 동양적 사유에서 이 문제는 실로 크다. 동양 철학에서 마음은 각 학파와 철학자에 따라 그 정의가 다르지만 대체로 입론의 기반이 되기 때문이다. 동양인에게 마음은 하나의 '궁극적 관심'에 해당한다. 서양인에게 그것은 신^{God} 또는 실재 ^{reality}로 드러나지만, 동양인에게 그것에 맞먹는 것은 바로 마음이다. 그런 점에서 마음은 절대자이며 실체이며 존재의 근원이다. 때로 마음은 그런 규범적 한계를 뛰어넘어 살아 있는 것으로, 움직이는 것으로 그려지기도 한다.

서양의 언어가 형식 논리 속에 갇혀 있을 때, 동양의 마음에 관한 이론은 다양하게 전개되었다. 수행修行의 대상으로서의 마음, 깨달음의 실체로서의 마음, 세계의 근원으로서의 마음, 인간의 교통 가능성으로서의 마음, 도덕적 근거로서의 마음 등, 마음은 어디에서도 거론되는 철학적 의미체로서 동양인에게 거론되었다.

마음이 철학적 주제인 데는 서양과는 다른 세계관이 깊이 관련되어 있다. 그것은 다름 아닌 심미적 태도로, 세계를 이해하기 위해서는 지성만이 아닌 감성이 함께 동작해야 한다는 입장이다. '심미적aesthetic'이란 한마디로 '감성적'임을 뜻한다.[1] 세계와 면대하고 있는 내가 단순히 메마른 지성으로 그것을 해석하고 있는 것이 아니라, 질척대는 감성으로 그것을 이해하고 있음을 보여준다. 여기서 해석은 분석적 작업이고, 이해는 오성悟性의 활동이다. 분석이란 언어적 논리성에 충실하여 세계의 다양한 면모를 되도록 축약하고 환원하여 바라보고자 함이라면, 이해는 감성과 이성의 중간 단계로서 오성의 역할이 충실히 발휘된 상태이다. 그런 점에서 감성의 논리에서는 이해understanding가 추론reasoning에 앞선다.

마음이 서양인에게 이해되기 어려운 까닭이 여기에 있다. 세계를 이해하는 데 감성이 나서는 것은 지나치게 주관적이어서 진리성을 확보하기 어려워 보이기 때문이다. 그러나 동양인에게 마음은 너에게도 있고 나에게도 있는 우리의 보편성이다. 따라서 마음을 모르면 너도 모르지만, 그보다도 먼저, 나조차 모르는 우스꽝스러운 형편이 되고 만다. '나를 모르는 놈이 어떻게 남을 알고, 남을 모르는 놈이 어떻게 우리 또는 너희를 알겠느냐'는 호소는 동

---

1 미학의 서양적 원의인 'aesthetics'는 희랍어에서 감성을 뜻하는 'aesthesis'에서 나왔음을 상기하자.

양인에게 적실하게 통했다. 이른바 '나 알기知己論'가 우선시되는 것이다.

나는 무엇으로 되어 있는가? 우리의 '발가벗은 몸뚱이赤裸裸身'는 안타깝게도 무척이나 감성적이다. 추위와 더위에도 그렇고, 남자와 여자끼리도 그렇고, 권력욕이나 지배욕도 그렇다. 권좌는 이성의 자리가 아니라 투쟁의 자리이며, 남녀는 논쟁의 상대가 아니라 사랑의 상대이며, 기후는 극복의 대상이 아니라 적응의 대상이다. 내가 욕망하는 것이고, 내가 질투하는 것이고, 내가 순응하는 것이다. 여기에 논리는 무의미해 보인다. 이렇듯 인간은 감성의 동물이다. 생존에서 감성이 반을 차지하는 것이 바로 인간이다. 따라서 감성을 제외하고 사람을 말할 수 있다는 것은 애초부터 잘못된 주장이든지, 아니면 지나치게 인간을 과대평가한 결과일 것이다.

동양인에게 '입장을 바꿔놓고 생각해보라易地思之'는 명제는 매우 유효했다. 만일 보편성이 인간의 마음을 떠나 존재한다면 입장을 바꿔봐야 할 필연성은 사라진다. 사람들이 찾아낸 공통의 규율이나 법칙에 따라 판단하면 그뿐이다. 그가 왜 고통을 받는지, 그가 왜 비참해하는지 굳이 알지 않아도 된다. 그러나 입장을 바꾸는 순간, 나는 그의 고통이나 비참을 느낄 수 있고, 따라서 그에게 가하는 폭력이 얼마나 가혹한 것임을 받아들이게 된다. 공자의 유명한 규범, "내가 하기 싫은 것은 남에게도 시키지 마라己所不欲, 勿施於人"는 이 원칙은 바로 '남에게 마음이 있고, 나도 그 마음을 아는 마음'이 있음을 근거로 성립되는 것임을 잊어서는 안 된다. 비유를 들자면, 서양인의 이성은 삼각형의 꼭짓점에서 너와 나의 마음을 넘어 그 위에서 성립되고 있는 준칙이라면, 동양인의 마음은 삼각형 밑변의 두 점처럼 서로 마주하고 있는 대칭의 원리인 셈이다. 한마디로, 서양의 논리는 수직적으로 존재하면서 우리를 관할한다면, 동양의 마음은 수평적으로 교차하며 서로를 소통시키고 있다.

동양인은 그런 마음을 찾아왔다. 마음에 대한 평가 및 그것의 지위는 시대마다 매우 다르지만, 그것을 주제화하는 데에는 크게 인색하지 않았다. 따라서 마음의 역사는 철학의 역사이기도 하다. 그럼에도 마음의 역사에는 놀랄 만한 큰 기복이 있었다.

2. 주자와 양명

마음이 절체절명의 지위를 갖고 철학의 지향점이자 귀결점으로 상정된 것은 불교 전래 이후이다. 많은 논거가 필요한 부분이지만, 불교 이전의 유가에게 마음은 반드시 순수성을 지니고 있지 않아도 되었음은 분명하다. 다시 말해, 유가들에게 마음은 궁극적인 관심이 아니었다. 그 증거로 유가들의 심성론心性論은 원시 유가들에게 크게 강조되지 않는다는 점을 들 수 있겠다.

사실상 유가철학의 역사가 심성론의 역사로 그려진 것은 송대 이후, 그것도 주자朱子의 집대성 이후에야 벌어진 일이다. 주자는 선배였던 주렴계周濂溪에게서 '태극太極'이라는 형이상학적 원리의 설정이 철학적 체계를 세우는 데 얼마나 중요한지 배운다. 알려져 있다시피 염계는 태극도太極圖의 기본 구조를 당시 유행하던 도교의 거두인 진단陳摶에게서 빌려오지만, 유가적 세계관을 옹립하고자 하는 주자의 "(염계의) 무극無極은 태극과 같은 말로 서로를 꾸며주는 말이지, 태극 이전 또는 이후의 다른 세계가 독자적으로 존재하는 것이 아니다"라는 강력한 변호로 도가가 강조하는 무극의 지위는 박탈돼버리고 만다. 세계는 '끝이 없는 것無極'이 아니라 '너무도 큰 끝太極'으로 존재하는 것이다. 무無는 더 이상 설 자리가 없다. 그렇다면 세계의 근원을 무엇으로 삼아야 하는가? 주자에게 그것은 인간의 본성으로 설정된다. 그러나 이때 본성은 '성性'이지 '심心'이 아니다. 주자는 맹자의 학통을 잇겠다고 본성의 착함을 긍정했지만, 그때 본성은 마음이 아니었다. 그것은 가장 이상화된 인간의 품성으로 새롭게 제시된 개념이었던 것이다.

주자가 "마음이 '성'과 '정'을 아우른다心統性情"고 할 때, 오늘날의 의미를 적용해보면, 성은 본성이라기보다는 이성理性에 가깝고 정은 희로애락喜怒哀樂이 뒤섞인 감정感情을 뜻한다. 사실 이는 매우 간략한 구조를 갖고 있다. 사람의 성품이기는 하나 우주의 이치와 함께하는 '이성'이 있고, 비록 들쭉날쭉하지만 사람이기에 어쩔 수 없이 갖고 있는 '감정'이 있다는 것이다. 감정의 동물로 정의되는 인간에 이성의 역할을 부가함으로써, 유학의 새 방향을 천명

255

하고 있는 것이다.

주자에게 성은 순선純善하지만, 정은 순선하지 않다. 감정은 그 것을 통제할 이성이 필요하므로, 제어가 되면 선하고 그렇지 못 하면 선하지 않다. 그런데 바로 마음이 바로 그 성과 정이 노는 자 리여서, 결국 마음은 선과 악을 모두 가진 상태로 규정된다. '마음 이 아우른다統'고는 하지만, 이때의 의미는 통어統御: 統制와 制御라는 적극적 기능을 뜻하는 것이 아니라 통합統合: 統一과 結合이라는 포섭 관계의 설정 같은 소극적인 역할만을 가리킨다. 한마디로 이때 마 음이란 큰 원 속에 성과 정이라는 작은 두 원이 교차하고 있는 '심 心 다이어그램diagram'에 지나지 않는다.

그러나 불교는 그렇지 않았다. 이른바 마음을 그들의 제일표어 로 삼는 데 주저하지 않았다. 그들에게도 '식識' '염念' '상想' '수受' 등 많은 인간의 인지 능력에 대한 언어가 있었지만, 마음으로 그 것을 통일하는 데 적극적이었다. 그것은 특히 불성佛性론과 결부 되어 안착한다. 불성이라는 만물 공통의 본성을 함유한 인간은 그 것을 발휘할 주체가 필요했고, 그것이 바로 불심佛心으로 정의된 다. 이른바 '불교는 마음자리 찾기'라는 주장처럼, 사람이 보일 수 있는 가장 근원적인 동정심으로서의 '큰 사랑과 큰 슬픔大慈大悲'은 다른 곳이 아닌 바로 우리의 마음속에 갖추어져 있었던 것이다.

여기서 양명학陽明學의 탄생을 목도하게 된다. 주자에 반대한 왕 양명王陽明은 마음을 순선한 것으로 규정하고 나선다. 성과 정, 이 성과 감정을 나누다 보니, 복잡다단複雜多端하고 지리멸렬支離滅裂했

7장 노자의 심론

다. 그리하여 그에게는 '성이 진리性卽理'가 아니라 '심이 진리心卽理'가 된다. 진리의 성이 아니라, 진리의 심이었다. 그것은 곧 불교의 반야심般若心과도 통했다. 지혜에 가득 찬, 밝지 않음이 없는, 어디라도 있는 마음이었던 것이다.

양명학이 주자학을 대신하여 서양의 진리론을 받아들이는 매체가 되었다면, 서양의 이성은 이성理性이 아닌 이심理心으로 번역되었을지도 모른다. 그리고 이때 이심은 감성을 포괄하는 것으로, 이성과 감성의 대립이 없는 상태로서의 정신적 상태를 일컬었을 것이다.

맹자 심론의 적통을 주자가 아닌 양명으로 잡고 있는 모우쭝싼牟宗三과 같은 현대 학자에게 주자가 순자荀子의 성악설性惡說을 따르고 있는 것으로 비치는 것도 이와 같은 까닭에서다. 주자 자신은 분명 맹자의 성선설性善說을 좇고 있다. 성의 완벽성을 그려내고 있기 때문이다. 그러나 맹자가 말하는 마음 그 자체의 완벽성을 말하고 있지는 않기 때문에 순자 계열로 비칠 수도 있는 것이다. 맹자는 늘 "만물이 나에게 갖추어져 있다萬物皆備於我"라고 말하면서 나와 내 마음의 위대성을 강조하지 않았던가. 결국 어의적으로는 주자가 맹자를 따르고 있지만, 내용상으로는 양명이 맹자를 따르고 있다는 것이 모우쭝싼의 평가였던 것이다.

그러나 주자의 어려운 사정도 반드시 변호되어야 한다. 10세기 이후에 완전한 것으로 규정되기 시작한 '마음'의 의미를 놓쳤지만 주자는 전통적 유가 경전에 충실했다. 그가 죽기 전까지 손을 놓지 않았던 『사서집주四書集註』는 『예기禮記』의 편장인 「대학大學」과 「중용中庸」 덕분에 가능했다. 다시 말해, 유가의 고대 문헌이 말하고 있는 인간의 우주 속에서 선의 실천은 '성'을 매체로 하고 있지 '심'을 매체로 하고 있지 않았기 때문에 주자는 심보다는 성에 중심을 두게 된 것이다. 우리는 「중용」의 첫 구절을 기억한다. "자연이 우리에게 내려준 것을 본성이라 정의한다天命之謂性." 이것은 그에게는 하나의 수학적 공리公理, maxim와 같은 것이었다. 게다가 글자만 좇자면 맹자도 분명 성선론자이지 '심선心善'론자가 아니었다. 이처럼 주자는, 맥락적脈絡的, contextual 해석을 즐겨했던 양명과는 달리, 축자적逐字的, literally 의미에 충실했던 철학자였던 것이다.

3. 유가와 도가

사람의 마음을 먼저 말한 쪽은 유가일까, 도가일까? 사람의 마음이 모든 것에 앞선다고 말한 쪽은 어느 쪽일까? 한 걸음 더 나아가, 사람의 마음을 착하게 본 것은 도가 쪽일까, 유가 쪽일까?

현재의 철학적 관점이 반드시 과거의 증거를 필연적으로 동반하지는 않는다. 오늘날 유가가 성선의 입장을 정통으로 내세운다고 해서, 그들이 과거에도 반드시 그랬다고는 볼 수 없다는 말이다. 정통이란 대체로 수립되는 것이고 창조되는 것이지, 애초에 본디 그런 것이 있었다고 단언하긴 어렵다.

　　　　　　　　　　　7장 노자의 심론

왜 마음을 착하게 보는 것이 정통이 되었을까? 마음을 나쁘게 보면 안 되는가? 순자가 성악설로 인간의 본성을 악하게 보았다고 해서, 그가 사람의 미래를 부정하고 회의했는가? 그렇지는 않다. 확실한 지향이 있어서 좀 더 강하게 본성의 교정矯正을 희망한 것으로 보인다. "내버려두지 마라, 그러면 안 되나니. 가르쳐라, 그래야 제 길로 가느니라." 순자의 전갈은 거기에 있다. 그렇다고 성선설의 맹자가 인간의 화육化育을 부정하는가? 결코 아니다. 그는 인간은 착한 본성을 갖고 있지만, 사회 속에서 타락하기 쉽기 때문에 이끌어주지 않으면 안 된다고 주장한다. "착하다고 늘 착할 수는 없는 것, 가르쳐라, 깨우쳐라, 몸으로 해내라." 맹자는 이렇게 호소한다. 맹자에게 실천은 무엇보다도 중요했다. '천행踐行', 말이 아니라 몸으로 하지 않으면 그것은 탁상공론일 뿐 어떤 가치도 지니지 못한다. 맹자는 의義의 철학자였다. 의무의 실천을 무엇보다도 강조했던 철학자가 그였던 것이다. 그 실천을 위해서는 마음의 수양도 필수 불가결했다. 그때 맹자가 제시하는 것이 바로 '배포浩然之氣'였던 것이다. 배포 없이 도덕적 실천은 불가능하다. 남을 도와주는 것도, 옳은 것을 해내는 것도, 그르다고 말하는 것도 모두 배포 없이는 안 된다. 도덕이 행위와 직접적으로 결부되는 것이 이런 이유에서다. 순자는 행위의 조건을 사회적 제도로 보았다. 그러나 맹자는 그것을 인간의 도덕성으로 보았다. 순자는 현실적이고 맹자는 이상적이다. 순자는 실제적이고 맹자는 이론적이다. 국가의 형태에서 순자는 합의에 따른 법치를 지향하고 맹자는 도덕에 따른 관습을 지향한다. 순자는 그 국가의 이념을 성인聖人이 만든 것이라고, 맹자는 그 국가의 근거는 인간의 도덕심에서 나온 것이라고 주장한다. 마치 플라톤이 철학자의 통치라고 한 것처럼 순자는 완전한 국가의 수립을 꿈꿨지만, 맹자의 기획은 그처럼 조직적이지 못해서 모든 원리와 근거를 비록 소박할지라도 위대한 인간의 가능성에 둔다. '교육敎育', 그것은 맹자가 처음 한 말이다.

후대에 왕양명이 '지행합일知行合一'을 말할 때, 주자처럼 지식이 있고 난 다음 행위가 따라옴을 뜻하지 않고, 지식과 행위의 완전한 동일성을 강조한 것은 바로 맹자의 실천론과 결부되었다. '뜨거운 것은 손을 데니, 손을 떼라.' 양명에게 그것은 말이 되지 않았다. 뜨거움을 알면, 바로 손을 떼게 되어 있었다. 그렇게 앎과 행함은 하나였다.

이런 역사 속에서 유가의 마음은 자랐났다. 때로는 단순한 신체 기관으로, 때로는 욕망의 산실로, 때로는 수양의 주체나 대상으로 묘사되어왔다. 그러나 그 바탕에 과연 '인간에 대한 무조건적인 신뢰'가 깔려 있었을까? 그것은 아직 의문으로 남는다. 맹자와 순자 이후 인간 본성에 대한 논의가 그런 의혹을 더욱 강하게 한다. 한대漢代에 오면서 동중서董仲舒나 왕충王充은 누구의 권위도 따르지 않고 본성을 단계별로 구분한다. 본성에 선악이 어디는 많이, 어디는 적게 분배되면서 모든 인간이 도덕적 심성을 완성시킬 수 있음이 부정되는 것이다.

동중서는 본성을 거론할 때는 보통 사람의 것을 말해야지, 아주 훌륭하거나 몹시 나쁜 사람의 본성을 말해서는 안 된다고 주장한다. "성인의 본성을 본성이라고 해서도 안 되며, 밥통의 본성을 본성이라고 해서도 안 된다."² 따라서 그에게 본성은 위도 아래도 아닌 '중민의 본성中民之性'을 말하는 것으로 본성의 보편성이 사라지고 만다. 이런 논의는 비슷한 시기 양웅揚雄의 '인성에는 성악이 혼재'되어 있다는 입장과도 닮아서, 이런 견해에 대해 왕충은 혼재설은 중인中人을 일컫는 것이라고 다시금 평가한다. 왕충에 따르면 "맹자는 중인 이상을 기준으로 삼았기에 성선설을, 순자는 중인 이하를 기준으로 삼았기에 성악설을, 양웅은 중인을 기준으로 삼았기에 인성의 선악혼재설을 주장하게 되었다"³는 것이다. 이렇게 되면 인간의 가능성과 그 실천 근거는 정말 모호해지고 만다. 성인이나 밥통 모두 애쓸 까닭이 없다. 게다가 왕충처럼 "심성이 착하다고 운명이 길한 것도 아니고 심성이 악하다고 운명이 흉한 것도 아니다"⁴라고 주장한다면 도덕을 실천할 근원적인 동기가 점점 애매해진다.

이때 근처에 후대의 성리학자와 닮은 유가가 있었다면 본성에

---

2 『春秋繁露』, 「實性」: 聖人之性, 不可以名性; 斗筲之性, 又不可以名性; 名性者, 中民之性.

3 『論衡』, 「本性」: 余固以孟軻言人性善者, 中人以上者也; 孫卿言人性惡者, 中人以下者也; 揚雄言人性善惡混者, 中人也.

4 『論衡』, 「命義」: 性自有善惡, 命自有吉凶. 使吉命之人, 雖不行善, 未必無福; 凶命之人, 雖勉操行, 未必無禍.

대해 완전하게 긍정하지 않은 그들에 대해 상당한 반론을 제기했어야 할 텐데 그렇지 않았다. 그런 점에서 '인간에 대한 무조건적 신뢰'는 당말송초唐末宋初 이후로 내려오는 것이 맞아 보인다. 특히 그 인물로는 이고李翺를, 그 주장으로는 그의『복성서復性書』를 꼽아야 할 것이다.

이고는 불교에 심취했던 인물로 알려진다. 그가 말하는 '복성'이란 마치 불교의 '마음 찾기'와 닮았다. 그것은 스스로의 등불에 의지해서 밝음을 찾아가는 자등명自燈明의 불성처럼 보인다. 그러나 이고는 성의 본원적 의미를 불교가 아닌 전통 속에서 찾아낸다. 그런데 문제는 그것이 마치『장자莊子』의 "처음으로 돌아가라復其初"는 주장처럼 들린다는 데 있다. 아쉽게도 장자가 직접 복성을 말하지는 않는다. '처음으로 돌아가라'는 말은 「선성繕性」 편에서 연거푸 두 번이나 나오고 그 내용은 분명 "본성을 잃어버린 것失其性"과 상반되어 대비적으로 쓰이고 있지만, 복성을 구체적으로 말하지는 않는다. 오히려 "본성을 잃어버렸다失其性"는 표현은 조금씩 다르게 자주 나오며 ('失性' '不失其性命之情' 등), 「거협胠篋」 편에서 글자 그대로 표현된다. 그런데 「달생達生」 편에서 바로 "본성을 하나로 하라壹其性"는 구절이 나온다. 의미상, '처음으로 돌아가라'는 말은 '본성을 하나로 하라'는 말과 통하고, 결국 "처음으로 돌아가서 본성을 하나로 하라復其初, 壹其性"는 말의 처음과 끝을 따서 '복성'으로 만들 수 있게 된다. 이고는 불교의 '심' 대신 전통적인 용어인 '성'을 인간의 가장 근원적인 속성으로 설정하는 데 큰 공헌을 하고 있는 것이다. 이른바 '성명학性命學'⁵으로의 복귀이다.

성명학, 위에서 말한 그대로 얘기하자면, '성명의 본질性命之情'에 관한 이론은 역시 도가, 그중에서도 장자가 단연 돋보인다. 장자의 주장이 바로 '우리에게 자연적으로 주어진 것에 충실하자'였고, 따라서 인간은 하나의 자연물로서 세계의 일부일 뿐, 결코 중심이 아니라고 판단한다. 그의 상대주의는 이처럼 인간끼리의 상대주의만이 아닌, 성명을 지닌 온갖 동물과의 절대적 호혜관계 속에서 성립한다. 우리는 그 극단에 "털 하나를 뽑아서 천하가 이롭게 되더라도 나는 하지 않겠다"는 이기주의자 양주楊朱가 위치하고 있음을 기억한다. 그를 위시하여, 성명에 충실하지 않은 결과가 결국 사회적인 악을 탄생시킨다고 대체로 도가들은 생각한다.

그러나 후대 철학자들은 여전히 마음 이야기를 '성'이 아닌 '심'으로 귀착시켜서 전개하기를 좋아했다. 우리말에서 마음은 성보다는 심에 가깝다. 불교의 영향 관계를 굳이 접합하지 않더라도 마음은 여실히 우리의 강력한 주제로 성립하고 있는 것이다. 현실적으로 우리에게 '본성'은 때로 본능本能에 가깝게 여겨지고, 때로 '성'은 성욕性慾의 축약적 표현으로 들린다. 그러나 '본심'은 도덕적 주체로 받아들여져서 이른바 '양심良心'과 같은 의미 선상에서 작용한다. 나아가 마음은 '가슴'과는 달리 물체성을 확연히 뛰어넘

---

5 운명학으로서의 성명학이 아니다. 인간의 본성에 대한 궁극적인 탐구로서의 성명학을 말한다.

는 어떤 것으로 그려진다. '마음이 아픈 것'은 '가슴이 아픈 것'과는 전혀 다르다. 마음은 심리적이고 윤리적인 것인 반면, 가슴은 육체적이고 물질적이다.

이런 어려움 때문에, 서양의 중국학자, 그중에서도 도가 전공자인 한센은 마음의 표기를 이 둘을 포괄하여 이중적으로 하기도 한다. "심心의 일반적인 번역(Xin, heart-mind)은 믿음과 욕망(사고와 느낌, 생각과 감정들)을 하나의 복잡한 기질적인 잠재성으로 혼합하고 있음을 반영한다."[6] 서양인에게도 마음은 이성과 감성 두 영역을 통괄하고 있는 것으로 보인다. 따라서 심의 번역어로 굳이 '가운데 줄(─)'을 사용해가면서까지 생각과 느낌, 즉 이성과 감성의 영역을 통틀어 표현하고자 하는 것이다.

도가의 시원인 노자는 어떠할까? 안타깝게도 장자와는 달리, 노자에게서 '성정性情'론을 찾기는 어렵다. 그에게 '성'과 '정'이라는 개념은 아직 철학화되지 않았다. 의미상으로 그에 해당하는 구절이 있다 하더라도 그것이 후대에 유행하는 인간의 성명론으로 체계화되고 있지는 못하다. 이 점은 노자 철학이 장자 철학과 크게 차별되는 부분이기도 하다. 노자에게 성명학이란 곧 '생生'에 대한 그의 극진한 관심으로 대변된다. 그런 점에서 노자는 생명의 철학자이지, 성정의 철학자는 아니다. 그러나 성명학이 생명의 이해와

---

6 Chad Hansen, *A Daoist theory of Chinese Thought*, Oxford university press, 1992, p.20.

7장 노자의 심론

그에 대한 존중에서 비롯됨을 다시 한 번 곱새겨본다면, 노자야말로 성명학의 비조가 아닐 수 없다. 노자의 생은 곧 생명으로, 한마디로 '삶生'이고 '목숨命'이다. 이른바 '명줄'을 지키는 것이 어떤 부귀영화보다도 중요함을 노자는 어떤 철학자보다 앞서 주장하고 있지 않은가.

노자는 생명의 철학자이다. 그의 용어를 빌리자면 '장생長生'[7]이요, '섭생攝生'[8]이다. 여기서 인간 본성에 대한 노자의 관점을 엿볼 수 있다. 그에게 삶은 곧 선으로 비친다. 삶을 기르는 것은 선이고, 삶을 거스르는 것은 악이다. 따라서 노자에게 인간의 본성은 기본적으로 선한 것으로 그려진다. 따라서 삶은 선이기 때문에 삶을 이끌어가는 행위도 기본적으로 선일 것이다. 그렇다면 사람의 마음은 어떤 것일까? 사람의 마음이 인간 본성을 대변할까, 아니면 그 반대일까? 손쉽게 생각하면, 삶을 살아가는 것을 선하다고 보기 때문에 삶을 이끌어가고 있는 사람의 마음도 선할 것으로 보이기 쉬운데, 과연 그러한가?

---

7 『老子』7·59장.
8 『老子』50장.

4. 노자의 마음

『노자』에서 심心 자는 총 10회 나온다. 그런데 같은 곳에서 사용되고 있기 때문에 같은 장의 것을 하나로 본다면 6회로 줄일 수 있겠다. 그러나 제49장의 경우는 다른 용례로 볼 수도 있기 때문에 일곱이나 여덟 가지 용법으로 나뉠 수도 있을 것이다.

1) 흔들리는 마음民心 / 人心

노자에게 '사람의 마음民心 / 人心'은 대체로 부정적인 뜻이다. 그 자체로 나쁜 뜻은 없지만, 어지럽혀지거나 미쳐버릴 수 있는 것이기 때문이다. 주위 환경에 의해 나빠질 수 있는 마음이다.

　똑똑함을 우러르지 않아 사람들이 싸우지 않게 하고,
　얻기 어려운 재화를 귀하게 여기지 않아 사람들이 도둑이 되지 않게 하고,
　욕심날 만한 것을 보이지 않아 사람들의 마음이 어지럽지 않게 한다.
　不尙賢, 使民不爭; 不貴難得之貨, 使民不爲盜; 不見可欲, 使民心不亂.[9]

　9 『老子』3장.

여기에서 '민심'은 명예와 재화에 민감한 것으로 묘사된다. 보여주지 않으면 될 것인데 보여줌으로써 사람의 마음이 어지럽혀지는 것이다. 알다시피, 이때 '사람民'은 '천민賤民'에 가깝다. 전통적인 용법에서 '민'은 계층적으로 교육을 받지 못한, 신분이 낮은, 노동계급에 속한 사람이지, 귀족이나 문벌에 속한 사람이 아니다. 그런 점에서 노자는 보통 사람들의 마음은 쉽게 흔들릴 수 있음을 묘사하고 있는 것이다.

똑같이 사람의 마음이라고 번역되는 '인심'도 노자에게는 마찬가지로 불안한 것으로 비친다. 노자에게 인과 민, 곧 인민의 마음은 정서적으로 안정되지 못한 상태이다.

다섯 색깔은 사람의 눈을 멀게 하고,

다섯 소리는 사람의 귀를 먹게 하고,

다섯 맛은 사람의 입을 버리게 하고,

말 달리며 사냥하는 것은 사람의 마음을 미쳐버리게 하고,

얻기 어려운 보화는 사람의 갈 길을 어지럽게 한다.

그러므로 성인은 배를 위하지 눈을 위하지 않으니, 그것을 버리고 이것을 갖는다.

五色令人目盲; 五音令人耳聾; 五味令人口爽; 馳騁畋獵令人心發狂; 難得之貨令人行妨. 是以聖人爲腹, 不爲目, 故去彼取此.[10]

---

10 『老子』12장.

사람은 외부 대상에 영향을 받는다. 화려하고 원색적이고 맛있는 것들일수록 더욱 그러하다. 게다가 말을 몰며 사냥하는 것은 아예 사람을 미치게 만든다. 고대 왕족들은 동서양을 막론하고 말 타고 사냥하길 즐겼다. 사냥터가 따로 있을 정도였으니 귀족들의 사냥놀이는 여간 흥에 겹지 않았을 것이다. 사냥은 '민'이 하는 놀이는 아니었던 것 같다. 그런 점에서 노자는 '민심'이 아닌 '인심'이라고 쓰고 있다. 이때 인심은 상하 귀천을 막론한 일반적인 사람의 마음을 가리키는 것으로 보인다.

'인심이 발광한다.' 대단히 강조된 표현이다. 사람의 눈과 귀와 입은 별다른 동사가 없이 형용사로만 그 상태를 묘사했지만, 사람의 마음에서만큼은 '미친다狂'가 아니라 '미쳐 버린다發狂'고 강조한다. 이런 지경에 이르지 않기 위해서 노자는 바로 "배를 위하고 눈을 위하지 않는 것爲腹, 不爲目"[11]으로 감각을 민감하게 하지 말고 오히려 육신을 만족시킬 것을 제안한다. 상징적으로 노자는 이를 "저것을 버리고 이것을 갖자去彼取此"[12]고 표현한다. '저것'은 먼 것이고 부차적이고 이차적 욕망이다. '이것'은 가까운 것이고 우선적이고 일차적 욕구이다. 내 앞의 밥이 중요하지 저 멀리 있는 금광이 중요하지 않다. 배가 고프면 사냥할 말조차 잡아먹게 되는 것이 사람이다. 그런데 '기본적 욕구에 충실하여 딴맘 먹지 말자'는

11 『老子』12장.
12 『老子』12장.

주장을 노자는 '마음 비우기虛心'라고 일컫는다.

   2) 빈 마음虛心

저것을 버리고 이것을 갖자. 노자의 마음 찾기의 기본 방향이다.
저것에는 돈, 힘, 이름이 속한다. 이것에는 밥, 땀, 잠이 속한다. 한
마디로 돈을 버리고 밥을 얻자는 것인데, 자본주의 사회에서처럼
물건의 가치가 곧 화폐의 가치로 태환兌換되는 상황에서는 부적절
한 예가 되겠지만, 단순 농경제 사회에서 배를 채우는 것은 무엇
보다도 중요했기 때문에 이런 표현이 나오는 것이다.
   노자는 저것이 아닌 이것을 위한 행위를 한마디로 '배 채우기
實腹'라고 규정한다. 위의 예에서처럼 '배를 위하자'고 표현하기도
한다. 배 채우기는 '뜻을 약하게 하기弱志'다.

   그러므로 성인의 다스림은 마음을 비우게 하고,

   배를 채우며,

   뜻을 약하게 하며,

   뼈를 강하게 한다.

   是以聖人之治, 虛其心, 實其腹, 弱其志, 強其骨.[13]

   13 『老子』3장.

여기서 '뜻志'은 매우 센 뜻을 말한다. 전통적으로 '의意'보다는 '지志'가 훨씬 강력한 마음의 상태를 가리킨다. '의향意向'과 '의지意志'의 차이에서 알 수 있듯이, 의는 의도意圖나 저의底意를, 지는 지망志望이나 지조志操를 의미한다. 의가 단순한 잠재적 상태에서의 가능성이라면, 지는 확고한 의사의 표출이 드러난 현실태이다. 이를테면 '동지同志'는 뜻만 함께한 것이 아니라 일도 함께하는 사람이다. 따라서 노자가 '뜻을 약하게 한다'는 것은 강력한 욕망 곧 지향志向을 약하게 함을 가리킨다.

노자는 '마음 비우기'를 설파한다. 그 내용은 허구적인 욕망을 없애고 실질적인 욕구에 충실하자는 것이다. 마음 그 자체는 욕망을 지향할 수 있지만, 그것을 비움으로써 이상적인 상태로 변형시킬 수 있다는 주장이다. 노자에게는 '튼튼한 몸強骨'과 '부른 배實腹'가 어떤 가식적인 명예나 재화보다 중요하다. 요즘 투로 하면, '건강이 최고'라는 말이다. 그리고 건강을 위해서는 욕심을 버리는 것이 무엇보다도 중요하다고 말한다. 이때 마음은 중립적이다. 마음은 나빠질 수도 있지만 비움으로써 좋아진다. 달리 말해, 마음 비우기의 결과로서의 '빈 마음'은 좋은 것이 아닐 수 없다.

결국 인심이나 민심의 바깥 사물에 대한 나약함에도 불구하고 그것을 이기는 방도는 마음 비우기에 있음을 노자는 지적한다. 흔들리는 것도 마음이지만 그것을 지키는 것도 마음이다. 마음을 채우려면 위태하지만 마음을 비우면 건강하다.

7장 노자의 심론

3) 싸우지 않는 마음不爭心

노자는 고요해질 수 있는 마음을 일컫는다. 마음이라는 것은 본디 잔잔한 것인데 바깥에서 바람이 불어와 물결이 인다. 마음의 깊디 깊은 곳은 그윽하기 짝이 없다.

좋은 땅에 머물고,

좋은 연못에 마음을 두고,

좋은 사랑을 주고,

좋은 믿음으로 말하고,

좋은 다스림으로 바로 잡고,

좋은 깜냥으로 일하고,

좋은 때 움직인다.

무릇 오직 싸우지 않으니, 허물이 없다.

居善地, 心善淵, 與善仁, 言善信, 正善治, 事善能, 動善時. 夫唯 不爭, 故無尤.[14]

여기서 주어는 물水이다. 물은 만물을 이롭게 하므로 그가 머무 는 곳을 좋은 곳으로 만들며, 그의 마음은 어디서든 깊어질 줄 알 며, 자기를 줄 때는 사랑으로 주고, 말을 하면 믿음직스럽고, 흘러

14 『老子』 8장.

가는 곳마다 고르게 다스릴 줄 아니, 일은 잘 이루어지고 움직임도 때에 맞는다. 이는 물을 의인화한 표현으로, 물을 사람으로 바꾸어 말해도 전혀 지장이 없다. '물의 덕을 가진 사람은 어디에고 잘 머물며, 마음은 깊고, 사랑으로 베풀고, 믿음으로 말하며, 올바르게 다스리니, 일마다 되지 않는 것이 없고, 움직임마다 때에 맞지 않는 것이 없다.' 한마디로 마음가짐을 깊은 물처럼 하라는 것이다. 심연深淵처럼 마음가짐을 하라는 것이다.

이와 같은 자세를 노자는 '싸우지 않는 것'이라고 말한다. 마음이 깊으니 싸우지 않는다. 마음이 얕으니 싸운다. 아무것도 아닌 바람에도 출렁거리며 마음이 흔들거린다. 그 모두 마음이 깊지 않아서 그렇다. 깊은 마음을 가지면 곧 싸우지 않는 마음이 된다. 노자는 직접적으로 '부쟁심不爭心'을 말하지는 않는다. 그러나 그가 깊은 마음으로 표현하고자 하는 것은 바로 싸우지 않는 마음이었다.

위 인용문의 앞에 나오는 구절이 그 유명한 "물은 만물을 잘 이롭게 하면서도 싸우지 않고, 뭇사람이 싫어하는 곳에 머물기에 도에 가깝다水善利萬物而不爭, 處衆人之所惡, 故幾於道"이다. 물처럼 깊은 마음을 가지면 싸우지 않게 된다.

4) 바보 같은 마음愚人心

물처럼 깊어 싸우지 않는 마음도 있지만, 노자는 바보 같은 마음도 강조한다. 똑똑한 마음은 비운 마음도 아니고 싸우지 않는 마음도 아니다.

> 뭇사람들은 모두 남음이 있는데 나만 홀로 잃어버린 듯하다.
> 나는 어리석은 사람의 마음이런가! 아득하도다.
> 衆人皆有餘, 而我獨若遺. 我愚人之心也哉! 沌沌兮.[15]

노자에게 사람의 마음은 어지럽혀지기 쉬운 마음이지만, 바보의 마음은 그것이 아무리 사람의 마음일지라도 닮아야 할 마음으로 그려진다. 배운 사람들은 '예'와 '응'을 구별하여 '예'라고 대답하면 좋아하고 '응'이라고 대답하면 화를 내지만, 그게 과연 무슨 상관이냐고 노자는 반문한다. 사람들의 마음은 잔치를 벌여놓은 듯하지만, 내 마음은 홀로 담담하다. 사람들의 마음은 빛도 나고 이것저것 다 아는 듯하지만, 내 마음은 어둡고 깜깜하다. 나만 바보 같다. 그러나 노자는 이런 마음이야말로 닮아야 한다고 주장한다. 남들이 자랑할 때, 나만 홀로 무디고 다랍다我獨頑似鄙[16]. 나만 세상에 무감각하고 전전긍긍한다. 나만 미련하게 얕보이며 산다.

노자는 이런 바보 같은 마음을 매우 높이 산다. 남들이 밝을 때 나는 어둡고, 남들이 재빠를 때 나는 둔하고, 남들이 잘 쓸 때 나는

---

15 『老子』20장.
16 『老子』20장. '다랍다'는 인색吝嗇함을 가리킨다. 혼자서 아끼고 있으니 비루하고 비천해 보인다. 남들에게 얕보임을 말한다.

아끼고, 남들이 높아질 때 나는 낮아져야 한다고 말한다. 노자는 이를 한마디로 '어리석은 사람의 마음'이라고 정의한다. 남들과 달리 이런 마음을 닮아야 오히려 걱정이 없다고 그는 강조한다.

노자는 이를 비유적으로 "밥 어머니食母를 높인다"[17]라고 말한다. 나에게 밥을 주는 사람이야말로 가장 중요하다. 배운 사람들이 떠들어대는 고관대작高官大爵이 아니라 바보가 우러르는 밥 주는 어머니가 최고라는 것이다. 노자는 누룽지를 건네주는 부엌데기 할미나 술상을 차려주는 주모酒母를, 바보같이 보일지라도 다른 사람과 다르게 우러르겠다我獨異於人, 而貴食母는 것이다. 바보의 마음, 그것은 인간의 가장 원초적인 상태이며 그것으로 자신의 마음을 어리석게 만들라고 노자는 주장한다. 그에 따르면 학식 있고 명민하고 과잉된 인간의 모습보다 어수룩한 마음이 훨씬 낫다.

5) 함께하는 마음天下心

남이 내 마음 같을까? 결코 그럴 수 없다. 그럼에도 만나고자 한다면 내가 남의 마음과 같아지는 수밖에 없다. 따라서 노자에게는 고정된 마음은 좋지 않은 것이다. 남에 따라 바뀔 수 있는, 남에 맞추는 마음이 좋은 것이다.

17 『老子』20장.

성인은 늘 그러한 마음이 없이,

백성의 마음을 마음으로 삼는다.

聖人無常心, 以百姓心爲心.[18]

『노자』에서 '늘 그러함常'이라는 표현은 좋은 것이다. '상도常道'[19] '상덕常德'[20] 등 늘 그러함과 관련된 것은 영원하고 지혜롭다. '늘 그러함을 아는 것知常'[21]이나 '늘 그러함을 익히는 것習常'[22]은 궁극적인 진리의 길로 들어서는 방법이다. 단순한 부사적인 표현도 있지만, 노자에게 '늘 그러함'은 이상적인 상태를 가리키는 수식어인 셈이다. 그러나 단 하나 예외가 있다. 그것이 위의 예문으로 마음과 연용되어 쓰일 때이다. 노자에게 '늘 그러한 마음常心'은 고정된, 일정한, 확고한 마음으로 획일적이고 편집적인 정신 상태를 가리킨다. 반대로 노자가 바라는 것은 늘 그러함이 없는 '무상한 마음無常心'이다.

그는 자기 마음이 없어야 남의 마음이 될 수 있다고 믿는다. 따라서 이상적인 인격자는 고정된 마음이 없이 백성의 마음을 자기 마음으로 삼는다. 그의 마음은 자기심自己心이 아니라 '백성심百姓心'

18 『老子』49장.

19 『老子』1장.

20 『老子』28장.

21 『老子』16장.

22 『老子』52장.

275

이다. 잘하면 잘하는 대로, 못하면 못하는 대로 그는 받아들인다. 사람 마음이 나 같을 수 없기 때문이다. 나를 따르는 자도 잘해주고, 나를 따르지 않는 자도 잘해준다. 나는 나의 길을 갈 뿐이지 남의 믿음에 따라 내 믿음을 바꾸지 않는다. 그럴 수 있는 까닭은 그가 바로 백성의 마음을 자기의 마음으로 삼았기 때문이다. 백성은 여러 가지 원인이나 형편으로 그러기도 하고 그러지 않기도 한다. 내가 그 마음이 되면 다 이해 할 수 있지만, 내가 나의 마음으로 고정되어 있으면 남을 이해하는 것은 불가능해진다.

성인은 천하에 맞추려 하는구나.
천하를 위하여 그 마음을 함께하는구나.
백성은 모두 그 귀와 눈을 바라보고,
성인은 그들을 아기처럼 여긴다.
聖人在天下, 歙歙焉; 爲天下渾其心. 百姓皆注其耳目, 聖人皆孩之.[23]

이상적인 인격인 성인聖人은 천하를 자기에 맞추려 들지 않는다. 오히려 천하에 자기의 마음을 함께한다. 그런데 노자는 여기서 천하에 자기를 동일화한다는 표현 대신에 '숨을 함께 쉬며 거두어들인다歙歙'는 은유적인 표현을 쓰면서 천하를 위하여 자기의

23 『老子』 49장.

마음을 '뒤섞어 뭉친다渾'는 의미를 강조한다. 한마디로 자기의 마음을 천하와 함께한다는 것인데, 노자는 이러한 용어를 통해 자기의 마음이 사라지는 것이 아니라 남과 어우러진다는 점을 부각한다.[24] 그것은 '더불어 마음'이고 '함께 마음'이다.

여기에서 '무상심無常心'을 독립시켜서 본다면 노자의 마음은 일곱 가지가 될 수 있고, 게다가 '백성심百姓心'도 따로 떼어 본다면 노자의 마음은 모두 여덟 가지로 나눌 수 있다. 그러나 무상심이나 백성심은 한마디로 '천하와 함께하는 마음'이라는 점에서 '천하의 마음'으로 통일해서 보는 것이 나을 듯싶다. 특히 무상심으로 정형화하면 불교의 '무상無常'과 개념적으로 혼란스러울 수 있어 피한다. 불교적으로 말하면 천하심은 오히려 '무주無住'에 가깝다. 그리고 백성심은 위에서 부정적으로 쓰인 인심이나 민심과 혼동될 가능성이 크다.

6) 살아 있는 마음生氣心

노자에게서 생명은 무엇보다도 중요한 주제이다. 게다가 생명을 좋게 하는 것이라면 더더욱 중요하다.

---

24 이런 점은 장자의 "만물을 만물이 되게끔 하면서도 스스로는 만물이 되지 않는 것物物而非物於物"의 정신과 닮아 보인다.

삶에 도움이 되는 것을 상서롭다 하고,

마음이 기를 좇는 것을 강하다고 한다.

益生曰祥, 心使氣曰強.[25]

삶에 도움이 되는 것은 노자에게 좋다 못해 거룩하다. 삶을 늘려주는 것은 고귀하고 복 받는 일이다. 이를 위해서 무엇을 해야하는가? 노자는 여기에서 '기氣' 개념을 제시한다.

노자에서 기는 위의 경우를 포함해 세 차례 출현하는데, 하나는 아기가 '기를 모은다專氣'[26]는 것으로 생리적인 상태를, 다른 하나는 우주가 '기로 가득 차다冲氣'[27]는 것으로 세계의 양태를 묘사하는데, 여기에서는 앞의 것과 비슷한 용법으로 생명과 관련되어 쓰이고 있다. 위 문장의 내용은 '생명에 보탬이 돼라. 그러면 좋다. 마음이 기를 좇게 하라. 그러면 강건해진다'는 뜻으로, 한마디로 장수하려면 기를 좇으라는 말이다. 이때 기는 자연의 기이다. 자연의 기운 그대로를 잘 따라 살라는 것이다. 그런 점에서 사람 속 안의 기운에 가깝지만 마음이 따라야 할 것이라는 점에서 좀 더 원리화된 기이다. 범주의 층차로 본다면 위에서 말한 두 기의 가운데쯤 속한다.

25 『老子』55장.

26 『老子』10장.

27 『老子』42장.

여기서 기억해야 할 것은 노자에게 기는 좋은 뜻이라는 점이다. 맹자의 '호연지기浩然之氣'에서처럼 기는 사람이 얻고, 모으고, 기르고, 따라야 할 것이다. 만약 이 구절을 '마음이 기를 시킬 수 있으면'이라고 해석한다면, 그것은 너무도 성리학적인 세례를 많이 받은 해석 방식이 아닐까. 말을 만들어보자면, "심은 착하고 기는 착하지 않을 수 있기에, 심이 기를 잘 다루어야 한다心善而氣有不善, 故氣發則心須乘"는 해석은 지나치게 심을 이상화하고 기를 폄하하는 것으로, 고대인의 세계관과 잘 맞아떨어지지 않기 때문이다. 그들에게 기는 자연의 것으로 결코 나쁘지 않은 것이었다. 후대에 사람의 기질(氣質 또는 氣質之性)로 평가절하된 기와는 달리, 그들에게 기는 자연의 본성이었던 것이다. 문명으로 더럽혀지지 않은 아기처럼, 본래 세계의 모습이 그러했던 것처럼, 기는 사람의 마음이 따라야 할 대상이었다.

자연의 기운을 따르는 마음, 그것은 '살아 있는 마음生氣心' 즉 생기가 도는 마음이다. 조건부이긴 하지만, 마음이 자연의 상태를 좇을 때 삶에 도움이 된다. 생기발랄生起潑剌한 마음을 지니는 것은 노자에게 가장 건강한 정신적 상태를 일컫는다. 도타운 덕을 지닌 '핏덩이赤子'[28]가 바로 그 예이다.

---

28 『老子』55장.

5. 노자 이후

노자의 마음은 '흔들리는 마음' 곧 인심이나 민심을 제외하고는 나머지 다섯 용법이 모두 긍정적인 역할을 하는 데 쓰이고 있다. '빈 마음虛心' '싸우지 않는 마음不爭心' '바보 같은 마음愚人心' '함께하는 마음天下心' '살아 있는 마음生氣心' 모두 마음의 지향처나 이상적 상태를 가리킨다. 노자의 다섯 용법은 또한 오늘날도 손쉽게 쓰일 수 있는 것들로 쉽게 우리와 교감된다. 우리는 욕심이 만족되지 않을 때 늘 마음을 비우고자 하며, 경쟁 속에서도 평정을 위해 싸우지 않는 마음을 되새기며, 똑똑한 마음보다는 어수룩한 마음이야말로 사람을 편하게 해줌을 알며, 세계 속에서 남과 하나 되는 마음을 갖고자 애쓰고, 그럼에도 무엇보다도 먼저 자신의 마음에 생기가 가득 차길 바란다. 이렇게 노자의 심론은 한마디로 '마음의 다섯 가지 덕心之五德'으로 요약된다.

　이렇듯 노자는 사람의 마음에 긍정적인 기능을 부여하고 있다. 어쩌면 노자야말로 사람의 마음을 선으로 나아가는 하나의 매체로 여긴 최초의 인물일지도 모른다. 동양 사상의 역사에서 긍정적 심성론의 근원이 바로 노자에 있는 것이다. 이것은 달리 말해 '자연 상태의 인간이 곧 선'이라는, 사람에 대한 확고한 믿음을 노자가 마음을 통해 보여주고 있음을 뜻한다. 그의 '내버려두라無爲'는 원칙이 이를 깊이 있게 증명한다.

　이후 노자를 이었다는 장자도 그러할 것 같지만 의외로 그의 마음은 좋은 것만이 아니다. 그의 '성심成心'을 놓고 송명 이후의 주석가들이 자꾸만 좋게 보려는 실수를 저지르는 것은 후대 심론의 영향 때문이었다. 장자의 성심은 편견이 있는, 이미 형성된 마음이라는 점에서 기성심旣成心이요, 편견심偏見心이다. 노자의 민심이나 인심과 비슷하다.

초창기 서양의 노자 번역을 대표하는 웨일리의 경우도, 위에서 말한 한센과 같이, 노자의 마음을 번역하기 위해 고민한 흔적이 보인다. 마음, 가슴, 지혜, 심지어는 사상까지 총동원되기 때문이다.[29] 그만큼 현대 용법으로는 다양한 의미를 지닌다는 말이기도 하다.

동양인에게 마음은 중요하다. 유가, 도가, 불가를 막론하고 마음은 결국 그들의 중심 주제다. 이렇듯 마음을 철학의 궁극적 대상으로 삼게 된 데에는 복잡하고 다양한 철학사적 변천이 뒤따른다. 그 시원에 노자가 보여준 마음의 예제가 자리하고 있다.

---

29 제3장 民心 / 虛其心: 'hearts' ; 제8장 心善淵: 'thoughts' ; 제12장 人心: 'minds' ; 제20장 愚人之心: 'mind' ; 제49장 제1절 無常心 / 百姓心: 'heart' ; 제49장 제4절 渾其心: 'wits' ; 제55장 生氣心: 'heart' (氣: 'life-breath'). Arthur Waley, *The Way and its power*, George Allen and Unwin Ltd., 1934 / 1949.

8장 장자의 심론

8장 장자의 심론

이 글은 『장자』의 심론心論 가운데 '이루어진 마음成心'을 긍정적으로 해석한 용례와 부정적으로 해석한 용례를 정리했다. 장자의 원의는 부정적인데 반해, 불교와 신유학에 훈습을 받은 주석가들은 긍정적으로 해석하는 경향이 있었다.

성심에 대한 긍정적 견해에는 송나라 임희일의 '사람마다 있는 천리', 명나라 석덕청의 '본래 있던 것이 드러난 진심', 청나라 마기창의 '성실한 마음, 진실한 마음', 청나라 왕선겸의 '하나로 모인 마음', 현대 학자 장석창의 '천연스럽게 스스로 이룬 마음'이 있고, 『장자』를 영어로 번역한 왓슨도 그렇다.

부정적 견해를 보면, 왕부지는 성심을 '하나만이 옳다는 마음, 조작하는 마음, 이理에서 벗어난 마음'으로, 성현영은 '일가의 편견을 잡는 것'으로 보았다. 아울러 고형은 '마음은 이룬 마음이다'는 점에서, 전목은 '성심 때문에 옳고 그름이 자꾸 생긴다'는 해석에서 부정적으로 보았으며, 조초기는 성심을 아예 '주관이나 편견'

으로, 왕숙민은 '변화를 모르고 고집을 부리는 바보의 것'으로, 심홍은 '하나로만 이루어진 마음'으로, 장경광은 '편집견'으로, 황금횡은 '편견'으로, 이케다는 '개별의 마음'으로 해석하고 있다.

현대 주석가들은 원의에 따라 대체로 부정적으로 해석했다. 마음과 관련된 다른 복합사 용법에서도 대체로 부정적이었다. 후대의 이데올로기로 고전의 의미를 해석하는 것은 철학사에서 잦은 일이다.

1. 마음의 두 뜻

동양인의 마음心은 서양적 용어로는 하나의 '궁극적 관심the ultimate concern'으로 신神이나 실재實在와 맞먹는 개념이다. 그러나 신과 실재가 형식논리적인 체계 속에 있는 것임에 반해, 마음은 상당히 감성적인 것으로 해석interpretation이 아닌 이해understanding를 주도한다. 해석은 이성적인 추론이라면, 이해는 감성의 활동에 가깝다.

동양인에게 중요한 것은 사건의 분석이 아니라, 이른바 '참육만물參育萬物'이라 불리는 사물에 대한 참여이다. 사건事件, happening은 물건끼리 부딪쳐 벌어져버린 일에 불과하지만, 사물事物, events and things은 나름대로 고유의 개체성을 갖고 타인 또는 타물과 교섭한다. 동양적 의미에서 사물은 단순한 물체가 아니라, 벌어지고 있는 '일事'이며 그 일을 벌이는 어떤 '것物'들임을 잊어서는 안 된다. 그런 점에서 사물은 매우 현재적이며 진행적이어서, 사건처럼 과

거에 머물러 있지 않다.

따라서 동양의 철학자들에게 요구되었던 것은 대상화되거나 물질화된 마음이 아니라, 살아서 꿈틀거리는 유기체 같은 마음이었다. 받아들이고자 하면 세계와 우주를 담을 수 있을 정도로 방대하지만, 닫혀버리면 좁쌀 한 톨도 담지 못하고 옹졸해지는 그런 마음이었다. 이때 마음은 이해체理解體: comprehensiveness로, 이해심理解心: comprehensive mind이자 이해력理解力: comprehensive faculty이다. 마음 좁은 사람은 타인을 너그럽게 이해하지 못하고, 마음이 넓은 사람은 용서하고 포용한다. 동양인들이 도덕의 중앙에 마음을 가져다 놓은 것도 바로 이러한 맥락이다.

그런데 마음은 좋은 것일까, 나쁜 것일까? 이런 단순한 질문에 답하지 못한다면 마음의 역할에 우리는 진정한 대답을 하는 것이 아니다. 마음이 중립적일 수도 있다. 그렇지만 중립적이라 함은 나쁘다는 뜻에 가깝다. 왜냐하면 마음이 좋을 수도, 나쁠 수도 있다는 것은 마음이 오로지 좋지만은 않음을 가리키기 때문이다. 전통 용어에 따르면 중립적인 마음은 이른바 순선純善과는 거리가 멀다. 이른바 '선하지 않을 수 있음有不善'은 마음의 부정적인 양태를 보여주는 것이다. 본성은 선하지만 마음에는 불선이 있을 수 있다고 개념의 틀을 잡은 것은 주자朱子였고, 마음이 곧 선하다고 단언한 것은 왕양명王陽明이었다. 주자에게 성선性善은 심불선心不善과 대립하는 것이 아니라 양립하는 것이었지만, 양명에게 성선은 심선心善으로 일직선으로 곧바로 연결되어야 하는 것이었다. 그래

　　　　　　　　　　8장 장자의 심론

서 주자는 성리학性理學이고 양명은 심학心學인 것이다.

이처럼 마음이 긍정적인지 부정적인지를 묻는 것은 철학사적으로 상당히 유효한 질문일 뿐만 아니라 필요한 작업이다. 현재의 눈으로 과거의 마음을 보아서도 안 된다. 우리의 인식은 현재의 개념에 쉽사리 좌우된다. 따라서 오늘날의 철학이 말하는 마음의 좋은 뜻 때문에 예전의 철학이 말하는 마음의 나쁜 뜻을 놓쳐서는 안 된다. 작게는 주자학 때문에 양명의 심학이 오해되어서도 안 되고, 불교의 심론 때문에 유학의 심론이 과장되어서도 안 된다.

마음이라고 해서 철학사에서 절대적 위상을 늘 차지했던 것은 아니다. 철학사에서 개념은 긍정과 부정 사이에서 시소게임을 한다. 따라서 철학사 내내 부침을 거듭하는 마음의 흐름을 탐구하는 것은 의미 있으며, 이로써 철학사만이 아니라 개념의 변천과 추이를 설명하는 철학사의 철학이 자리 잡게 되는 것이다.

2. 문제 제기

『노자老子』에서 마음은 대체로 긍정적으로 쓰였다. 이른바 마음의 다섯 가지 덕心之五德이라고 부를 만한 것들로, '빈 마음虛心' '싸우지 않는 마음不爭心' '바보 같은 마음愚人心' '함께하는 마음天下心' '살아 있는 마음生氣心'이다.[1]

그럼에도 우리가 상식적으로 생각할 때에는 긍정적이라고 여길 '민심民心'이나 '인심人心'은 『노자』에서 오히려 부정적인 의미였다. 그러나 '바보 같은 마음'이라면서 '우인심愚人心'을 말할 때는 사람의 마음이라도 좋은 뜻이다. 바보라는 부정적 가치가 인심의 부정적 인상을 이중 부정하면서 긍정적으로 쓰이는 것이다. 천하의 마음天下心이나 백성의 마음百姓心도 바보의 마음愚人心과 더불어 좋은 뜻으로 쓰인다.

그런데 노자에게 '늘 그러함常'은 좋은 것이지만, '늘 그러한 마음常心'은 나쁜 것이다. 상심은 변하지 않는 고집스러운 마음이다. 불상심不常心이야말로 고정적이지 않아 유연하며, 자기만을 주장하지 않는 여유로운 마음이다. 『노자』에서 상常 자가 일반적으로 이상적이고 영원한 진리와 가치를 가리키고 있다고 해서, 상심常心도 그런 무리의 뜻을 지녔을 것이라고 생각하면 매우 잘못된 해석을 할 수 있다.

노자의 마음이 좋은 뜻을 지녔다고 해서 장자의 마음도 그럴까? 오늘날이건 과거이건 노장학자들을 혼란스럽게 만드는 것이 바로 이것이다. '노장老莊'이라는 통칭統稱이 가져다주는 노장사상의 일치성이 그 둘의 차이를 무시하게 만든다. 그러나 노장이라고 함께 불린 것은 철학사적으로는 『회남자淮南子』 이후임을 잊어서는 안 된다. 이를 기점으로 그 둘이 같은 유의 철학자로 취급된 것이지 그 이전에는 달리 보았다.

---

1 정세근, 「노자의 심론」, 『동서철학연구』 41, 한국동서철학회, 2006. 9.

하다못해 『장자』의 「천하天下」 편은 노자를 좋게 보고는 있지만, 평가한다는 것 자체가 나름대로 타자화일 뿐만 아니라, 사상 내용을 확정하기 어려운 관윤關尹과 노자를 함께 논하고 있다. 다시 말해 장자는 노자를 스승으로 존중하고 있지 않으며, 더 나아가 관윤을 먼저 소개하고 노자를 소개하는 형식을 취함으로써 노자가 관윤보다 하수인 듯한 인상을 풍긴다. 그 둘을 '넓고도 큰 진인博大眞人'이라면서 추켜세우고는 있지만, 관윤과 노담老聃을 동시에 말함으로써 노자를 상당히 객관적으로 취급한다.[2] 『장자』에 노자는 자주 등장하며 대체로 좋은 평가를 받고 있음은 분명하지만, 한 번 정도는 몹시 부정적으로 묘사되고 있음을 잊어서는 안 된다. 그 부분이 내편에 나오며 진일秦失, 秦佚이라는 노자의 벗과 연관되어 있다.

노담이 죽어 진일이 조문을 하러 갔는데 세 번 곡을 하더니 나와버렸다. 제자가 물었다. "선생님의 친구가 아니었던가요?" 답하길, "그렇다". "그런데 조문을 이렇게 하시나요?" 말하길, "그렇다. 처음에는 나도 그가 훌륭한 사람인 줄 알았지만, 이제는 그렇지 않다. 아까 내가 들어가 조문할 때, 늙은이는 자기 자식을 잃은 듯 곡하고, 젊은이는 어머니를 잃은 듯 곡하였다. 그들이 이처럼 모이는 까닭은, 꼭 조문을 하지 않아도 조문을 하는 것이며, 꼭 곡을 하지 않아도 곡을 하는 것이다. 이는 하늘을 등지고 인정에

2 『莊子』, 「天下」.

293

어긋나는 것이다. 받은 것을 잊어버리는 것을 하늘을 등지는 형벌遁天之刑이라고 불렀다. 와서는 그대의 때였지만, 가서는 그대가 따라야지. 때에 맞고 곳에 따라安時而處順 슬픔과 즐거움이 들어오지 못해야지. 옛사람들은 이를 일러 하늘의 임금이 굴레에서 벗어나는 것帝之縣解이라고 일컬었다네.”[3]

이쯤 되면 장자가 노자를 보는 눈이 곱지만은 않음을 알 수 있다. 더욱이 굴레에서 벗어난다는 뜻의 ‘현해懸解’와 관련해서는 비슷한 구절이 다른 곳에서도 나옴으로써 노자가 아직 굴레에서 벗어나지 못했음을 보여주고 있다. 노자는 ‘스스로 풀기自解’를 하지 못한 사람이라는 것이다.[4] 그런 점에서 노장은 ‘통칭’ 또는 ‘합칭’되는 것이라기보다는 ‘병칭竝稱’되는 것이라는 표현이 더 옳다. 섞이지 않고, 나란히 가는 것이다. 직렬이 아니라 병렬이다.

노자와 장자 사상의 뒤섞임을 여실히 보여주는 예가 있다. 그것은 노자의 ‘무의 쓰임’과 장자의 ‘쓸데없음의 쓰임’을 헷갈리는 것이다. 노자는 ‘무의 용無之用’을 말하고 있지, 결코 ‘무용의 용無用之用’을 말하고 있지 않다. 앞의 것은 무가 쓰임을 말하는 것이고, 뒤의 것은 쓰임 없음이야말로 정말 좋은 쓰임임을 말하는 것이다. 하나는 ‘없음無’을 말하고 있고, 다른 하나는 ‘쓸모用’를 말하고 있

---

3 『莊子』, 「養生主」.
4 『莊子』, 「大宗師」: 失者順也, 安時而處順, 哀樂不能入也, 此古之所謂懸解也.

다. 그럼에도 이 두 다른 철학이 노장이라는 두 인물의 혼효混淆 때문에 유사하게 취급되는 것은 큰 문제이다.

마찬가지로 노자의 마음이 대체로 긍정적이라고 해서 장자의 마음도 그럴 것이라고 판단하는 것도 문제를 일으킨다. 노자의 '상심'에 비록 '늘 그러하다'는 의미가 담겨 있지만 이는 오히려 고착된, 고집스러운, 자기의 잣대로 남을 보는, 백성의 마음을 모르는, 그리고 천하의 보편적인 마음과 거리가 먼 마음이다. 한마디로 상심은 무심無心하지 못한 마음이다. 노자의 용어로는 허심虛心하지 못한 마음이 곧 상심이다. 거꾸로 말해, 불상심이 곧 허심이 되는 것이다.

이와 같은 맥락에서 장자의 심론에 대한 이해에는 폭넓은 반성이 필요하다. 그 가운데에서 특히 '성심成心'에 대한 해석이 주석사에서 큰 기복을 보인다. 좋게 본 주석도 있고, 통렬하게 비판하는 주석도 있기 때문이다. 성심이란 '이루어진 마음'이지만, '이루어져 완전한 마음'일 수도 있고 '이루어져 고집스러운 마음'일 수도 있기 때문이다. 앞의 것은 완성심完成心이지만, 뒤의 것은 편견심偏見心으로 해석된다. 성심이 아닌 '성견成見'이라 할 때도 우리말에서는 양쪽의 의미를 담을 수 있는 것과 같다. 이 글은 『장자』의 심론 가운데 다른 개념과 어울리고 있는 복합사를 중심으로 분석한다. 재미있게도 복합사는 부정적으로 쓰이는 경향이 있다. 그 가운데 으뜸이 바로 성심이다. 그럼에도 많은 주석가들은 성심을 좋게 해석하는 오류를 저질렀다.

3. 이루어진 마음

『장자』에서 '이루어진 마음成心'은 내편의 양대 편이라 할 수 있는 「제물론齊物論」에 나온다. 그만큼 중요한 개념으로 성립했다. 우선 오탈자가 거의 없는 번역으로 객관성 면에서 탁월한 이석호의 우리말 번역을 보자.

대체로 사람이 도에 어긋나지 않는 마음을 스승으로 삼는다면 어느 누구엔들 스승이 없겠는가? 그런 스승은 변천하는 이치를 알아서 도를 이룬 사람에게만 있는 것이 아니고, 도를 이루지 못한 어리석은 사람에게도 다 같이 있는 것이다. 아직도 마음에 이룸이 없이 시비를 하는 것은 오늘 월越 나라를 떠나면서 어제 도착했다는 것과 같고, 아무것도 없는 것을 있다고 하는 것과 같다. 아무것도 없는 것을 있다고 한다면 비록 저 신령스러운 우禹라도 알 수가 없을 것이니 내가 더욱 어떻게 알겠는가?[5]

번역자는 '이루어진 마음'을 '도에 어긋나지 않는 마음'으로 확대 해석했다. 이것을 스승으로 삼으면 누구에게나 스승이 있다고 번역했다. 사람에게는 모두 어떤 좋은 마음이 있어 이를 잘 좇으면

---

5 장기근·이석호 옮김, 『노자·장자』, 삼성출판사, 1976 / 1977, 196~197쪽: 夫隨其成心而師之, 誰獨且无師乎? 奚必知代而心自取者有之? 愚者與有焉. 未成乎心而有是非, 是今日適越而昔至也. 是以無有爲有. 無有爲有, 雖有神禹, 且不能知, 吾獨且奈何哉!

누구나 도와 함께할 수 있다는 주장이다. 성심이 바로 이상적인 본성이 되고, 성리학적인 구조로는 인심人心과 반대되는 도심道心이 되는 것이다.

그러나 다음 구절을 보면 이상해진다. "아직도 마음에 이룸이 없이 시비를 하는 것은 오늘 월越 나라를 떠나면서 어제 도착했다는 것과 같고, 아무것도 없는 것을 있다고 하는 것과 같다未成乎心而有是非, 是今日適越而昔至也. 是以無有爲有." 역자는 '마음에 이룸이 없이 시비를 하지 말라'는 뜻으로 해석했는데, 그렇다면 혜시의 역설과 맞아떨어지기 어렵다. 이 혜시의 말은 다른 곳에서도 나오듯 '오늘 떠나 어제 왔다'는 말도 안 되는 상황을 연출한다.[6] 뭔가 앞뒤가 맞지 않아야 형식적으로 비교가 된다. 그러나 번역 구절은 상당한 논리적 순접이다. '마음에 이룸이 있어 시비를 하는 것은 좋지만, 마음이 이루어지기 전에는 시비를 논하지 말라'는 뜻으로 여겨지기 때문이다. 만일 혜시의 역설에 충실하려면, '마음이 이루어지지 않았으면서도 시비가 있다'는 식으로 바꾸어야 한다. 다시 말해 '마음에 편견이 생기지 않았는데도 시비가 생겼다'라고 말해야 '오늘 월나라로 출발하여 어제 도착했다'는 역설과 그 내용과 형식상 맞아떨어진다. 편견이 없는데도 시비가 생겼다는 것은 억지라는 말이다. 시비란 곧 편견에서 나온다는 것이다. 그리고 편견이 없음을 '마음이 아직 이뤄지지 않았는데도'(이석호 역: "아직도

---

6 『장자』, 「천하」.

297

마음에 이룸이 없이")로 표현한 것이다. 결국 이루어진 마음은 편견을 뜻한다. 성심은 곧 편견인 것이다. 이어 덧붙이는 "아무것도 없는 것을 있다고 하는 것과 같다"는 주장은 '마음의 이룸'이 시비의 원천임을 더욱 분명히 해준다. '성심 없이 시비 없다'는 것이 장자 주장의 요지다.

우리말 번역과 같이 성심을 긍정적으로 해석한 예는 적지 않다. 아래의 경우가 모두 그렇다.

1) 송宋, 임희일林希逸 ─ 사람마다 있는 천리

성심이란 사람들 모두에게 이런 마음이 있어, 천리와 혼연일체가 되어 갖추지 못한 것이 없음이다. 그대들이 태어날 때 모두 하나의 천리를 보고 이룸을 말하니, 이를 스승으로 삼을 수 있다면 누구라도 홀로 없겠는가? 이것은 현인에게만 있지 않고 바보에게조차 있다.[7]

成心者, 人人皆有此心, 天理渾然, 而無不備者也.

---

7 林希逸, 『南華眞經口義』, 雲南人民, 2002, 23쪽.

2) 명明, 석덕청釋德淸 — 본래 있던 것이 드러난 진심

본래 있던 것이 드러난 진심이다. 사람마다 이 마음을 갖추고 있어 사람은 모두 스스로 구하여 그것을 스승으로 삼을 수 있다. 하필 성인에게 이것이 있는가. 무릇 대신함을 안다는 것은 곧 성인은 형해가 가짜임을 알아 몸을 잊고 마음에서 스스로 얻음이다. 바보에게조차 있다. 사람이 본래의 진심을 깨닫지 못하니 스스로 세운 옳고 그름이 나온다. 실제로 다다르지 못했으면서 다다랐다고 하니 이런 옳고 그름은 스스로 속이는 것이다.[8]

現成本有之眞心. (…) 故忘形而自取於心者也.

3) 청淸, 마기창馬其昶 — 성실한 마음, 진실한 마음

이룰 성成은 성실할 성誠과 같은 글자다. 『시詩: 成不以富』 『논어論語』에서 그렇다. 성심은 위의 성형成形과 짝을 이룬다. 전전간錢田間 선생이 말하길, 『주역周易』의 '성성成性'이 이것이다. 세인의 마음은 몸과 살고 죽는데, 성실한 마음만이 죽지 않는다. 성심은 실로 있는 진심이다.[9]

成誠同字. (…) 世人心與形爲存亡, 惟成心者不亡, 成心爲實有

---

8 憨山大師, 『莊子內篇憨山註』, 新文風, 1985, 23~24쪽.
9 馬其昶, 『(定本)莊子故』, 合肥書社, 1987, 11쪽.

之眞心.

4) 청淸, 왕선겸王先謙 — 하나로 모인 마음

마음이 뜻하는 바를 따라가 이룬다. 마음을 스승으로 삼으니 모두에게 스승이 있다. 어찌 반드시 서로 이어주는 이치를 알아야만 마음이 스스로 스승을 얻겠는가? 바보에게도 스승이 없을 수 없다. 마음을 하나로 모으지 못하니 엉망으로 의견이 일어나고 엇비슷한 것을 진리라고 한다. 엇비슷한 것은 진리가 아니니, 마치 가지도 못했으면서 스스로 갔다고 자랑하는 것과 같다. 여기의 '시비'는 다음에 나오는 '시비'와 무관하다.[10]

心之所志, 隨而成之. 以心爲師, 人人皆有, (⋯) 未成凝一之心, 妄起意見, 以爲若者是道, 若者是道, 猶未行而自夸已至.

5) 장석창蔣錫昌 — 천연스럽게 스스로 이룬 마음

성심은 성형成形과 상대된다. 성형은 진군이 이루는 꼴이라면, 성심은 스스로 진군이 이룬 마음이다. 달리 말해, 성심은 천연스럽게

---

10 王先謙, 『莊子集解』, 漢京, 1988, 13쪽. 마지막 구절인 '여기의 시비是非는 다음에 나오는 시비와 다르다'라는 말에서 '여기의 시비'는 시비를 하나로 아우르지 못하는 시비를 가리킨다.

스스로 이루어진 우리의 마음으로, 사물을 판별하는 데 쓰인다.[11]

　成形旣爲眞君所之之形, 則成心自爲眞君所成之心.

이런 식의 긍정적 해석은 마침내 국외 번역에도 영향을 끼친다. 일반적으로 많이 통용되는 영역판『장자』도 예외가 아니다.

사람이 자신에게 주어진 마음[mind]을 따르고 그것을 자기 스승으로 삼는다면, 누군들 스승이 없겠는가? 왜 그대는 변화의 과정을 이해해야만 하고, 그대가 스승을 얻기 전에 그대의 마음을 그 기초 위에 쌓아야만 하는가? 바보에게도 스승이 있다. 이 마음을 따르는 데 실패하고 아직 너의 옳고 그름을 우기고 있는 것은, 네가 오늘 월나라를 떠나 어제 그곳에 갔다고 말하는 것과 같다.[12]

이런 식의 해석에 대해 현대 주석가인 진고응陳鼓應도 강한 불만을 표시한다. 중요 개념을 크게 오해大誤했다는 것이다.

성심은 편견成見[13]이다. 성심은 제물론에서 매우 중요한 관념이

11　蔣錫昌,『莊子哲學』, 古籍, 1988, 124쪽.

12　Trans. by Burton Watson, *The Complete Works of Chuang Tzu*, Columbia Univ. Press, 1968, pp.38~39.

13　진고응은 위와 같이 '成見'이라고 썼는데, 이때 성견은 우리말의 편견과 같은 뜻의 중국어다.

다. 물론物論이 자아 중심적으로 되면서 무수한 주관의 시시비비를 일으키고, 제멋대로의 태도와 배타적 현상을 만든다. 되돌아가면 모두 성심에서 나온다. 그러나 역대의 해석가들이 많이 오해했다.[14]

진고응은 위에서 인용한 몇몇의 예 외에도 청淸 선영宣穎의 "성심 속에 오묘한 도가 있다成心之中有妙道存焉"는 예도 들고 있다. 반면, 그 반대 예로 성현영(成玄英: 일가의 편견을 잡는 것執一家之偏見者), 임운명(林雲銘: 편견이 흉중에 있는 것成見在胸中), 왕개운(王闓運: 자기가 옳다는 의견己是之見) 등 세 주장을 꼽는다. 여러 학자의 견해를 좀 더 자세히 살펴보자.

6) 왕부지王夫之 — 하나만이 옳다는 마음, 조작하는 마음, 이理에서 벗어난 마음

단지 세상의 일을 알 뿐 아니라 한 실마리만을 잡아 옳다 하는 것이 성심이다. 어리석은 자도 성심이 있다. 마음속에 밝은 이치가 이루어지지 않았음에도 시비의 변론을 설정하는 것은 모두 마음이 조작하는 바이지 이치의 본디 모습이 아니다.[15]

---

14 陳鼓應, 『莊子今註今譯』, 商務, 1975 / 1985, 56~57쪽.

8장 장자의 심론

不但知世事而取一端而爲是者有成心也, 愚者亦有成心焉. / 未有成理昭然于心, 而豫設是非之辨, 皆心所造作, 非理本也. (…) 人各以成心爲論, 誰能止之?

7) 성현영成玄英 — 일가의 편견을 잡는 것

무릇 한정된 곳에서 정서가 막혀, 일가의 편견을 잡는 것을 일러 성심이라 한다. 무릇 막혀버린 마음을 따라 이를 표준되는 스승으로 삼는다. 세상이 모두 이와 같으니, 누구라서 혼자 스승이 없겠는가.

夫域情滯者, 執一家之偏見者, 謂之成心.

---

15 王夫之, 『莊子解』, 里仁, 1983, 16쪽. 왕부지의 경우는 특별하게도 리본理本을 말함으로써 성리학적인 심과 리의 이원론을 보여준다. 왕부지는 성심을 외편의 도입부에서 아예 자신의 개념으로 활용해 쓰기도 한다. "성인이 죽지 않아 큰 도가 그치지 않는다聖人不死, 大盜不止"는 장자가 노자의 말을 빌려 전국시대의 상황에 대해 격분해 쏟아낸 말인데, 이것도 성심이라는 것이다. 왕부지는 이렇듯 장자로 장자를 비판以夷制夷한다. 「胠篋」: 亦學莊者已甚之成心也. 85쪽. 『장자해』는 주 중에 '評曰'이라 해놓고 그가 누구인지 밝히고 있지 않은데, 교점校點 설명에 따라 왕부지의 것으로 보아 인용문(첫 부분)에 넣었다. 3쪽.

8) 고형高亨 — '마음'을 '이룬 마음'으로 바꿔야 한다. 성심은 바보한테도 있다.

(이 구절은) 원래 '심자취心自取'가 아니라 '성심자취成心自取'가 되어야 한다. 그래야 아래 "마음에서 이루어지지 않았는데도 옳고 그름이 있다"는 문장과 맞다. (…) 성심으로 스스로 얻음은 어찌 똑똑한 사람만 그렇겠는가. 바보도 마찬가지다.[16]

成心自取奚必智者有之, 愚者亦有之也.

9) 전목錢穆 — 성심 때문에 옳고 그름이 자꾸 생긴다.

성현영은 "무릇 한정된 곳에서 정서가 막혀, 일가의 편견을 잡는 것을 일러 성심"이라 했고, 조수곤曹受坤은 성심은 일체의 마음의 앎을 포괄하여 말하는 것이라 했다. 「경상초庚桑楚」 편에서는 "삶을 바탕으로 삼고, 앎을 스승으로 삼음에 따라서 옳고 그름에 타게 된다"고 했다. 성심을 스승으로 삼음은 곧 지식을 스승으로 삼는 것이다. 왕개운은 '성심은 자기가 옳다는 의견成心, 己是之見'이라 했다. 내가 생각하기로, 성심과 성형成形은 서로 문장뿐 아니라

---

16 高亨, 『莊子今箋』, 中華, 1973, 13쪽. 비교적 중립적이지만, 성심으로 확실히 함으로써, 자기가 옳다 하는 사람은 똑똑한 사람이나 바보나 마찬가지임을 강조하고 있다.

의미도 짝하는 글귀다.

　　각자 그의 성심을 따라 스승으로 삼으니 엉망이 되고, 옳고 그름이 마구 생긴다.[17]

　　各隨其成心而師之, 所以爲芒, 而是非橫生也.

10) 조초기曹礎基 — 주관, 편견

　　각자 자기의 편견에 기대 시비 표준을 삼는다면 누군들 표준이 없겠는가! 성심은 위의 성형成形과 맥락을 같이 한다. 성형은 진군으로 품수받아 자기의 형체를 형성하는 것을 가리키고, 성심은 진군으로부터 품수받아 자기의 의식을 형성하는 것을 가리킨다. 이처럼 성심은 주관적인 것이라서 오늘날의 말로는 주장이나 편견의 뜻과 가깝다.[18]

17　錢穆, 『莊子纂箋』, 東大, 1989, 11쪽. 그의 입장은 매우 분명하다. 그는 이어 '代'는 '化'라면서 이루기成만 하고, 변하기化를 못하는 것을 비판한다: 亦能自取己心, 惟一'成'不'化'耳. 12쪽.
18　曹礎基, 『莊子淺注』, 中華, 1982 / 1990, 21쪽.

11) 왕숙민王叔岷 — 변화를 모르고 고집을 부리는 바보는 성심이 있다.

(성현형과 전목을 따르며) 이 세 구절은 세 뜻으로 나뉜다. 변화를 아는 사람은 성심이 있을 리 없고, 자기 마음을 스스로 고집하는 사람에게는 성심이 있고, 바보에게도 성심이 있음을 말한다.[19]
知化者不必有成心; 自執其心者有成心; 愚者亦有成心也.

12) 심홍沈洪 — 하나로만 이루어진 마음

마음에서 한 번 이루어지면, 옳고 그름이 쉽게 나오고 끝이 없다.[20]
一成乎心, 是非佚出而不窮.

13) 장경광張耿光 — 편집견

성심은 이미 형성된 편집된 견해偏執之見이다.[21]

19 王叔岷, 『莊子校詮』上, 中央研究院, 1988, 57쪽.
20 沈洪, 『莊子』(人人文庫), 商務, 1969, 15쪽.
21 張耿光, 『莊子全譯』, 貴州人民, 1991, 23쪽.

8장 장자의 심론

14) 황금횡黃金鋐 — 편견

만일 자기의 편견成見을 시비의 표준으로 삼으면 누군들 편견을 표준으로 삼지 않으리요? 하필 지혜 있는 사람에게만 이런 표준이 있겠는가? 자기 마음에서 바로 얻을 수 있는 것은 바보에게도 있다.[22]

15) 이케다池田知久 — 보편적인 정신(세계정신)인 진재眞宰에서 멀어진 개별의 마음

개별적인 인간의 마음에서 일어난 판단으로 시비가 있으니, 오늘 월나라로 출발하였지만 어제 도착했다.[23]

이와 같이 현대의 주석가들은 대부분 성심을 편견으로 해석하는 데 주저하지 않았다. 이런 이유와 논거 때문에 성심을 긍정적으로 보는 것은 아무래도 무리가 아닐 수 없다. 영어권과 중국어권에서 활동하던 오광명吳光明도「제물론」에 나오는 남곽자기南郭子綦의 '나는 나를 잃었다吾喪我'를 설명하면서, 자기를 주장하고 아집을 부리는 자기의 사망이 곧 성심의 사망이라고 해석하고 있

---

22 黃金鋐, 『新譯莊子讀本』, 三民, 1974 / 1987, 71쪽.
23 池田知久, 『莊子』, 學習研究社, 1983 / 1994, 61~62쪽.

다. 자기를 잃는 것은 자기를 벗어버리는 것, 마치 뱀이나 나비의 탈피와 같다는 것이다.[24]

'이루어진 마음'에 대한 부정적인 의견은 우리에게 시사하는 바가 많다. 마음이 순선할 것으로 보는 견해는 의외로 적다는 것이 그 첫 번째이겠다. 이른바 주자의 이론에서 '마음'이 순선하지 않다고 양명 측에서 공격하지만, 심지어 장자조차도 마음의 복합사는 오히려 부정적인 면으로 취급하고 있는 것이다. 다른 복합사를 보자.

4. 기계의 마음

『장자』에서 공통되게 부정적 의미로 해석하는 것이 바로 이 기계의 마음機心이다. 기계를 쓰려는 마음이 사람의 순전함을 망친다는 대목에서 나온다. 요약하자면, 자공子貢이 남쪽 초楚나라를 돌아다니다 진晉나라로 돌아가려 한음漢陰을 지나는데, 한 늙은이가 밭이랑을 일구고 있었다. 그는 물을 퍼다 수고로이 그곳에 대고 있었다. 자공은 하루에 백 이랑에 물을 댈 수 있는 좋은 기계가 있는

---

24 吳光明,『莊子』, 東大, 1988, 188쪽. 사적인 이야기이긴 하지만, 오 교수가 영문 책을 만들 때만 하더라도 성심을 좋은 의미로 해석해서 내가 이를 심각하게 지적한 적이 있었다. Wu, Kwang Ming, *The Butterfly as Companion*, State Univ. of New York Press, 1988.

데 왜 쓰지 않느냐고 물었다. 밭이랑을 갈던 노인이 그것은 어떤 것인가라고 묻자, 자공은 힘들이지 않을 수 있는 용두레(槹: 두레박)라고 답한다. 그러자 노인이 버럭 화를 내다 마침내 웃으면서 말한다.

나는 나의 스승에게 들었다. 기계가 있으면 기계의 일이 생긴다. 기계의 일이 생기면 반드시 기계의 마음이 생긴다. 기계의 마음이 가슴속에 있으면 순수하게 깨끗한 마음이 갖추어지지 않게 되고, 정신의 생명력神生이 안정되지 않는다. 정신의 생명력이 안정되지 않으면 도를 실을 수 없다. 나는 그것을 모르는 것이 아니라 부끄러워서 쓰지 않는 것이다.[25]

이 말을 들은 자공은 멍한 채로 삼십 리를 가야 했다. 제자가 묻자, 자공은 그가 정신이 온전한 성인이라고 대답한다. 그러면서 그가 '덕이 온전한 사람全德之人'이라면 나는 '바람에 흔들리는 사람風波之民'이라며 이야기를 마무리한다. 돌아와 공자에게 이 이야기를 전하자, 공자도 그는 혼돈씨渾沌氏의 술術을 익힌 사람이라고 말한다.

---

25 『莊子』,「天地」: 吾聞之吾師, 有機械者必有機事, 有機事者必有機心. 機心存於胸中, 則純白不備, 純白不備, 則神生不定, 神生不定者, 道之所不載也. 吾非不知, 羞而不爲也.

장자가 여기에서 말하고 싶은 것은 우리의 마음에 개입될 수 있는 외부의 유혹과 침입에 대한 경계이다. 중요한 것은 정신이고 영혼이다. 장자의 표현대로 한다면, 그것은 '신기神氣'이다. 신기는 우리의 육체적이고 제한적인 '형해形骸'와 상대되는 개념으로, 물질성을 떠난 고차원적인 의식이다. 사실상『장자』에서 중요한 것은 정신 곧 '신神'이지, 육체 곧 '형形'이 아니다. 그것도 생명력이 넘치는 정신으로 우리의 그것은 늘 살아 있고 깨어 있어야 한다.

장자의 주장을 순서대로 표현하면 아래와 같다.

기계가 있음 → 기계의 일이 생김 → 기계의 마음을 갖게 됨 → 순백純白이 사라짐 → 정신의 불안정 → 도를 싣지 못함 → 일부러라도 기계를 멀리함 → 정신이 온전하게 됨 → 성인의 길

장자에게 중요한 것은 역시 정신이다. 정신이란 형신形神론에서 말하는 '신'이다. 심은 이때만 하더라도 철학적 중심 개념과는 거리가 있다. 장자는 이른바 '형'과 '신'이 있고 그것을 연결하는 매체로 '기氣'를 설정하는 전통적인 형기신의 이론에 오히려 가깝다. 이처럼『장자』에서는 심보다는 신이 더욱 의미 있다. 다시 말해, 양생養生의 경우에도 양형養形보다는 양신養神이 더욱 중요한 것이다.

5. 도둑의 마음

'도둑의 마음賊心'은 위의 기심 이야기 바로 위에 놓인 이야기다. 이른바 '당랑거철螳螂拒轍'의 고사가 이것이다. 임금에게 이것저것 지껄이는 것이 마치 사마귀가 수레 앞에서 화를 내면서 팔을 치켜드는 짓과 같다는 말이다. 계철季徹은 임금에게 간언을 하는 장려면將閭葂에게 이렇게 타이른다.

큰 성인이 천하를 다스릴 때는 민심民心을 풀어놓고, 그들로 하여금 교화를 이루게 하며 풍속을 간단히 하며, 도둑 같은 마음賊心을 없애고 혼자만의 뜻獨志으로 나아가게 하라. 마치 본성이 스스로 그러한 듯하니 사람들이 그 까닭을 알지 못한다. 그렇게 되면 어찌 요순을 형 삼아 따라다니는 것이 아우 같겠는가? 덕과 동화되어 마음이 놓이길 바랄 뿐이다.[26]

여기서 중요한 것은, 풀어놓고 스스로 가르치게 하며 풍속을 쉽게 만들라는 주문이다. 이는 곧 도둑 심보를 없애고 개성을 존중하라는 것이다. 여기서 적심은 적개심이라기보다는 교화教化나

<hr>

26 『莊子』,「天地」: 大聖之治天下也, 搖蕩民心, 使之成教易俗, 擧滅其賊心而皆進其獨志, 若性之自爲, 而民不知其所由然. 若然者, 豈兄堯舜之敎民, 溟涬然弟之哉? 欲同乎德而心居矣!

예화禮化를 거치는 바람에 인간의 순전함이 망가져서 생기는 도둑 같은 마음이다. 따라서 적심은 기심과도 같이, 사회구조를 형식화하면서 생겨나는 그릇된 인간성이다. 기심을 말하는 노인이 기계를 쓰면 내게 기계의 마음이 생겨 정신의 순백함이 무너진다고 한 것처럼, 타인과 관련된 적심을 없애고 자기만의 의지를 찾는 것이 중요하다고 장자는 말한다. 그것이 바로 "남에 대한 적심을 없애고 모두 독지로 나아가게 함擧滅其賊心而皆進其獨志"이다.

6. 늘 그러한 마음 — 노자와는 다른

장자도 노자처럼 '늘 그러한 마음常心'을 말한다. 그러나 그 맥락은 오히려 반대다. 노魯나라에 다리를 잘린 왕태王駘라는 자가 있었는데 그 제자가 공자와 맞먹었다. 제자 상계常季가 놀라 공자에게 묻는다.

왕태는 자기를 수행했습니다. 그 앎으로 그 마음을 얻었으며, 그 마음으로 그 '늘 그러한 마음常心'을 얻었습니다. 만물이 왜 그를 가장 잘 따르나요?[27]

---

27 『莊子』, 「德充符」: 彼爲己. 以其知得其心, 以其心得其常心, 物何爲最之哉?

공자가 대답한다.

사람은 흘러가는 물에는 비춰볼 수 없고 멈춰 있는 물에만 비춰볼 수 있다. 멈춰야 온갖 멈춰 있는 것을 멈출 수 있다.[28]

이런 대화 속에서 장자의 '상심'은 좋은 의미임을 알 수 있다. 『장자』에서는 멈춰 있는 것에 대한 비유가 많이 나오는데 그 뜻은 내가 고요하면서 남을 잘 비춘다는 것이다. 특히 거울은 내가 맑다는 것보다는 남을 비춘다는 의미에 더 치중한다. 마찬가지로 왕태의 매력은 바로 이러한 자신의 고요함에 있을 뿐만 아니라, 그의 고요함이 남을 비춰주기 때문에 사람이 모인다는 것이다.

이렇듯 똑같은 '늘 그러한 마음'이라도 『노자』와 『장자』는 다르게 쓰인다. 동일한 단어와 술어라도 맥락에 따라 달라질 수 있으므로 해석자들의 선입견 내지 이른바 '성심'은 금물이 아닐 수 없다.

7. 개념의 겉과 안

한 개념에 대한 해석상의 전환轉換과 전도顚倒는 철학사에서 드문 일이 아니다. 철학사의 작업 가운데 하나가 이를 알아차리고 밝혀

---

28 『莊子』, 「德充符」: 人莫鑑於流水, 而鑑於止水, 唯止能止衆止.

내는 것이라고 할 수 있을 정도로 빠뜨릴 수 없는 일이다. 시대에 따라 의미는 이중적으로, 상반되게 드러나기도 한다. 음이 양이 되기도 하고, 형이상자가 형이하자로 다뤄지기도 하며, 겉과 속이 뒤바뀌기도 하고, 으뜸이 버금으로 밀려나기도 한다. 철학적 행위는 이런 숨어 있는 변화와 의미의 다중성을 기술하는 것이라 할 수 있을 만큼, 철학 연구자에게 개념의 변이 과정에 대한 추적은 중요하다.

왜 성심을 긍정적으로 보았을까? 왜 이런 오독이 벌어졌을까? 우리는 그것을 단언할 수 없다. 그러나 적어도 불교 유입과 이후 신유학의 발전과 관련해, 점차 마음에 대해 철학적 옹호가 이루어졌음을 엿볼 수 있다. 심이라는 개념의 긍정성이 과거의 부정성과 호환되어버리는 것이다. 현대에 가까울수록 주석가들이『장자』시대 심의 부정성을 알아차리는 경향은 그것을 방증한다. 마음은 처음부터 핵심 개념으로 쓰인 것이 아니라 후대 모종의 철학적 흥기와 더불어 긍정성이 강화되었다. '마음이 곧 부처卽心卽佛'라든가, '마음이 곧 진리心卽理'라는, 당시로서는 현재 진행 중인 마음의 철학이 과거의 의미를 확대한 것이다. 극단적인 예가 장태염의「제물론」해석이다. 그의 장자 해석은 아예 유식학에 가깝다. 성심은 따라서 종자種子: bija가 된다.[29]

위에서 말했듯이 장자의 경우에는 '심心'보다는 오히려 '신神'이

---

29 章太炎,『齊物論釋定本』, 廣文書局, 1970, 15쪽.

형신形神론과 더불어 중요하게 취급되는 것을 볼 수 있었다. 개념의 서열에서조차 마음이 다른 것에게 밀리고 있는 것이다. 그리고『노자』에서 부정적인 용법으로 쓰인 '늘 그러한 마음常心'이『장자』에서는 긍정적인 맥락에서 취급된 예도 만날 수 있었다. '민심民心'도 장자는 노자와는 다르게 '풀어놓을 것搖蕩民心'으로 쓰이기도 했다.[30]

마지막으로, 이런 철학사적 '뒤엎기' 현상 자체를 체계적으로 정립하는 것도 중요해 보인다. 이것은 하나의 개념적 주도권(헤게모니) 다툼과 연관된다. 특히 장자의 철학은 개념 또는 관념 그리고 인간 의식의 상대성과 도치성을 어느 것보다도 잘 드러내고 있다.

---

30 그러나 '搖蕩民心'(『莊子』「天地」)의 의미도 두 가지다. 하나는 민심을 제약하지 말고 자유롭게 내버려두라는 뜻에서 '풀어놓기'고, 다른 하나는 한쪽으로 쏠리지 말게 이리저리 흩어놓으라는 뜻에서의 '풀어놓기'다. 민심이 '使之敎化易俗'의 주체가 되면 앞의 뜻이 되지만, '賊心'과 내용상 연결되면 뒤의 뜻이 되는 것이다. 뒤의 뜻은『노자』의 '民心'이나 '人心'의 맥락과 상통한다. 성리학적인 인심도심人心道心설로 이 문제를 보아도 개념의 변천을 드러낼 수 있을 것이다.

9장 맹자의 심론

9장 맹자의 심론

이 글은 맹자의 심론을 용례 중심으로 축자적으로 정리한다. 맹자가 이후의 심론에 미친 영향은 대단했다. 그러나 맹자의 심론은 의외로 단순하다. 그것은 신유학의 심성론에 의해 복잡해지지 않은 본래의 간결한 의미를 맹자의 심이 지니고 있기 때문이다.

맹자 이후 그의 어휘는 동아시아에서 큰 영향을 끼쳤다. 오늘날 우리가 쓰고 있는 양심, 방심, 부동심 그리고 사자성어로 쓰는 존심양성, 노심초사 등이 그러하다. 맹자는 본심이라는 표현을 쓰기도 하지만 본래의 양심良心도 양지양능良知養能의 맥락에서 사용한다. 그러나 그에게 중요한 것은 오히려 마음 기르기인 양심養心이다. 심은 선할 수도 있고 그렇지 않을 수도 있기 때문이다. 이는 성선의 논법과는 다르다.

맹자의 심은 마음이지만 가슴이며, 가슴은 감정이다. 그런 점에서 맹자는 도덕의 감정기원설의 주창자이며 공감 윤리의 가능성을 보여준다. 맹자에게 도덕의 근원은 심 곧 심정이다.

1. 맹자의 역사성

맹자의 심心론을 다루기는 참으로 어렵다. 그 까닭은 맹자에게 있지 않고 오히려 이후의 철학자들에게 있다. 맹자가 주장한 '성선性善'의 논리와 그가 말하고 있는 심이 혼용될 뿐만 아니라 맹자를 해석하는 사람마다 각양각색의 의견을 내놓기 때문이다. 여기서는 맹자가 쓰고 있는 심의 용법만을 단순하게 정리하는 것이 목표다. 이른바 심성心性론과 관계되는 방대한 논란은 다루지 않는다. 한마디로『맹자』에 드러난 심론의 초기 모습을 보여주는 데 집중하고자 한다.

이런 곤란함을 먼저 깨달은 사람은 청나라의 대진(戴震, 1723~1777)이었다. 그는『맹자자의소중孟子字義疏證』이라는 책을 통해 맹자가 쓰는 글자의 뜻부터 찾아보자고 제안한다. 그러면서 맹자의 이理 자는 주자(朱子, 1130~1200)가 말하는 이 자와는 달리 그저

'조리條理'의 의미에 불과하지 이기理氣론에서 말하는 원리가 아니라고 증명한다. 이학理學의 잣대로 맹자를 보지 말자는 말이다. 지금의 용법으로 고대의 어법을 논단하지 말라는 것이다. 맹자로 돌아가 맹자의 심론을 정리해보자. 이후의 해석은 접어두자.

맹자의 심론이 의미를 갖게 되는 것은 아래와 같은 까닭에서다. 맹자의 시절까지 거슬러 올라가며 짤막하게 훑어보자.

첫째, 주자의 성리학에서 심의 역할이 제기된다. 주자 이래로 심성론은 중요한 주제인데 성性은 이理이고 정情은 기氣라는 큰 뼈대 아래 심의 역할을 묻는다. 그런데 '심이 성정을 통괄한다心統性情'는 주자의 대전제는 심과 성의 관계에 대해 여러 의문을 일으켰다. 맹자를 따르는 주자는 성선의 논리에 따라 '성은 이性卽理'라고 주장하는데, 그렇다면 심은 무엇이냐는 물음이 나오게 되는 것이다. 이후 주자를 반대하는 왕양명이 '심이 이心卽理'라고 주창함으로써 맹자의 심에 대한 논의가 더욱 복잡한 양상으로 전개된다. 학파에 따라서, 심지어 같은 학파라도 개인마다 서로 다른 입장을 띠는 것이다.

둘째, 불교의 유행과 더불어 불교의 심이 대두된다. 맹자의 심이 강조되는 맥락에는 불교의 심 이론의 전반적인 확산과 걸음걸이를 함께한다. 불교는 불심佛心을 비롯하여 심을 철학의 기초에 놓고 이에 대한 탐구를 지속해왔으며, 그 영향력은 문화 전반에 걸쳐 광범하게 펼쳐진다. 유식唯識과 같은 유심唯心의 이론이 그런 것인데, 나아가 일심一心을 강조하는 대승불교의 발전도 한몫을

9장 맹자의 심론

한다. 불교 유입 이후 심은 인간의 삶에 근본적인 동인일 뿐 아니라 그 자체가 이상적인 대상이다. 심의 부정적인 의미는 사라지고 긍정적인 의미만 남는다. 성선을 강조하는 맹자의 심은 불교의 구조에 잘 맞아떨어졌다.

셋째, 맹자는 순자와 대비된다. 『순자』에는 심 자가 문장을 기준으로 보았을 때 89차례나 나올 정도로 자주 쓰이지만,[1] 그것은 이른바 '지각의 주체로서의 심'[2]으로 도덕적인 것과는 거리가 멀다.[3] 따라서 순자의 심론은 철학사에서 부각되지 않았다. 순자가 말하는 '성악'의 인간에게는 심성 계발과 같은 주제가 성립될 수 없었고 예禮와 같은 형식적인 규율이 강조될 수밖에 없었다. 『순자』에 비해 『맹자』에는 심 자가 문장 단위로는 58회에 그치지만, 그 의미는 이후의 해석자들에게 확대 재생산된다. 맹자의 심은 예와 같은 형식을 보여주는 방식이 아니라, 성정과 같은 내용을 담

---

1 단순히 '심' 자의 출현 횟수로 간심(姦心), 심의(心意), 심술(心術) 같은 용법까지 포함하면 약 163회에 다다른다.

2 '人生而有知' 및 '心生而有知'. 『荀子』, 「解蔽」: 人生而有知, 知而有志; 志也者, 藏也; 然而有所謂虛; 不以所已藏害所將受謂之虛. 心生而有知, 知而有異; 異也者, 同時兼知之; 同時兼知之, 兩也; 然而有所謂一; 不以夫一害此一謂之壹.

3 모우쭝싼은 이를 '도덕심道德心'과는 구별되는 '인식심認識心'이라고 불렀다. 그에 따르면 주자의 심은 인식심이고 양명의 심은 도덕심이다. 그런 점에서 주자는 순자 계열로 이해된다. 牟宗三, 『心體與性體』, 正中書局, 1968/1983 및 모우쭝싼 지음, 황갑연 외 옮김, 『심체와 성체』, 소명출판, 2012.

는 방향으로 차별화된다.[4] 달리 말해, 맹자의 심은 법가와 같은 순자 류의 사상을 비판하기 위해서라도 각광받는다. 맹자는 법치가 아닌 예치, 패도가 아닌 왕도의 모범이었다.

넷째, 도가의 본성론을 유가식 선악의 구도에서 맹자가 재편한다. 사상사의 흐름으로 크게 볼 때, 폭넓은 의미에서의 성선의 가치는 도가 쪽에서 일찍이 부각한 것이다.[5] 내버려두어도 잘 될 것이라는, 사람에 대한 믿음을 가장 먼저 보여준 이가 바로 노자이기 때문이다. 그것을 '무위자연'이라고 부른다. 그런데 도덕의 잣대를 들이대지 않고 본성대로 사는 것이 좋다고 말하는 노자에 덧붙여, 맹자는 유가들이 계승해왔던 인의예지라는 도덕이 본성에서 나올 수 있다는 주장을 하는 것이다. 본성은 양주楊朱처럼 개인주의에서 멈추지 않고 사회적 배려와 조화에까지 나갈 수 있는 것임을 맹자는 분명히 한다.

맹자의 심을 말할 때 성선설 때문에 언제나 도덕적 본성이 강조되어 단순한 맥락이 드러나지 않는 경우가 있을 수 있다. 따라서 '도덕'이나 '선악' 같은 말은 되도록 피하면서 맹자의 심을 단순하게 정식화해보자.

기본적으로『맹자』의 심心은 '마음'으로, 성性은 '본성'으로 옮기

---

4 이는 공자의 두 길을 보여준다. 공자가 말하는 예禮는 형식이었으며 순자가 이 길을 걷는다. 공자가 말하는 인仁은 내용이었으며 맹자가 이 길을 걷는다.

5 정세근,「인성론에서 성선의 의미」,『동서철학연구』98, 한국동서철학회, 2020.

려 한다. 심성心性이라는 말이 있듯이 심과 성 그리고 심성 모두를 마음으로 부르기도 하지만,[6] 여기서 일컫는 마음은 우선 심을 가리킨다.[7] 그런데 많은 경우 맹자의 마음은 이미 현대어에서 관용화된 경우가 많다. 이를테면 '본심本心'이나 '부동심不動心' 같은 관념에서부터 '존심存心'(하다), '방심放心'(하다), '조심操心'(하다) 같은 숙어도 『맹자』에 나온다. 전문가라면 '항심恒心'이나 '노심勞心'이라는 용어에도 익숙하다. 따라서 단어로 성립되는 것은 마음이라 새기지 않고 관용적인 어휘를 그대로 써서 가리키는 바를 명확하게 하고자 한다.

『맹자』에서 심 자는 고유명사로 등장하는 3회를 제외하면 대략 120차례 나온다. 그러나 '사단의 마음'과 같이 한 곳에서 겹쳐 나오는 경우가 많아, 문장 위주로 계산하면 58회로 대폭 줄어든다.

2. 진심과 인심

먼저 '마음을 다한다'는 뜻의 진심盡心을 알아보자. 맹자의 진심盡心은 '참된 마음'이라는 뜻의 진심眞心과 혼동된다. 마음을 다한다는

---

6 우리말에서는 '심성이 고와'나 '마음이 고와'는 같은 말로 쓰인다. '성품(품성)이 착해'나 '마음이 착해'는 같은 뜻이다.

7 『장자』의 경우는 '신神'이 마음으로 번역되기도 한다. 정세근, 「장자의 심론: 성심成心설을 중심으로」, 『동서철학연구』 52, 한국동서철학회, 2009.

것은 참된 마음에서 나오기 때문이다. 다만 마음을 다할 때는 실천과 노력이 강조되는 데 반해, 참된 마음은 그런 마음만 가질 수 있다는 점이 다르다. 마음으로는 그랬지만 어쩔 수 없는 상황 때문에 못 할 수도 있는 것이 참된 마음이라면,[8] 무언가 열심히 하는 것을 반드시 포함하는 게 마음을 다하는 것이다. 그런 점에서 맹자가 말하는 진심盡心은 현대어에서의 진심眞心보다 훨씬 실천적이다. 우리말에서는 '진심眞心을 다한다盡'는 관용구로 많이 쓰기 때문에 때로는 진심眞心이 곧 진심盡心으로 읽히기도 하지만, 정확한 구별이 필요하다. 단적으로 말해『맹자』에는 '진심眞心'이 나오지 않는다.

양혜왕이 맹자에게 물을 때 쓴 진심盡心을 살펴보자. 이때는 우리말의 진력盡力과도 통한다. 이를테면 '몸과 마음을 다해'라고 할 때의 마음이다.

양혜왕이 말한다. "과인이 나랏일에 진심할 뿐입니다."[9]

양혜왕은 자기가 나랏일에 진심하고 있는데 백성들이 늘지 않는 까닭을 묻는다. 양혜왕은 스스로 '용심用心'이라는 말도 써서 자

---

8 이는 왕양명이 정의하는 지행합일과는 다르다. 참된 마음은 반드시 실행된다는 것은 맹자를 숭상한 양명학의 명제이지, 맹자 본연의 생각으로 보기는 어렵다.
9 『孟子』,「梁惠王上」: 梁惠王曰: 寡人之於國也, 盡心焉耳矣.

신의 진심이 다름 아닌 '마음 씀'임을 밝힌다. 그러자 맹자는 양혜왕이 대수롭지 않은 일에 진심하거나 용심한다고 하여 이를 '왕도王道'라는 대전제로 반박한다.

맹자가 진심을 진력과 같은 뜻으로 쓴 예는 아래와 같다. '마음과 힘을 다한다盡心力'는 표현이다.

그런 행위로 그런 욕망을 구한다면 마음과 몸을 다해도 뒤에 반드시 재난이 있습니다.[10]

양혜왕이 말한 진심을 맹자가 진심과 진력으로 받은 것으로 보인다. 따라서 여기서 진심은 진력과 다르지 않으며, 진심은 진력처럼 상당히 물리적인 것임을 알 수 있다. 아래의 예는 더욱 물질적이다.

옛날(상고)에는 관곽에 규준이 없었는데 주공 이래(중고) 그 두께를 7촌으로 했다. 천자부터 백성까지 그러는데 단지 보기 좋아서가 아니다. 그러고 나서야 사람의 마음을 다하는 것이다.[11]

10 『孟子』,「梁惠王上」: 以若所爲, 求若所欲, 盡心力而爲之, 後必有災.
11 『孟子』,「公孫丑下」: 古者棺槨無度, 中古棺七寸, 槨稱之. 自天子達於庶人. 非直爲觀美也, 然後盡於人心.

여기 맹자의 말에서 진심은 완전히 물질적인 것에서 발현하는 사람의 마음이다. 관과 관을 둘러싸는 나무의 두께가 7촌은 되어야 장사 지내는 자식의 마음을 다할 수 있다는 것으로, 맹자는 "군자는 사회적인 것을 구실로 부모의 장례를 아끼지 않는다"는 말을 빌려 자신의 상례가 옳음을 밝히고 있다.

이렇게 보았을 때 당시에 쓰이던 진심의 용례는 오히려 '마음을 다해 물질적인 것을 충족시킨다'는 것이지 '물질적인 것이 모자라도 마음을 다하면 된다'는 것이 아님을 알 수 있다. 우리말의 '곳간에서 인심 난다'는 '인심心'의 용례와 똑같다. 다시 말해, 마음 가는 데 손도 가야 하고, 손이 가야 마음도 갈 수 있다는 이야기다. 우리말의 '인심을 쓴다'는 말도 물질적인 베풂을 인심으로 표현한 것이다. '인심 좋다'는 것도 물질의 베풂을 가리키지 않는가. 반찬이나 밥이 많으면 인심이 좋다고 하지 않는가.

맹자가 인심으로 물질적인 것을 말했다고 그가 물질적인 데만 매달리는 것은 아니다. 맹자는 공자의 어짊을 인심으로 푼다.

인仁은 사람의 마음이고, 의義는 사람의 길이다.[12]

한마디로 말하자면 공자는 인의 철학자고 맹자는 의의 철학자다. 맹자의 이 말이 그것을 증명한다. 사람이 어진 마음을 가져야

---

12 『孟子』, 「告子上」: 孟子曰: 仁, 人心也; 義, 人路也.

하지만, '가지면 뭐 하나? 어진 마음을 베풀어야지'라고 생각하는 것이 맹자이기 때문이다. 그래서 어진 사람의 마음이 가야 하는 길로 의를 설명한다.

그런데 마치 우리의 배고픔이나 목마름이 일으키는 올바르지 않은 입맛처럼, 인심도 올바르지 않을 수 있으니 주의해야 한다.

배고픈 사람은 밥을 달게 먹고, 목마른 사람은 물을 달게 마시는데, 이것은 음식의 올바름을 얻은 것이 아니고 배고픔과 목마름이 맛을 해친 것이다. 어찌 입과 배만 이런 배고픔과 목마름의 해침이 있겠는가. 사람의 마음에도 이런 해침이 있다.[13]

오해의 여지가 있는 이 문장은 정확한 맛을 알기 위해서는 너무 배고프지도 목마르지도 않을 때 먹어봐야 한다는 뜻이다.[14] 배고플 때 마구 먹은 음식이 무슨 맛인 줄 모르는 것과 같다. 사람의 마음에 이런 배고픔과 목마름이 없어야 남을 부러워하는 걱정이 없어진다는 것이다.

맹자는 양주와 묵적에 대항하여 사람의 마음을 올바르게 잡고

---

13 『孟子』, 「盡心上」: 孟子曰: 飢者甘食, 渴者甘飲, 是未得飲食之正也. 飢渴害之也. 豈惟口腹有飢渴之害? 人心亦皆有害. 人能無以飢渴之害爲心害, 則不及人不爲憂矣.
14 백화점 음식 매장을 점검할 때는 밥을 먹고 해야 한다는 신격호 롯데백화점 창립자의 지론과 비슷하다. 배가 고프면 다 맛있게 보여 진열 상태를 제대로 확인할 수 없다며, 배가 부른데도 맛있게 보일 때야말로 제대로 진열된 상태라는 것이다.

자 한다. 이때의 인심은 나쁜 이론이나 치우친 행동이나 어지러운 언사에 휩싸여 있지만, 의식이 족하면 제대로 이끌 수 있다.

묵적과 양주를 쳐부순 것이 주공인데 나도 이렇게 사람의 마음을 바로잡고자 한다. 사악한 이론을 잠재우고 편파적인 행동에서 떨어지게 하고 음란한 언사를 몰아낸다.[15]

이렇게 맹자에게 인심은 순선하지도 않고 쉽게 오염되며, 특히 물질적 바탕이 없으면 쉽게 무너지는 모양새를 하고 있다. 그렇기에 진심해야 제대로 돌아올 수 있다. 『맹자』의 편명 가운데 긴 「진심」편이 있는 것은 무너진 인심을 회복시키는 노력을 끝까지 게을리해서는 안 됨을 간접적으로 보여준다. 그런데 이른바 '본디 마음'은 진심하여 돌이키는 것이기도 하지만, 원래부터 있었던 것이기에 '마음 지킴'이 우선시된다. 그것이 '존심存心'이다.

---

15 『孟子』, 「滕文公下」: 無父無君, 是周公所膺也. 我亦欲正人心, 息邪說, 距詖行, 放淫辭, 以承三聖(禹, 周公, 孔子) 者: 豈好辯哉? 予不得已也. 能言距楊墨者, 聖人之徒也.

3. 존심 대 방심

맹자는 진심盡心과 존심存心을 붙여 말한다. 한마디로 '진심하여 존심하자' '진심하면 존심한다'는 논지다. 이 구절이 「진심」 편 첫머리에 나오기 때문에 '진심'이라는 이름이 붙었다.

진심하면 본성을 알며, 본성을 알면 하늘을 안다. 존심하여 본성을 기르는 것은 하늘을 섬기기 때문이다.[16]

여기에서 맹자는 심과 성의 연관성을 노출한다. 마음을 다하면 본성을 알 수 있으며, 본성을 알면 자연의 도리가 무엇인지 알게 된다는 것이다. 나의 마음은 별수 없이 내가 가지고 태어난 것이며, 내가 가지고 태어난 것을 지키고 기르면 그것이 천명天命을 따르는 방법이다. 이것이 이른바 '입명立命'의 길로, 이러한 과정을 통해 마침내 안신입명安身立命의 상태에 이른다.

진심한다는 것은 마음이 본디의 자리로 돌아가는 것이기 때문에, 이미 돌아갔거나 아예 내빼지 않았으면 그냥 그것이 그 자리에 있게 하면 된다. 그것을 존심存心으로 불렀는데, 그 뜻은 결국 수심守心이나 지심持心으로 형용될 수 있는 '마음 지킴'이다.

---

16 『孟子』, 「盡心上」: 孟子曰: 盡其心者, 知其性也. 知其性, 則知天矣. 存其心, 養其性. 所以事天也. 殀壽不貳, 修身以俟之, 所以立命也.

마음을 지킨다는 것은 마음이 달아날 수도 있음을 뜻한다. 그래서 맹자는 도망가는 마음을 '방심放心'이라고 불렀다. 방심은 존심의 반대 상태다. 이때 방심은 방학放學, 방목放牧이라고 할 때처럼 풀어놓음을 가리킨다. 풀어놓았으니 어디로 튈지 모른다.

위에 나온 "인仁은 사람의 마음이고, 의義는 사람의 길"이라는 구절에 이어 맹자는 말한다.

그 길을 버려두고 따르지 않으며, 마음을 풀어놓고 찾을 줄 모른다. 슬프도다. 사람은 닭과 개가 달아나면 찾을 줄 알면서, 마음을 풀어놓고는 찾을 줄 모른다. 학문의 길이 다른 것이 아니니, 그 풀어놓은 마음을 찾는 것일 따름이다.[17]

맹자가 말하는 학문의 정의는 분명하다. 달아난 마음 찾기가 바로 학문이다. 맹자의 언어로는 '구방심求放心'이다. 이후 이 맹자의 이념은 수방심收放心과 같이 여러 방식으로 다르게 표현되기도 했지만, 맹자 자신의 용어에 가장 적합한 것은 다름 아닌 '존심存心'이었다. 맹자 스스로도 그렇게 여긴다.

군자가 남들과 다른 까닭은 존심에 있다. 군자는 어짊으로 존심

---

17 『孟子』, 「告子上」: 孟子曰: 舍其路而弗由, 放其心而不知求, 哀哉! 人有雞犬放, 則知求之; 有放心, 而不知求. 學問之道無他, 求其放心而已矣.

하고, 예로써 존심한다.¹⁸

공자가 설정한 인간의 두 유형인 군자와 소인의 이분법을 이어
받은 맹자는 군자와 군자가 아닌 자의 차이가 존심에 있다고 강조
한다. 공자가 군자와 소인을 나누는 데 온몸을 바쳤다면,[19] 맹자는
군자의 특징에 대해 기술하면서 마음 지킴 곧 존심할 것에 목소리
를 키운다. 존심은 맹자의 다른 자휘로는 '자반自反'이다. 자반은 자
기반성으로, 마음 지킴의 방법이자 과정이다. 위의 인용구에 이어
맹자는 말한다.

어진 사람은 남을 사랑하고, 예를 갖춘 사람은 남을 공경한다.
남을 사랑하는 사람은 남도 늘 그를 사랑하고, 남을 공경하는 사람
은 남도 늘 그를 공경한다. 나를 대하는 것이 비딱하고 거꾸로면 군
자는 반드시 스스로 반성한다. '내가 어질지 않았음이 틀림없구나,
내가 예를 갖추지 못했음이 틀림없구나. 이런 일이 어떻게 다가왔
는가?' 자기반성하여 어질게 되고, 자기반성으로 예를 갖추었는
데도 비딱하고 거꾸로라면 군자는 반드시 스스로 반성한다. '내가

18 『孟子』, 「離婁下」: 孟子曰: 君子所以異於人者, 以其存心也. 君子以仁存心, 以禮存心.
19 『맹자』에도 '군자'는 54차례나 나오지만 공자처럼 군자와 소인小人을 늘 비교
하면서 논하지는 않는다. 『논어』에는 '군자'가 88회 나오며 이 가운데 소인과 대
구를 이루는 구절은 열 구절이 넘는다. 이는 맹자 시대에는 공자의 군자와 소인의
구별이 이미 자리 잡았음을 간접적으로 보여주는 것이다.

충직하지 않음이 틀림없구나.' 자기반성으로 충직해졌는데도 비딱하고 거꾸로라면 군자는 말한다. 그는 망령된 사람일 뿐이다.[20]

다소 긴 맹자의 언어 가운데 자기반성이라는 말이 다섯 번이나 나온다. 존심을 위해서는 자기반성의 과정이 반드시 이루어져야 한다. '반드시必'라는 말도 다섯 번 나온다. 그만큼 맹자에게 자기반성은 필수 덕목이며, 이를 통해 인의로 돌아가야 한다. 인의로 돌아간다는 것은 본래의 마음이 지니고 있는 어짊과 옳음을 지킨다는 뜻이기도 하다. 그리하여 자기반성 이후의 판단은 누가 뭐래도 밀고 나간다. 맹자는 증자曾子가 자양子襄에게 한 말을 아래와 같이 인용한다.

스스로 돌아보아 쌓아지지 않으면 헐렁이 앞에서라도 벌벌 떨지 않을 수 없지만, 스스로 돌아보아 쌓아지면 천만인이 막아서더라도 나는 가리라.[21]

맹자는 이렇게 자기반성의 중요성을 강조한다. 그리고 이를 통

---

20 『孟子』, 「離婁下」: 仁者愛人, 有禮者敬人. 愛人者人恆愛之, 敬人者人恆敬之. 有人於此, 其待我以橫逆, 則君子必自反也. 我必不仁也, 必無禮也, 此物奚宜至哉? 其自反而仁矣, 自反而有禮矣, 其橫逆由是也, 君子必自反也. 我必不忠. 自反而忠矣, 其橫逆由是也, 君子曰: 此亦妄人也已矣.
21 『孟子』, 「公孫丑上」: 自反而不縮, 雖褐寬博, 吾不惴焉; 自反而縮, 雖千萬人, 吾往矣.

해 '부동심不動心'을 내세운다. 맹자는 마흔이 돼서야 부동심을 지닐 수 있었다고 말한다. 그리고 부동심을 지니려면 바로 자기반성을 통해 확고한 마음을 축적縮積해야 한다고 주장한다. 존심이란 이 맥락에서는 마음을 모으는 축심縮心이다. 존심의 과정과 축심의 결과를 통해 마침내 맹자는 호연지기浩然之氣에 이를 수 있었다.

4. 노심 대 노력

그럼에도 맹자는 마음과 힘을 상대어로 종종 사용한다. 앞의 진심과 진력의 예와는 달리, 아래의 예는 극명하게 둘이 나뉘는 경우다. 농업주의를 고집하는 허자許子에 대한 비판에서 나온다. 허자는 스스로 농사지어 먹고살자고 주장했지만, 옷과 갓이나 그릇과 쟁기는 곡물과 바꿔 얻었다. 이른바 '교역交易'을 하면서도 농업만을 주장하는 것을 맹자는 기이하게 여겼다.

그렇다면 천하를 다스리는 것도 혼자 농사 지으면서 할 수 있겠습니까? 대인의 일이 있고, 소인의 일이 있습니다. 한 사람의 몸으로 온갖 공인의 일을 갖추고 반드시 스스로 해서 쓴다면, 천하를 거느리는 길을 내야 할 것입니다. 따라서 마음을 씀이 있고, 힘을 씀이 있습니다. 마음을 쓰는 사람은 사람을 다스리고, 힘을 쓰는 사람은 사람에게 다스림을 받습니다. 사람에게 다스려지는 사람은 사람을 먹이고, 사람을 다스리는 사람은 사람에게 먹임을 받습니다. 이것이 천하에 통하는 원리입니다.[22]

꾸밈없이 직역한 이 문장 속에서 맹자의 계급의식을 엿볼 수 있겠지만, 그의 주안점은 역할 분담과 상호 간의 주고받음에 있다. 물건만을 교역하는 것이 아니라, 정신과 물건도 교환할 수 있다는 시각이다. 맹자의 교역론은 물물교환이 아닌, 물질과 정신의 교환론인 것이다. 그것이 바로 노심勞心과 노력勞力으로 표현되는 정신노동과 육체노동이다. 누구는 생산과 운송을 맡지만 누구는 영업과 수출을 맡는다. 누구는 세금을 내지만 누구는 세금을 쓴다. 이렇듯 수출입과 조세제도를 부정하지 않는다면 맹자의 논리를 반박하기는 어렵다. 우리가 정치인의 세비歲費에 분개할 수 있지만 정치행위가 없어도 된다고 생각하지 않는 한, 우리는 맹자의 구분법을 따르고 있는 것이다.

문제는 노심하는 사람들이 정말로 노심초사勞心焦思하느냐다. 노심초사하지도 않으면서 노심하는 양하는 것은 흔히 말하듯 맹자가 내세웠다는 민본民本이나 애민愛民과는 거리가 멀다. 거기에는 의로움은 없고 이해만 난무한다. 그래서 맹자는 철저하게 이

22 『孟子』, 「滕文公上」: 然則治天下獨可耕且爲與? 有大人之事, 有小人之事. 且一人之身, 而百工之所爲備. 如必自爲而後用之, 是率天下而路也. 故曰: 或勞心, 或勞力; 勞心者治人, 勞力者治於人; 治於人者食人, 治人者食於人. 天下之通義也.

9장 맹자의 심론

利보다 의義를 앞세우는 것이다. 정치가들은 육체노동을 하지 않을 수 있다. 그러나 그렇기 때문에 이익을 좇는 일반 상공인商工人과는 달리 의로움을 지켜야 한다. 그것이 노심으로 불리는 그들의 노력이다.

마음과 힘이 대칭되는 사고방식은 상당히 기능적이다. 마음과 몸이라는 외형을 대비하면 그것은 형체론적 사고지만, 마음도 힘처럼 일정 부분 현실에서 담당할 부분이 있다고 여기는 것은 기능론적 사고다. 따라서 맹자에게 마음은 실체적이기보다는 기능적임을 알아야 한다. 여기서 기능론이란, 마음이 이 세계와의 일정한 작용이 없이 독자적인 지위를 보유한 채 하나의 실체로 성립하는 것이 아니라, 어떤 사람이나 물건 앞에서 작동할 때에야 비로소 하나의 의미를 지님을 말한다. 마음을 실체화하는 후대의 사고와는 많이 다르다.

그렇다면 맹자에게는 '본디 마음'이라는 것이 없는가? 아니다. 맹자는 기능론적으로 잘 발휘되는 마음을 상정한다. 그리고 그 마음이 바로 도덕의 근본 조건이라고 주장한다.

5. 항심과 본심

맹자에게 도덕의 기본 조건은 물질적 조건이다. 물질적 조건이 마련되지 않고는 도덕을 말할 수 없다. 도덕이란 예의이고 예의는 양보와 배려를 전제하는데 물질적으로 궁핍할 때 어떻게 양보와 배려가 가능하겠느냐는 반문이다.

맹자는 이런 사람의 마음을 앞에서 말하듯 '인심'이라고 불렀다. 경제가 안 좋으면 인심도 흉흉해진다. 먹고살 만하면 인심이 넉넉해진다. 따라서 일단은 의식주 해결이 먼저다. 그것도 보장해주지 않으면서 인심을 도덕적으로 보려 해서는 안 된다. 맹자가 말하는 인심은 '어짊'을 말할 때를 제외하고는 이렇듯 대부분 물질적인 것을 제외시키지 않는다. 제선왕이 맹자의 말을 듣고는 어리석은 나를 도와주고 가르쳐달라고 하자 맹자는 이렇게 말한다.

일정한 생산이 없으면서도 일정한 마음을 갖는 것은 선비만 할 수 있습니다. 인민은 일정한 생산이 없으면 일정한 마음도 없습니다. 일정한 마음이 없으면 제멋대로 한쪽으로 치우치고 고약하게 잘난 척하는 것이 끝이 없습니다.[23]

맹자의 주장은 이렇다. 이런 상황에서는 결국 사람들이 죄에 빠지게 되는데, 그때 형벌을 내리면 그것은 그물을 미리 쳐놓고 사람을 잡아들이는 꼴밖에 되지 않겠냐는 것이다. 먹고살게끔 해

---

23 『孟子』, 「梁惠王上」: 無恆産而有恆心者, 惟士爲能. 若民, 則無恆産, 因無恆心. 苟無恆心, 放辟, 邪侈, 無不爲已. 及陷於罪, 然後從而刑之, 是罔民也. 焉有仁人在位, 罔民而可爲也?

9장 맹자의 심론

놓고 도덕이라는 선을 좇게 해야지, 그것도 안 되면서 무슨 말이 많은가. 배부르고 등 따습게 하는 것이 왕 노릇의 첫걸음이다.

맹자는 정치를 정말로 쉽게 정리한다. 윤리나 가치를 내세우기에 앞서, 이념이나 정의를 말하기에 앞서 일단 먹여 살리는 것이 정치다. 먹고살 만하면 항심이 생기고, 그 항심이 있어야 도덕을 말할 수 있다. 거의 똑같은 구절이 다른 편에서도 나온다. 앞에서는 제선왕에게 말했는데, 이제는 등문공에게 말한다.

사람에게는 가는 길이 있습니다. 일정한 생산이 있는 사람은 일정한 마음을 갖고, 일정한 생산이 없는 사람은 일정한 마음이 없습니다. 일정한 마음이 없으면 제멋대로 한쪽으로 치우치고 고약하게 뽐냄이 끝이 없습니다. 죄에 빠지게 해놓고 형벌을 내린다면 그물로 사람을 잡는 것입니다. 어진 사람이 자리에 있는데 어찌 그물로 백성을 잡아들이는 일을 하겠습니까?[24]

이 구절은 등문공이 직접적으로 나라를 다스리는 법을 묻자 맹자가 답한 것이다. 앞에서는 제선왕과의 토론 막바지에서 왕이 가르쳐달라고 하자 이 말을 하는데, 여기서는 등문공의 물음에 단도직입적으로 이렇게 아뢴다. 두 번이나 등장할 정도로 맹자의 정치

---

24 『孟子』, 「滕文公上」: 民之爲道也, 有恆産者有恆心, 無恆産者無恆心. 苟無恆心, 放辟邪侈, 無不爲已. 及陷乎罪, 然後從而刑之, 是罔民也. 焉有仁人在位, 罔民而可爲也?

관은 이렇게 먹고살게 하는 항산을 우선시한다.[25]

항심恒心은 항산恒産이라는 필요조건에 따라 유지되는 결과물이라는 점에서 개념적으로 종속적인 성격을 띤다. 그렇다면 항산과 관련 없이 독립적으로 사람의 일정한 마음을 뜻하는 어휘는 무엇일까? 맹자는 이를 본심本心이라고 하는데, 그는 본심을 잃어버린 경우를 일컬으면서 이 말을 내놓는다. 맹자는 이를 말하기 위해 여러 비유를 든다.

그러므로 바라는 바가 사는 것보다 더 있고, 싫어하는 바가 죽는 것보다 더 있다. 이런 마음은 현자뿐 아니라 모든 사람이 가지고 있지만, 현자가 잃어버리지 않을 뿐이다. 한 광주리의 밥과 한 그릇의 국을 얻으면 살고, 얻지 못하면 죽는다. 처먹으라고 주면 길 가는 사람이 받지 않으며, 발로 차주면 거지는 달갑게 여기지 않는다. (⋯) 예전에는 죽어도 안 받겠다고 하더니 이제는 집이 예쁘다고 받고, 예전에는 죽어도 안 받겠다고 하더니 이제는 처첩의 봉사를 받고, 예전에는 죽어도 안 받겠다고 하더니 이제는 가난한 사람이 나를 알아준다고 받으니, 이는 멈출 수 없는 것 아닌가. 이를 일러 본심을 잃었다고 말한다.[26]

---

25 수혜자의 보편성이 문제가 되지만 오늘날의 기본소득basic income과 유사하다. 맹자의 입장에 따르면, 기본소득이 이루어지면 반대자의 우려와는 달리 사람들이 오히려 도덕적이 된다.

9장 맹자의 심론

맹자는 우리 모두 욕망이 있는 것을 인정하면서도 큰 것과 작은 것을 구별하라고 말한다. '삶도 내가 바라는 바고 의로움도 내가 바라는 바지만 둘 다 얻을 수 없으면 삶을 버리고 의로움을 취하라'[26]는 이야기다.

그런데 맹자는 본심이라는 단어에 방점을 찍지는 않는다. 그것은 마음이 갖고 있는 태생적인 쌍방향의 의욕 때문이다. 마음은 배고플 때 나가는 방향과 배부를 때 나가는 방향이 다르다. 현자는 아무리 배가 고파도 의로움을 좇지만, 보통 사람은 평소에는 의로움을 좇더라도 배고프면 의로움을 놓는다. 현자나 보통 사람이나 모두 갈 수 있는 좋은 방향의 마음을 맹자는 본심이라고 부른다.

그런 점에서 맹자의 마음은 성선性善을 주장할 때의 본성本性과 구분된다. 성은 선하지만, 심은 그럴 수도 그러지 않을 수도 있다.[28] 현자가 아니라면, 항산이 있어야 본심을 지킨다. 이렇게 『맹자』에서 항심은 본심과 다르지 않다.

---

26 『孟子』, 「告子上」: 生, 亦我所欲也; 義, 亦我所欲也, 二者不可得兼, 舍生而取義者也.
27 『孟子』, 「告子上」: 是故所欲有甚於生者, 所惡有甚於死者, 非獨賢者有是心也, 人皆有之, 賢者能勿喪耳. 一簞食, 一豆羹, 得之則生, 弗得則死. 嘑爾而與之, 行道之人弗受; 蹴爾而與之, 乞人不屑也. (萬鍾則不辨禮義而受之. 萬鍾於我何加焉? 爲宮室之美, 妻妾之奉, 所識窮乏者得我與?) 鄕爲身死而不受, 今爲宮室之美爲之; 鄕爲身死而不受, 今爲妻妾之奉爲之; 鄕爲身死而不受, 今爲所識窮乏者得我而爲之, 是亦不可以已乎? 此之謂失其本心.
28 이 점은 '심즉리心卽理'를 주장하는 양명의 심학과는 다른 면모로, 그것과 비교한다면 주자가 말하는 '심통성정心統性情'의 심이 오히려 맹자의 심에 가깝다.

맹자가 마음을 말하면서 실제적으로는 민심民心을 가리킬 때가 있는데, 민심이란 항산이 있어야 항심을 유지하기 때문에 민심을 '얻거나 잃는다得失'는 표현을 쓴다. 달리 말하면, 항산이 있으면 백성들이 '본심을 잃지 않는다'는 것이다. 맹자는 말한다.

걸주가 천하를 잃은 것은 사람을 잃은 것이다. 사람을 잃었다는 것은 마음을 잃었다는 것이다. 천하를 얻는 길이 있다. 사람을 얻으면 천하를 얻는 것이다. 사람을 얻는 길이 있다. 마음을 얻으면 사람을 얻는 것이다. 마음을 얻는 길이 있다. 바라는 바를 모아주고 싫어하는 바를 베풀지 않는 것뿐이다.[29]

여기서 마음은 민심으로, 그들의 욕구와 불만을 해소시키는 것을 '마음을 얻었다'고 표현하며 그렇지 못한 것을 '마음을 잃었다'고 표현하고 있다. 민심은 사람들의 욕구와 불만을 싣고 있는 그릇인 것이다.

---

29 『孟子』,「離婁上」: 桀紂之失天下也, 失其民也; 失其民者, 失其心也. 得天下有道: 得其民, 斯得天下矣; 得其民有道: 得其心, 斯得民矣; 得其心有道: 所欲與之聚之, 所惡勿施爾也.

6. 양심

『맹자』에는 착한 마음이라는 뜻의 '양심良心'과 마음을 기른다는 뜻의 '양심養心' 둘 다 나온다. 기르는 양심養心을 통해 본래의 양심良心을 되찾을 수 있으며, 본래의 양심良心이 있기 때문에 기르는 양심養心이 가능하다.

그런데 본래의 양심良心은 맹자가 줄곧 강조하는 '본디 마음'인 본심本心과 통한다. 양심은 마음 가운데 근본적이고 시원적인 도덕심을 가리킨다. 사람의 마음에는 악심惡心도 흑심黑心도 있지만, 착한 양심이 있기 때문에 도덕이 이루어진다.

맹자는 양심에서 멀어진 오늘날 사람들을 나무를 베어 벌거숭이가 되어버린 뫼에 비유한다. 울창한 나무가 있는 뫼야말로 본모습이라는 것이다.

사람들은 뫼가 벌거벗은 것을 보고 나무가 있었던 적이 없다고 여기는데, 이것이 어찌 산의 본성이겠는가. 사람도 지켜온 것이 있는데, 어찌 인의의 마음이 없겠는가. 양심을 놓아버리는 것은 나무에 도끼질하는 것과 같으니, 아침마다 베어버리면 어찌 아름다울 수 있겠는가.[30]

---

30 『孟子』,「告子上」: 人見其濯濯也, 以爲未嘗有材焉, 此豈山之性也哉? 雖存乎人者, 豈無仁義之心哉? 其所以放其良心者, 亦猶斧斤之於木也, 旦旦而伐之, 可以爲美乎?

맹자는 이때 딱 한 번 양심이라는 단어를 쓴다. 이 양심은 오늘날의 어법에서 볼 수 있듯이 광범위하게 쓰이는데, 그것은 맹자가 타고날 때부터 할 수 있는 '양능良能'과 타고날 때부터 아는 '양지良知'를 구체적으로 내세웠기 때문으로 보인다.[31] 생각하지 않아도 알 수 있고 배우지 않아도 할 수 있는 것이 양지양능이다. 이후 성선론의 바탕 위에서 양지와 양능이 강조되었고, 이에 따라 양심도 부각된다.

그렇다면 여기서 우리는 타고난 양심이 있는데 왜 마음을 길러야 하는가 묻게 된다. 기른다는 뜻은 양육養育 또는 봉양奉養이라는 말에 잘 드러난다. 이는 '양로養老'라는 말과 같이 기본적으로 경제적인 충족과 대접을 일컫는다. 폭넓은 의미에서의 '양생養生'이다.[32] 그러나 기름은 제자를 기르는 것처럼 정신적인 데로 나아가 의지를 기르는 데까지 다가간다.[33] 맹자는 이에 덧붙여 '본성性'과 '마음心'을 기르라고까지 한다. 이미 거론한 것처럼 '존심存心'과 '양성養性'도 있는데,[34] 아예 마음을 직접적이고 구체적인 대상으로 삼고 '양심養心'을 말한다. 맹자는 말한다.

31 『孟子』, 「盡心上」: 孟子曰: 人之所不學而能者, 其良能也; 所不慮而知者, 其良知也.
32 『孟子』, 「離婁上」「告子下」「盡心上」 등.
33 『孟子』, 「離婁上」: 曾子養曾晳, 必有酒肉. 將徹, 必請所與. 問有餘, 必曰: 有. 曾晳死, 曾元養曾子, 必有酒肉. 將徹, 不請所與. 問有餘, 曰: 亡矣. 將以復進也. 此所謂養口體者也. 若曾子, 則可謂養志也.
34 『孟子』, 「盡心上」: 存其心, 養其性, 所以事天也.

마음을 기르는 데 욕심을 줄이는 것보다 좋은 것은 없다.[35]

맹자에게 마음을 기르는 것은 이렇게 일반적으로 요청되는 도덕적 수양 방법이다. 맹자는 '용기를 기른다養勇'라는 표현을 넘어 마침내 '호연지기를 기른다'는 입장에 다다른다.[36] 맹자는 도덕적 수양이 우리가 양심良心을 되찾고, 본심本心을 잃지 않고, 달아난 마음放心을 구하는 방도임을 분명히 선언하는 것이다.

공자도 인격을 도야할 것을 말하지만, 맹자처럼 우리가 닦아야 할 대상을 분명하게 제시하지 않는다. 공자는 인격이 채워져야 한다고 말하지만, 맹자처럼 구체적으로 어디에 채우라고 언급하지는 않는다. 공자는 인격수양을 통해 군자라는 표준에 다다를 것을 강조하지만, 맹자는 군자가 도야할 것이 바로 그의 마음임을 천명한다.[37] 그리고 마음을 기르는 것은 별반 도리 없이 욕심을 줄이는 것밖에는 없다.

여타의 표현은 양심養心의 아류나 지류에 속한다. '조심操心'[38]

<hr>

35 『孟子』, 「盡心下」: 孟子曰: 養心莫善於寡欲.

36 『孟子』, 「公孫丑上」: 我善養吾浩然之氣.

37 『논어』에 심 자는 다섯 차례 출현하는데 의지(「위정」), 태도(「옹야」), 감동(「헌문」), 정신활동(「양화」), 민심(「요왈」) 등의 뜻이지 도덕적 수양의 대상은 아니다.

38 『孟子』, 「盡心上」: 獨孤臣孽子, 其操心也危, 其慮患也深, 故達.

'전심專心'[39] '일심一心'[40]과 같은 것이 그 예다. 하다못해 여기서 일심은 '딴마음'에 불과하다.

7. 사단지심

『맹자』에서 가장 특징적인 마음은 사단四端의 마음이다. 철학사적으로도 그렇고 맹자도 스스로 독창적인 논술을 선보이기 때문이다. 그것은 인의예지仁義禮智라는 전통적인 유가 덕목에 네 종류의 마음을 대입시키는 데 있었다. 기존 덕목의 이론적인 근거로 마음을 끌어다 붙인다. 그 마음은 매우 상식적인 감정으로 그것으로부터 확산하는 것이 인의예지라는 주장이다.

사실 사단지심四端之心이라는 표현은 『맹자』에 나오지 않는다. 맹자는 단순히 '네 끄트머리'인 사단을 말하고 그것에 각기 해당하는 사람의 일반적이고 공통된 마음을 제시한다. 그런 점에서 맹자에게 사단은 '네 가지 느낌의 실마리'일 뿐이다. 그런데 그러한 느낌이 일어나는 곳이 바로 마음이라고 했기 때문에, 이후 사단지심이라는 말로 일반화된다.

---

39 『孟子』, 「告子上」: 今夫弈之爲數, 小數也; 不專心致志, 則不得也. 弈秋, 通國之善弈者也. 使弈秋誨二人弈, 其一人專心致志, 惟弈秋之爲聽.

40 『孟子』, 「告子上」: 一人雖聽之, 一心以爲有鴻鵠將至, 思援弓繳而射之, 雖與之俱學, 弗若之矣.

맹자에게 사단은 사지四肢 곧 사체四體와도 같이 본연적인 모습이자 태생적인 기능이다.[41] 이 사단이 잘 발휘되어 확대되면 세상은 모자람 없이 잘 돌아간다. 그런데 이 사단은 마음속에서 절로 우러나오는 것으로 아무리 누르고 싶어도 누를 수 없다. 맹자는 이를 '남을 차마 어쩌지 못하는 마음不忍人之心'이라고 불렀다. '어쩌지 못하는 마음'으로 줄여 말하기로 하자. 맹자는 말한다.

사람은 모두 어쩌지 못하는 마음이 있다. 선왕은 어쩌지 못하는 마음으로 어쩌지 못하는 정치를 베풀었다. 어쩌지 못하는 마음으로 어쩌지 못하는 정치를 행하니 천하를 다스리는 것이 손바닥 위에서 움직이는 것과 같다. 사람이 모두 어쩌지 못하는 마음이 있다고 하는 까닭은 사람이라면 우물에 빠지려는 어린아이를 보고는 모두 걱정하며 불쌍히 여기는 마음을 갖기 때문이다. 어린아이의 부모와 사귀고자 함도 아니고, 동네 벗들에게 칭찬을 받으려 함도 아니고, 나쁜 소리를 듣기 싫어서도 아니다. 이로써 볼 때, 불쌍히 여기는 마음이 없어도 사람이 아니며, 부끄러운 마음이 없어도 사람이 아니며, 물러서는 마음이 없어도 사람이 아니고, 옳고 그름을 느끼는[42] 마음이 없어도 사람이 아니다. 불쌍히 여기는 마음은 인

---

41 『孟子』, 「公孫丑上」: 人之有是四端也, 猶其有四體也.

42 맹자에게 시비지심은 옳고 그름을 판단하는 이성적인 기능이 아니라 옳고 그름을 직각적으로 느끼는 감정적 기능이다. '이게 맞는데' '이건 아닌데'라고 느끼는 처음의 느낌이다. 그것은 이지적인 것이 아니라 직감적인 것이다.

의 실마리고, 부끄러운 마음은 의의 실마리고, 뒤로 물러서는 마음은 예의 실마리고, 옳고 그름을 느끼는 마음은 지의 실마리다.[43]

맹자를 보라. 그의 도덕적 단초는 먼 데 있는 것이 아니라 철저하게 사람의 감정 속에 있다. 그것이 아무리 작더라도 '확충擴充'[44] 하면 사람은 도덕적으로 살 수 있다. 그런데 그것이 없다고 하는 것은 사람에게 사지가 없다고 하는 것과 같다. 사단이 있는데도 쓸 수 없다는 것은 자신을 도둑으로 만드는 것과 같다. 내 속에 있는 것을 훔쳐서 버렸다는 것과 같다.

맹자는 말한다. 사단만 확충할 줄 알면 된다. 불이라고 해도 처음에 연기 나는 곳이 있고, 물이라고 해도 처음에 모여 흐른 곳이 있다. 사단은 말 그대로 가장 소소하고 미세하지만 누구한테나 있는 도덕적 감정이다. 맹자의 사단지심은 이렇게 분명하게 감정을 일컫는다. 이것만 채우면 사해 동포를 보호할 수 있고 이것을 채우지 못하면 부모조차 섬기기 어렵다.

---

43 『孟子』,「公孫丑上」: 孟子曰: 人皆有不忍人之心. 先王有不忍人之心, 斯有不忍人之政矣. 以不忍人之心, 行不忍人之政, 治天下可運之掌上. 所以謂人皆有不忍人之心者, 今人乍見孺子將入於井, 皆有怵惕惻隱之心. 非所以內交於孺子之父母也, 非所以要譽於鄕黨朋友也, 非惡其聲而然也. 由是觀之, 無惻隱之心, 非人也; 無羞惡之心, 非人也; 無辭讓之心, 非人也; 無是非之心, 非人也. 惻隱之心, 仁之端也; 羞惡之心, 義之端也; 辭讓之心, 禮之端也; 是非之心, 智之端也.

44 『孟子』,「公孫丑上」: 凡有四端於我者, 知皆擴而充之矣, 若火之始然, 泉之始達. 苟能充之, 足以保四海; 苟不充之, 不足以事父母.

맹자는 그런 점에서 '도덕은 감정에서 나온다'는 주장을 분명히 하고 있다. 도덕의 근원을 종교에서 찾는 것도 아니고 논리에서 찾는 것도 아니다. 오직 사람의 마음속에 다들 지닌 기초적인 감정이 바로 도덕의 근원이다. 따라서 이는 감정적 윤리설 곧 공감의 윤리다.[45]

맹자의 주장은 유치할 정도로 감정에 호소한다. 대표적인 것이 소를 잡는 것에 마음이 아픈 호색한好色漢 제 선왕께 드리는 말이다. 소가 불쌍해서 양을 잡는 마음으로,[46] 자신의 호색好色을 남도 누릴 수 있도록 하란다.[47] 더욱이 군자는 살아 있는 짐승의 울음소리를 듣고는 그 고기를 먹지 않는단다.[48]

맹자는 이렇게 마음을 가슴heart의 뜻으로 쓸 때가 많다. 내 마음이 좋다거나 아프다고 할 때의 마음이니, 가슴과 다르지 않다. 맹자의 마음은 이성적인 마음mind을 가리키지 않는다. 하다못해 성인聖人의 마음도 나와 같지만, 그가 나보다 먼저 알았을 뿐이다.

마음에 이르러서 홀로 같은 바가 없겠는가? 마음이 같은 바가

45 정세근, 『노자와 루소, 그 잔상들』, 충북대출판부, 2020.
46 『孟子』, 「梁惠王上」: 曰: 臣聞之胡齕曰, 王坐於堂上, 有牽牛而過堂下者, 王見之, 曰: 牛何之? 對曰: 將以釁鐘. 王曰: 舍之! 吾不忍其觳觫, 若無罪而就死地. 對曰: 然則廢釁鐘與? 曰: 何可廢也? 以羊易之! 不識有諸?
47 『孟子』, 「梁惠王下」: 王如好色, 與百姓同之, 於王何有?
48 『孟子』, 「盡心上」: 無傷也, 是乃仁術也, 見牛未見羊也. 君子之於禽獸也, 見其生, 不忍見其死; 聞其聲, 不忍食其肉. 是以君子遠庖廚也.

무엇인가? 이치理이고 의로움義이다. 성인은 내 마음의 같은 바를 먼저 얻었을 뿐이다. 따라서 이치와 의로움이 나의 마음을 즐겁게 하는 것은 고기가 나의 입을 즐겁게 하는 것과 같다.[49]

여기서 '이理'와 '의義'라는 다소 추상적인 관념이 나오지만, 맹자의 요지는 그런 것은 마음을 가진 사람이라면 모두 갖추고 있다는 데 있다. 다만 성인이 먼저 '내 마음의 같은 바我心之所同然' 곧 나도 지니고 있는 그 마음을 깨달았을 뿐이다. 그런데 그 깨달음은 정신적인 것이라기보다는 참으로 감각적이고 직각적인 데에서 출발한다. 이와 의는 나를 즐겁게 한다. 진리가 나를 자유롭게 만드는 것이 아니라 진리가 나를 즐겁게 한다. 따라서 즐기는 마음이야말로 모든 도덕의 원천이 된다. 다만 내가 즐기듯 너도 함께 즐겨야 한다. 나아가 마음은 즐기는 주체일 뿐만 아니라 '측은惻隱' '수오羞惡' '사양辭讓' '시비是非'를 느끼는 사단의 원천이다.

---

49 『孟子』, 「告子上」: 至於心, 獨無所同然乎? 心之所同然者何也? 謂理也, 義也. 聖人先得我心之所同然耳. 故理義之悅我心, 猶芻豢之悅我口.

8. 심과 기

맹자의 심론은 이후의 발전과는 다르게 의외로 단순하다. 그의 마음은 가슴이다. 가슴이라 할 수 있음은 그것이 감정을 포함한다는 것을 뜻한다. 이른바 '뛰는 가슴'이나 '뜨거운 가슴'으로 도덕을 세우자는 것이 그의 요지다. 차마 어쩔 수 없는 마음, 곧 심정心情이야말로 도덕의 근원이다. 불쌍하게 여기고, 부끄럽게 느끼고, 물러설 수 있고, 이건 옳고 저건 그르다고 알아채는 우리의 감정이야말로 도덕의 시작이다.

물에 빠지려는 아이를 보고 불쌍히 여기지 않거나, 스스로 세운 길에서 벗어나는 것을 부끄럽게 생각하지 않거나, 남에게 미리 줘도 되는 것을 주지 않거나, 이건 옳고 저건 아니라고 느끼지 못하는 사람은 팔다리가 없는 것과 같다. 인의예지는 바로 위의 네 감정과 상응한다. 그렇기 때문에 인의예지는 바깥에서 들어와 나를 단련한 것이 아니다. 그것은 주체가 고유하게 지닌 것으로 사고와 같은 이지적인 판단으로 얻어지는 것이 아니다.[50]

맹자의 이런 자세는 인의예지라는 덕목을 성인이 제정했기에 우리가 힘써 배워야 할 것으로 여기는 태도와는 현격한 차이를 보인다. 설령 성인이 덕목을 제시했더라도 그 근거는 다름 아닌 우리의 마음이라는 것이 맹자의 주장이다. 이는 순자와는 정반대의

50 『孟子』,「告子上」: 仁義禮智, 非由外鑠我也, 我固有之也, 弗思耳矣.

입장이다.

이처럼 순자는 '예'란 밖에서부터 우리 안으로 들어오는 것이기 때문에 성악설을 주장하고, 이와는 반대로 맹자는 마음이라는 우리 안의 감정에서 인의예지의 근거를 찾기 때문에 성선설을 주장한다. 맹자는 말한다.

군자가 본성으로 삼는 인의예지는 마음에 뿌리를 둔다.[51]

맹자가 동시에 '성性'과 '심心'이라는 말을 쓰는 바람에 후대에 많은 다른 논의를 탄생시켰지만, 여기서 그가 하는 말은 간단명료하다. 우리 마음속의 인의예지를 군자는 자기의 본성으로 삼는다는 것이다. 마음속의 인의예지를 확충시키지 못한 자는 소인이고, 확충시킨 자는 군자가 된다. 따라서 심心은 도덕의 근거이면서도 도덕적이지 않을 수도 있지만, 군자는 인의예지를 이루는 마음속 실마리를 꽉 잡아 자기의 본성으로 삼는다.[52] 현자와 나의 차이는 그가 먼저 그렇게 했을 뿐이다. 성인과 현자를 외부에서 추상화하지 말고, 마음이라는 공통분모로 동질화하자. 이것이 맹자의 주장이다.

그런데 맹자는 이런 마음을 다스리는 방법으로 색다르게 '기氣'

---

51 『孟子』, 「盡心上」: 君子所性, 仁義禮智根於心.
52 여기에서 심과 성의 차이를 엿볼 수 있다.

라는 개념을 제안한다. 『맹자』에는 상식적으로 '기운이 사람을 바꾼다'[53]는 용법도 나오지만, '기운을 지키지 못하면 사람이 짐승과 같아진다'[54]고 하여 기가 사람을 도덕적으로 만드는 근거임을 나타내는 부분도 있다. 심지어 맹자는 호연지기 장章에서 이렇게 말한다.

뜻志이 하나로 모이면 기氣를 움직이고, 기가 하나로 모이면 뜻을 움직인다. 이제 넘어지거나 달리는 것은 기다. 거꾸로 마음을 움직인다.[55]

이처럼 맹자는 기를 부각해 호연지기를 설명한다. 그는 자신이 호연지기를 잘 기른다고 자부하면서, 그 기는 천지에 가득 차면서도 의로움을 진리와 짝할 수 있게 하는 것이라고 말한다.

기는 말하기 어렵지만 그 기라는 것은 아주 크고 굳세며, 바름으로 기르니 해로움이 없어 하늘과 땅 사이에 가득하다. 그 기라는 것은 도道와 의로움과 짝하고, 이것이 아니라면 굶주리게 된다. 이

---

53 『孟子』, 「盡心上」: 孟子自范之齊, 望見齊王之子, 喟然歎曰: 居移氣, 養移體, 大哉居乎! 夫非盡人之子與?

54 『孟子』, 「告子上」: 其日夜之所息, 平旦之氣, 其好惡與人相近也者幾希, 則其旦晝之所爲, 有梏亡之矣. 梏之反覆, 則其夜氣不足以存; 夜氣不足以存, 則其違禽獸不遠矣.

55 『孟子』, 「公孫丑上」: 志壹則動氣, 氣壹則動志也. 今夫蹶者趨者, 是氣也, 而反動其心.

것은 (내 안의) 의로움을 모으면 생기는 것이지, (밖에서) 의로움이 쳐들어와 이것을 취하는 것이 아니다.[56]

기는 마음속의 의로움을 모으면 생기는 것이지, 밖에 있다가 돌연히 나에게 엄습掩襲해오는 것이 아니다. 기는 의義의 집약체이자 결정체다.[57]

맹자가 말하는 심을 움직이는 기, 도의道義와 짝하는 기, 밖이 아니라 내 속에 있는 기는 과연 무엇인가? 맹자는 호연지기 외에는 기에 대해 관심을 보이지 않는다. 맹자는 이곳 말고는 줄곧 심만 설명하지, 그 마음을 움직이는 어떤 다른 것을 제시하거나 거론하지는 않는다. 그런 점에서 맹자는 여전히 심의 철학자이지 기의 철학자는 아니다.

---

56 『孟子』, 「公孫丑上」: 難言也. 其爲氣也, 至大至剛, 以直養而無害, 則塞于天地之間. 其爲氣也, 配義與道; 無是, 餒也. 是集義所生者, 非義襲而取之也.
57 의기충만義氣充滿이라는 말을 떠올려보자.

　　　　　　　　　　　　　9장 맹자의 심론

참고문헌

『鶡冠子』

『管子』

『老子』

『老子河上公章句』

『論語』

『論衡』

『大學』

『大學章句』

『孟子』

『墨子』

『文子』

『復性書』

『四書集註』

『說文解字』

『荀子』

『詩』

『詩經』

『呂氏春秋』

『列子』

『禮記』

『爾雅』

『伊尹』

『莊子』

『周易』

『中庸』

『春秋繁露』

『太一生水』

『太平經』

『韓非子』

『漢書』

『黃帝四經』

『淮南子』

『孝經』

『後漢書』

戴震,『孟子字義疏證』.

馬叙倫,『莊子義證』.

成玄英,『莊子疏』.

林希逸,『南華眞經口義』.

章炳麟,『莊子解故』.

憨山大師, 『莊子內篇憨山註』, 臺北: 新文風, 1985.

高亨, 『莊子今箋』, 臺北: 中華, 1973.

孔孟學會四書研究會編印, 『論語引得』, 臺北: 南嶽, 序1940/1970.

金晟煥, 『黃老道探源』, 北京: 中國社會科學出版社, 2008.

馬其昶, 『(定本)莊子故』, 黃山: 合肥書社, 1987.

牟宗三, 『心體與性體』, 臺北: 正中書局, 1968/1983.

沈洪, 『莊子』(人人文庫), 臺北: 商務, 1969.

楊伯峻, 『論語譯註』, 臺北: 源流, 1982.

吳光明, 『莊子』, 臺北: 東大, 1988, 188쪽.

王夢鷗, 『禮記今註今譯』上下, 臺北: 商務, 1984.

王夫之, 『莊子解』, 臺北: 里仁, 1983.

王叔岷, 『莊子校詮』上中下, 臺北: 中央研究院, 1988.

熊公哲 註譯, 『荀子今註今譯』, 臺北: 臺灣商務印書館, 1975.

劉文典, 『淮南鴻烈集解』上下, 北京: 中華書局, 1989.

劉笑敢, 『莊子哲學及其演變』, 北京: 新華書店, 1988.

林希逸, 『南華眞經口義』, 昆明: 雲南人民, 2002.

張耿光, 『莊子全譯』, 貴陽: 貴州人民, 1991.

蔣錫昌, 『莊子哲學』, 成都: 古籍, 1988.

章太炎, 『齊物論釋定本』, 臺北: 廣文書局, 1970.

錢穆, 『莊子纂箋』, 臺北: 東大, 重印, 1985/1989.

____, 『莊老通辨』, 北京: 三聯書店, 2002.

鄭世根, 『莊子氣化論』, 臺北: 學生書局, 1993.

曹礎基, 『莊子淺注』, 北京: 中華, 1982/1990.

朱熹, 『四書章句集註』, 濟南: 齊魯書社, 1992.

池田知久, 『莊子』, 東京: 學習研究社, 1983/1994.

陳鼓應, 『莊子今註今譯』上下, 臺北: 商務印書館, 1975/1985.

黃金鋐, 『新譯莊子讀本』, 臺北: 三民, 1974/1987.

모우쭝싼 지음, 황갑연 외 옮김, 『심체와 성체』, 소명출판, 2012.

이상사 편, 『표준우리말사전』, 서울: 이상사, 1984.

이석명, 『노자와 황로학』, 서울: 소와당, 2010.

장기근, 『논어』, 서울: 명문당, 1970/1975.

장기근, 이석호 역, 『노자·장자』, 서울: 삼성, 1976/1977.

정세근, 『노자와 루소, 그 잔상들』, 충북대, 2020.

진고응陳鼓應, 『주역 유가의 사상인가 도가의 사상인가』, 최진석, 김갑수, 이석명 옮김, 서울: 예문서원, 1994.

허버트 핑가레트 지음, 『공자의 철학』, 송영배 옮김, 서광사, 1993. (Fingarette, Herbert, *Confucius: The Secular as Sacred*, New York: Harper & Row, Publishers, Inc., 1972.)

Creel, H. G., *Chinese Thought*, Chicago: Univ. of Chicago Press, 1953.

_____, *What is Taoism*, Chicago: Univ. of Chicago Press, 1970.

Guthrie, W. K. C, *The Greek Philosophers-from Thales to Aristotle*, N.Y.: Harper & Row, 1960.

Hansen, Chad, *A Daoist theory of Chinese Thought*, Oxford: Oxford University Press, 1992.

Wittgenstein, Ludwig, *Tractatus Logico-Philosophicus*, London: Routledge & Kegan Paul LTD., 1951.

Waley, Arthur, *The way and its power*, London: George Allen and Unwin Ltd., 1934/1949.

Watson, Burton, Trans. *The Complete Works of Chuang Tzu*, New York:

Columbia Univ. Press, 1968.

Wu, Kwang Ming, *The Butterfly as Companion*, New York: State Univ. of New York Press, 1988.

김갑수, 「황로학에 대한 오해와 진실」, 『시대와 철학』18, 한국철학사상연구회, 1999.

김희정, 「황로사상의 천인상응관 연구」, 서강대 박사논문, 2003.

신진식, 「죽간본竹簡本『문자文子』와 통행본通行本『문자』의 비교 연구」, 『도교문화연구』32, 한국도교문화학회, 2010.

정세근, 「곽점 초간본『노자』와 『태일생수』의 철학과 그 분파」, 『철학연구』58, 철학연구회, 2002.

_____, 「공맹의 정신론」, 『대동철학연구』70, 대동철학회, 2015.

_____, 「노자의 심론」, 『동서철학연구』41, 한국동서철학회, 2006.

_____, 「노자의 정신론」, 『동서철학연구』60, 한국동서철학회, 2011.

_____, 「맹자의 심론」, 『양명학』60, 2021.

_____, 「명론:『태일생수』, 『역전』, 『장자』의 신명神明을 중심으로」, 『철학연구』115, 철학연구회, 2016.

_____, 「순자의 정신론」, 『율곡학연구』43, 율곡학연구원, 2020.

_____, 「여성주의와 노자철학」, 『대동철학』66, 대동철학회, 2014.

_____, 「인성론에서 성선의 의미」, 『동서철학연구』98, 한국동서철학회, 2020.

_____, 「장자의 심론: 성심成心설을 중심으로」, 『동서철학연구』52, 한국동서철학회, 2009.

_____, 「장자의 정신론」, 『동서철학연구』64, 한국동서철학회, 2012.

_____, 「회남자의 정신론」, 『동서철학연구』70, 한국동서철학회, 2013.

책에 실린 글의 출전

제1장 노자의 정신론:「노자의 정신론」,『동서철학연구』60, 한국동서
철학회, 2011.

제2장 장자의 정신론:「장자의 정신론」,『동서철학연구』64, 한국동서
철학회, 2012.

제3장 『회남자』의 정신론:「회남자의 정신론」,『동서철학연구』70, 한국
동서철학회, 2013.

제4장 『대학』과『중용』의 정신론:「학용의 정신론」,『대동철학연구』74,
대동철학회, 2016.

제5장 공맹의 정신론:「공맹의 정신론」,『대동철학연구』70, 대동철학
회, 2015.

제6장 순자의 정신론:「순자의 정신론」,『율곡학연구』43, 율곡학연구
원, 2020.

제7장 노자의 심론:『동서철학연구』41, 한국동서철학회, 2006.

제8장 장자의 심론:「장자의 심론: 성심成心설을 중심으로」,『동서철학
연구』52, 한국동서철학회, 2009.

제9장 맹자의 심론:「맹자의 심론」,『양명학』60, 2021.

찾아보기

마음의 탄생

: 동양의 정신과 심론

ⓒ 정세근

초판인쇄   2023년 8월 25일
초판발행   2023년 9월 8일

지은이   정세근
펴낸이   강성민
편집장   이은혜
편집   김미진
제작   강신은 김동욱 이순호
마케팅   정민호 박치우 한민아 이민경 박진희 정경주 정유선 김수인
브랜딩   함유지 함근아 박민재 김희숙 고보미 정승민

펴낸곳   (주)글항아리
출판등록   2009년 1월 19일 제406-2009-000002호

주소   10881 경기도 파주시 심학산로 10 3층
전자우편   bookpot@hanmail.net
전화번호   031-955-2696(마케팅) 031-941-5157(편집부)
팩스   031-941-5163

ISBN 979-11-6909-150-3 93150